기출이 답이다

9급 공무원

교육행정직

3개년 기출문제집

시대에듀

교육행정직 공무원 채용 필수체크

❖ 아래 내용은 2024년 국가직 공무원 공개경쟁채용시험 계획 공고를 기준으로 작성되었습니다. 2025년부터 변경되는 세부 사항은 반드시 시행처의 최신 공고를 확인하시기 바랍니다.

시험방법

- 제1 · 2차 시험(병합실시): 선택형 필기
- 제3차 시험: 면접

응시자격

- 응시연령: 18세 이상
- 학력 및 경력: 제한 없음

※ 최종시험 시행예정일(면접시험 최종예정일) 현재를 기준으로 「국가공무원법」 제33조의 결격사유에 해당하거나, 「국가공무원법」 제74조(정년) · 「외무공무원법」 제27조(정년)에 해당하는 자 또는 「공무원임용시험령」 등 관계 법령에 따라 응시자격이 상실되거나 정지된 자는 응시할 수 없음

시험일정(국가직 기준)

1. **원서접수** 1월 말
2. **필기시험** 3월 말
3. **실기시험(체력검사)** 5월 초 ~ 중순
4. **면접시험** 5월 말 ~ 6월 초
5. **최종합격자 발표** 6월 말

가산점 적용

<table>
<tr><th>구분</th><th>가산비율</th><th>비고</th></tr>
<tr><td>취업지원대상자</td><td>과목별 만점의 10% 또는 5%</td><td rowspan="3">• 취업지원대상자 가점과 의사상자 등 가점은 1개만 적용
• 취업지원대상자/의사상자 등 가점과 자격증 가산점은 각각 적용</td></tr>
<tr><td>의사상자 등
(의사자 유족, 의상자 본인 및 가족)</td><td>과목별 만점의 5% 또는 3%</td></tr>
<tr><td>직렬별 가산대상
자격증 소지자</td><td>과목별 만점의 3~5%
(1개의 자격증만 인정)</td></tr>
</table>

※ 교육행정직 응시자가 변호사 자격증을 소지하고 있을 경우, 과목별 만점의 40% 이상 득점한 자에 한하여 과목별 득점에 과목별 만점의 5%에 해당하는 점수를 가산함

2025년부터 달라지는 제도

■ 인사혁신처가 출제하는 9급 공무원 국어, 영어 과목 출제 기조 전환

지식암기 위주 ▶ **현장 직무 중심**

■ 출제 방향

국어	• 기본적인 국어 능력과 이해, 추론, 비판력 등 사고력 검증 • 배경지식이 없더라도 지문 속 정보를 활용해 문제를 풀 수 있도록 출제
영어	• 실제 업무수행에 필요한 실용적인 영어능력 검증 • 실제 활용도가 높은 어휘와 전자메일, 안내문 등 업무현장에서 접할 수 있는 소재와 형식을 활용한 문제 출제

2024년 교육행정직 출제경향(국가직)

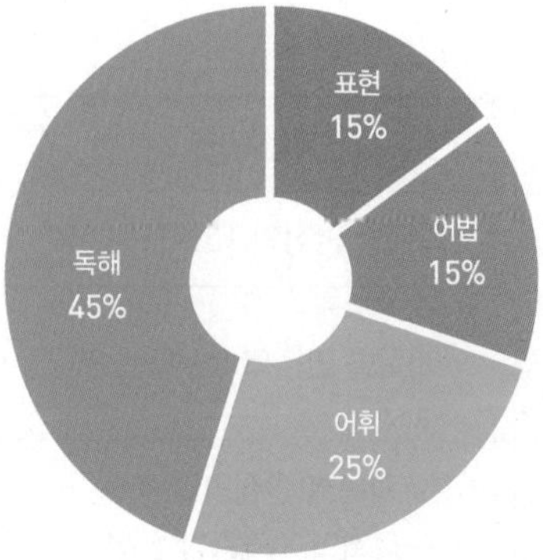

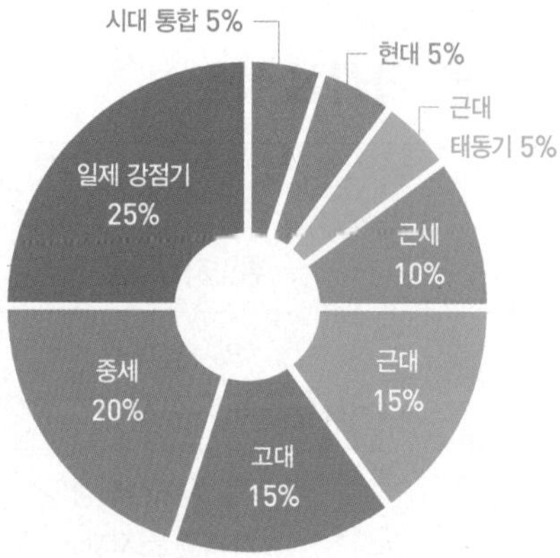

국어

2025년 출제기조 전환을 앞두고 새로운 문제 유형이 출제될 것으로 예상하였으나 영역별 비중이나 문제 유형은 작년과 크게 다르지 않았다. 다만 독해력을 요하는 비문학 문제들이 출제되어 체감 난도는 높았을 것이다. 2025년부터 추론형 지문 강화가 예고된 만큼 기출문제를 중심으로 독해 능력을 향상하는 데 중점을 두어 학습해야 한다.

영어

작년보다는 다소 어렵게 출제되었다. 특히 독해 영역에서 문장의 길이가 길어 지문을 해석하는 데 시간이 많이 소요되었을 것이다. 2025년부터 반영될 것으로 예상되었던 새로운 문제 유형이 3문항 정도 출제되었으나 난도는 높지 않았다. 각 문제 유형에 맞는 풀이법을 충분히 연습한다면 2025년 시험을 대비하는 데 큰 어려움은 없을 것이다.

한국사

작년보다 비교적 쉽게 출제되었다. 전체적으로 매우 평이한 난이도였으며, 작년과 유사하게 근현대사 관련 문제의 비중이 높았으며 사료에 대한 학습이 필수적이었다. 그러나 쉬운 문제에서 실수하지 않도록 꾸준하게 학습했다면 좋은 결과가 있었을 것이라 예상된다.

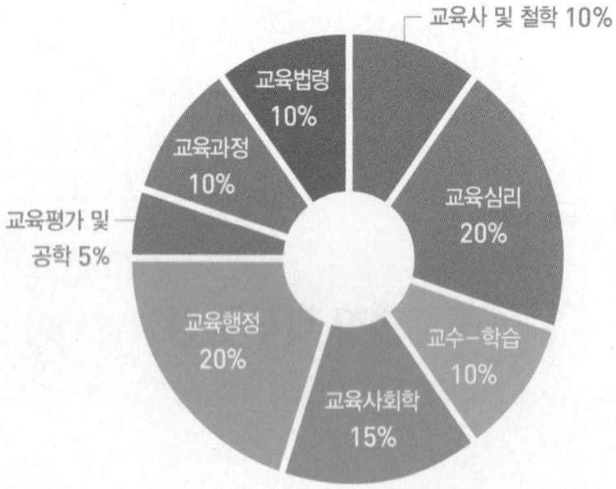

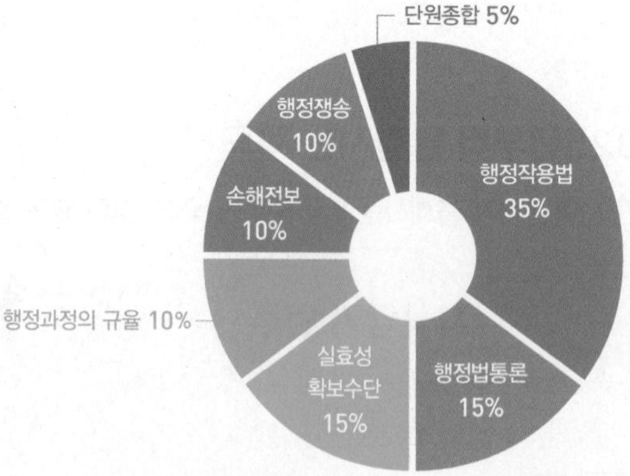

교육학개론

전반적으로 평이한 난도였으나, 교육과정이나 교육행정 영역에서 생소한 문제가 다소 출제되어 체감 난도는 높았을 것으로 보인다. 최근에는 교육행정이나 교육심리, 교육사회학 관련 문항이 많이 출제되는 추세이므로 기본 이론을 충실하게 학습하고 기출문제를 반복해서 풀어보는 것이 중요하다.

행정법총론

대부분 빈출 지문에서 출제되어 전반적으로 평이한 난도의 시험이었으나 지문의 길이가 길어 문제를 푸는 데 다소 시간이 소요되었을 것이다. 또한 작년부터 생소한 지문의 출제 비중이 늘고 있어 기본 개념을 확실하게 숙지하는 것이 중요하다.

2024년 교육행정직 출제경향(지방직)

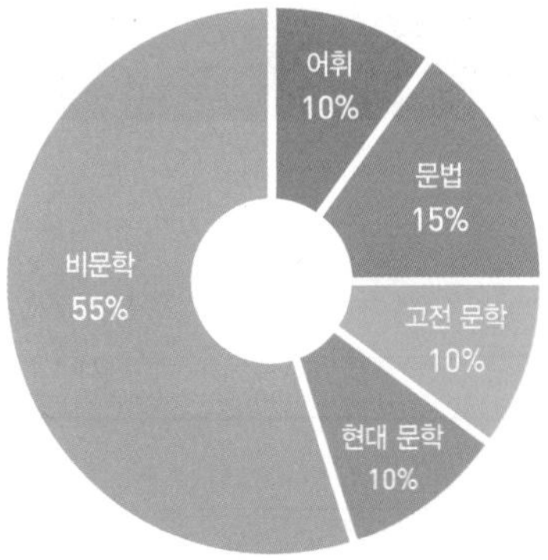

국어

국가직 시험과 유사한 난도로 출제되었다. 비문학 영역의 비중이 가장 높았으나 지문의 길이가 짧고 난도가 높지 않아 평소에 꾸준히 비문학 공부를 한 수험생들이라면 문제를 푸는 데 큰 어려움이 없었을 것이다. 문학 영역 또한 수험생들에게 익숙한 작품이 제시되어 기출문제를 여러 번 풀어 보았다면 쉽게 해결할 수 있었을 것이다.

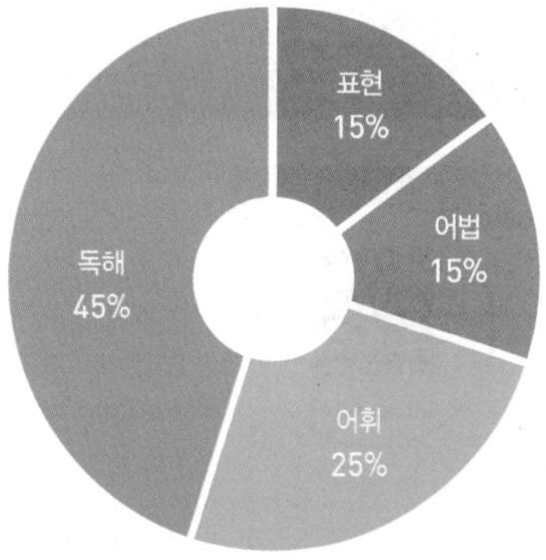

영어

과년도 기출문제와 유사하게 출제되어 전체적으로 평이했으며, 국가직 시험과 비교했을 때도 높지 않은 난도였다. 그러나 독해 영역에서 고민을 요하는 문제가 출제되었는데, 이는 평소 정량의 단어를 암기하고, 문장 해석 시 글의 핵심을 찾는 연습 등 대비를 충분히 했다면 큰 문제없이 해결할 수 있었을 것으로 보인다.

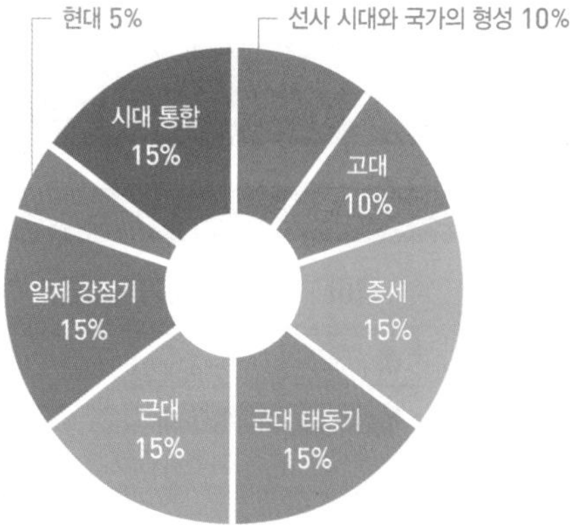

한국사

작년과 유사하게 쉬운 난도로 출제되었다. 국가직 시험과 마찬가지로 근현대사의 출제 비중이 높았으며, 사료 제시형 문제 중심으로 출제되었다. 기본 개념과 기출문제만 충실히 학습했다면 충분히 고득점이 가능한 시험이었다.

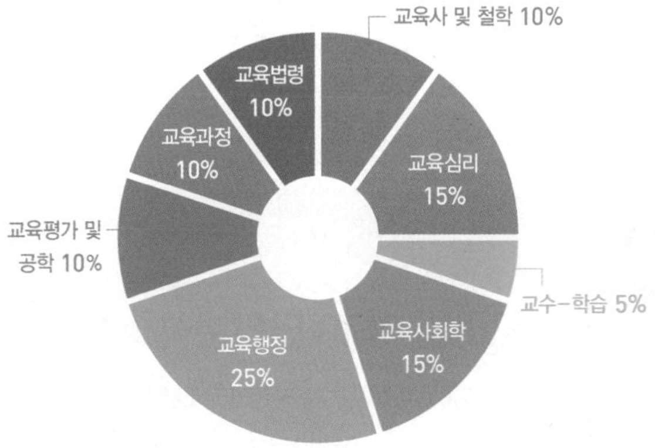

교육학개론

크로스의 평생교육 참여 장애요인이나 뱅크스의 다문화교육 접근법 등 자주 다루어지지 않았던 주제가 많이 출제되어 전년도에 비해 다소 어려운 시험이었다. 그러나 나머지 문항들은 시험에서 자주 다루어지던 개념이나 이론이 출제되어 쉽게 문제를 해결할 수 있었을 것이다.

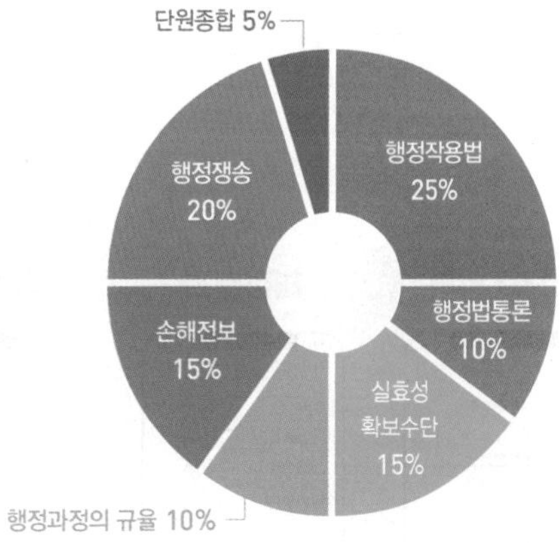

행정법총론

작년과 유사한 난도로 출제되었다. 빈출 지문을 중심으로 출제되었으며 국가직 시험과 비교했을 때 체감 난도가 높지 않았다. 평소 기출을 중심으로 충실하게 학습한 수험생들은 충분히 고득점이 가능한 시험이었다.

이 책의 구성과 특징

문제편

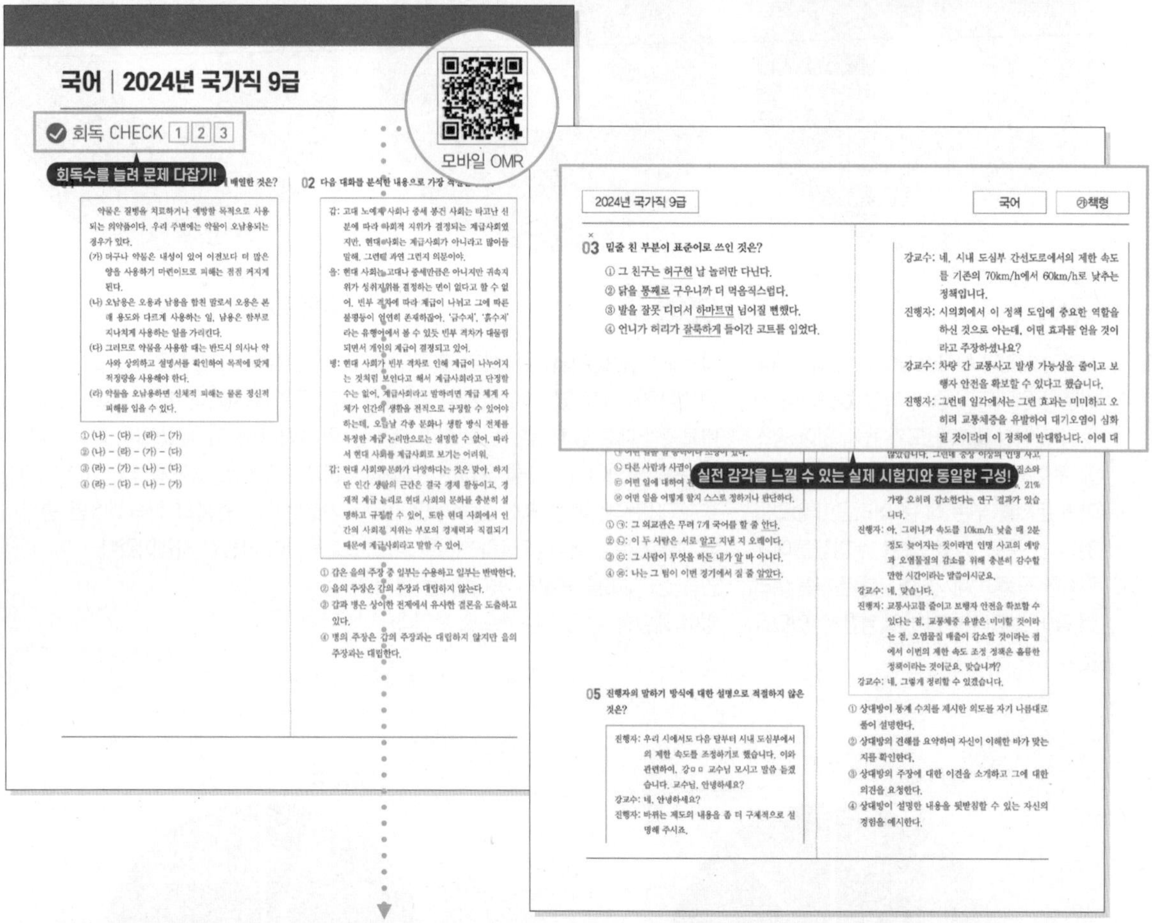

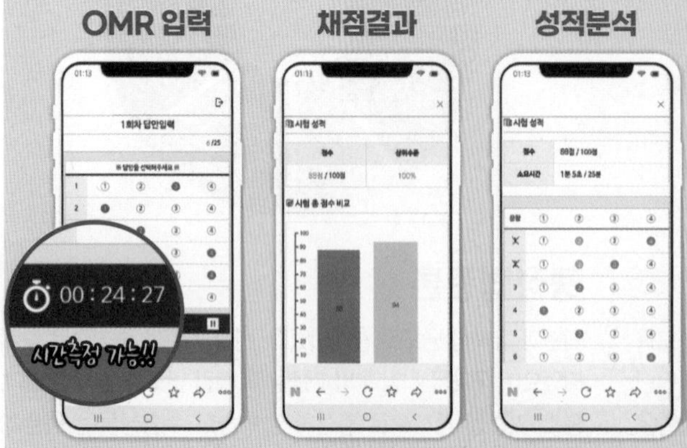

풀이 시간 측정, 자동 채점 그리고 결과 분석까지!

모바일 OMR 답안분석 서비스

문제편에 수록된 기출문제에 대한 객관적인 결과(점수, 순위)를 종합적으로 분석

❶ 스마트폰을 활용하여 QR코드 접속

❷ 시험 시간에 맞춰 풀고, 모바일 OMR로 답안 입력 (3회까지 가능)

❸ 종합적 결과 분석으로 현재 나의 합격 가능성 예측

QR코드 찍기 ▶ 로그인 ▶ 시작하기 ▶ 응시하기 ▶ 모바일 OMR 카드에 답안 입력 ▶ 채점결과&성적분석 ▶ 내 실력 확인하기

해설편

1 한눈에 훑어보기

어떤 영역에서 출제되었는지 또는 주로 출제되는 영역은 어디인지 한눈에 확인할 수 있어요!

2 정답의 이유/오답의 이유

각 문제마다 정답의 이유와 오답의 이유를 수록하여 혼자서도 학습이 가능해요!

3 난도와 영역 분석

난도와 문항별 세분화된 출제 영역 분석을 통해 부족한 영역을 확인하고 보충할 수 있어요!

4 더 알아보기

이해도를 높일 수 있도록 문제와 관련된 핵심 이론과 개념을 알기 쉽게 정리했어요!

이 책의 목차

기출이 답이다 9급 공무원

교육행정직

부록

- 2025년 출제기조 전환 예시문제 국어
- 2025년 출제기조 전환 예시문제 영어
- 2025년 출제기조 전환 예시문제 국어 해설
- 2025년 출제기조 전환 예시문제 영어 해설

국어 | 2025년 출제기조 전환 예시문제

모바일 OMR

회독 CHECK 1 2 3

01 〈공공언어 바로 쓰기 원칙〉에 따라 〈공문서〉의 ㉠~㉣을 수정한 것으로 적절하지 않은 것은?

〈공공언어 바로 쓰기 원칙〉

- 중복되는 표현을 삼갈 것
- 대등한 것끼리 접속할 때는 구조가 같은 표현을 사용할 것
- 주어와 서술어를 호응시킬 것
- 필요한 문장 성분이 생략되지 않도록 할 것

〈공문서〉

한국의약품정보원

수신　국립국어원

(경유)

제목　의약품 용어 표준화를 위한 자문회의 참석 ㉠ 안내 알림

1. ㉡ 표준적인 언어생활의 확립과 일상적인 국어 생활을 향상하기 위해 일하시는 귀원의 노고에 감사드립니다.
2. 본원은 국내 유일의 의약품 관련 비영리 재단법인으로서 의약품에 관한 ㉢ 표준 정보가 제공되고 있습니다.
3. 의약품의 표준 용어 체계를 구축하고 ㉣ 일반 국민도 알기 쉬운 표현으로 개선하여 안전한 의약품 사용 환경을 마련하기 위해 자문회의를 개최하니 귀원의 연구원이 참석해 주시기를 바랍니다.

① ㉠: 안내

② ㉡: 표준적인 언어생활을 확립하고 일상적인 국어 생활의 향상을 위해

③ ㉢: 표준 정보를 제공하고 있습니다.

④ ㉣: 의약품 용어를 일반 국민도 알기 쉬운 표현으로 개선하여

02 다음 글에서 추론한 내용으로 적절하지 않은 것은?

'밤하늘'은 '밤'과 '하늘'이 결합하여 한 단어를 이루고 있는데, 이처럼 어휘 의미를 띤 요소끼리 결합한 단어를 합성어라고 한다. 합성어는 분류 기준에 따라 여러 방식으로 나눌 수 있다. 합성어의 품사에 따라 합성명사, 합성형용사, 합성부사 등으로 나누기도 하고, 합성의 절차가 국어의 정상적인 단어 배열법을 따르는지의 여부에 따라 통사적 합성어와 비통사적 합성어로 나누기도 하고, 구성 요소 간의 의미 관계에 따라 대등합성어와 종속합성어로 나누기도 한다.

합성명사의 예를 보자. '강산'은 명사(강)+명사(산)로, '젊은이'는 용언의 관형사형(젊은)+명사(이)로, '덮밥'은 용언 어간(덮)+명사(밥)로 구성되어 있다. 명사끼리의 결합, 용언의 관형사형과 명사의 결합은 국어 문장 구성에서 흔히 나타나는 단어 배열법으로, 이들을 통사적 합성어라고 한다. 반면 용언 어간과 명사의 결합은 국어 문장 구성에 없는 단어 배열법인데 이런 유형은 비통사적 합성어에 속한다. '강산'은 두 성분 관계가 대등한 관계를 이루는 대등합성어인데, '젊은이'나 '덮밥'은 앞 성분이 뒤 성분을 수식하는 종속합성어이다.

① 아버지의 형을 이르는 '큰아버지'는 종속합성어이다.

② '흰머리'는 용언 어간과 명사가 결합한 합성명사이다.

③ '늙은이'는 어휘 의미를 지닌 두 요소가 결합해 이루어진 단어이다.

④ 동사 '먹다'의 어간인 '먹'과 명사 '거리'가 결합한 '먹거리'는 비통사적 합성어이다.

03 다음 글의 ㉠의 사례가 포함되어 있지 않은 것은?

> 존경 표현에는 주어 명사구를 직접 존경하는 '직접 존경'이 있고, 존경의 대상과 긴밀한 관련을 가지는 인물이나 사물 등을 높이는 ㉠ '간접존경'도 있다. 전자의 예로 "할머니는 직접 용돈을 마련하신다."를 들 수 있고, 후자의 예로는 "할머니는 용돈이 없으시다."를 들 수 있다. 전자에서 용돈을 마련하는 행위를 하는 주어는 할머니이므로 '마련한다'가 아닌 '마련하신다'로 존경 표현을 한 것이다. 후자에서는 용돈이 주어이지만 할머니와 긴밀한 관련을 가진 사물이라서 '없다'가 아니라 '없으시다'로 존경 표현을 한 것이다.

① 고모는 자식이 다섯이나 있으시다.
② 할머니는 다리가 아프셔서 병원에 다니신다.
③ 언니는 아버지가 너무 건강을 염려하신다고 말했다.
④ 할아버지는 젊었을 때부터 수염이 많으셨다고 들었다.

04 다음 글의 ㉠~㉢에 들어갈 말을 적절하게 나열한 것은?

> 소설과 현실의 관계를 온당하게 살피기 위해서는 세계의 현실성, 문제의 현실성, 해결의 현실성을 구별해야 한다. 우리가 살고 있는 이 입체적인 시공간에서 특히 의미 있는 한 부분을 도려내어 서사의 무대로 삼을 경우 세계의 현실성이 확보된다. 그 세계 안의 인간이 자신을 둘러싼 세계와 고투하면서 당대의 공론장에서 기꺼이 논의해볼 만한 의제를 산출해 낼 때 문제의 현실성이 확보된다. 한 사회가 완강하게 구조화하고 있는 '가능한 것'과 '불가능한 것'의 좌표를 흔들면서 특정한 선택지를 제출할 때 해결의 현실성이 확보된다.
>
> 최인훈의 「광장」은 밀실과 광장 사이에서 고뇌하는 주인공의 모습을 통해 '남(南)이냐 북(北)이냐'라는 민감한 주제를 격화된 이념 대립의 공론장에 던짐으로써 [㉠]을 확보하였다. 작품의 시공간으로 당시 남한과 북한을 소설적 세계로 선택함으로써 동서 냉전 시대의 보편성과 한반도 분단 체제의 특수성을 동시에 포괄할 수 있는 [㉡]도 확보하였다. 「광장」에서 주인공이 남과 북 모두를 거부하고 자살을 선택하는 결말은 남북으로 상징되는 당대의 이원화된 이데올로기를 근저에서 흔들었다. 이로써 [㉢]을 확보할 수 있었다.

	㉠	㉡	㉢
①	문제의 현실성	세계의 현실성	해결의 현실성
②	문제의 현실성	해결의 현실성	세계의 현실성
③	세계의 현실성	문제의 현실성	해결의 현실성
④	세계의 현실성	해결의 현실성	문제의 현실성

05 다음 진술이 모두 참일 때 반드시 참인 것은?

- 오 주무관이 회의에 참석하면, 박 주무관도 참석한다.
- 박 주무관이 회의에 참석하면, 홍 주무관도 참석한다.
- 홍 주무관이 회의에 참석하지 않으면, 공 주무관도 참석하지 않는다.

① 공 주무관이 회의에 참석하면, 박 주무관도 참석한다.
② 오 주무관이 회의에 참석하면, 홍 주무관은 참석하지 않는다.
③ 박 주무관이 회의에 참석하지 않으면, 공 주무관은 참석한다.
④ 홍 주무관이 회의에 참석하지 않으면, 오 주무관도 참석하지 않는다.

06 다음 글을 이해한 내용으로 가장 적절한 것은?

> 이육사의 시에는 시인의 길과 투사의 길을 동시에 걸었던 작가의 면모가 고스란히 담겨 있다. 가령, 「절정」은 크게 두 부분으로 나누어지는데, 투사가 처한 냉엄한 현실적 조건이 3개의 연에 걸쳐 먼저 제시된 후, 시인이 품고 있는 인간과 역사에 대한 희망이 마지막 연에 제시된다.
>
> 우선, 투사 이육사가 처한 상황은 대단히 위태로워 보인다. 그는 "매운 계절의 채찍에 갈겨 / 마침내 북방으로 휩쓸려" 왔고, "서릿발 칼날진 그 위에 서" 바라본 세상은 "하늘도 그만 지쳐 끝난 고원"이어서 가냘픈 희망을 품는 것조차 불가능해 보인다. 이러한 상황은 "한발 제겨디딜 곳조차 없다"는 데에 이르러 극한에 도달하게 된다. 여기서 그는 더 이상 피할 수 없는 존재의 위기를 깨닫게 되는데, 이때 시인 이육사가 나서면서 시는 반전의 계기를 마련한다.
>
> 마지막 4연에서 시인은 3연까지 치달아 온 극한의 위기를 담담히 대면한 채, "이러매 눈감아 생각해" 보면서 현실을 새롭게 규정한다. 여기서 눈을 감는 행위는 외면이나 도피가 아니라 피할 수 없는 현실적 조건을 새롭게 반성함으로써 현실의 진정한 면모와 마주하려는 적극적인 행위로 읽힌다. 이는 다음 행, "겨울은 강철로 된 무지갠가보다"라는 시구로 이어지면서 현실에 대한 새로운 성찰로 마무리된다. 이 마지막 구절은 인간과 역사에 대한 희망을 놓지 않으려는 시인의 안간힘으로 보인다.

① 「절정」에는 투사가 처한 극한의 상황이 뚜렷한 계절의 변화로 드러난다.
② 「절정」에서 시인은 투사가 처한 현실적 조건을 외면하지 않고 새롭게 인식한다.
③ 「절정」은 시의 구성이 두 부분으로 나누어지면서 투사와 시인이 반목과 화해를 거듭한다.
④ 「절정」에는 냉엄한 현실에 절망하는 시인의 면모와 인간과 역사에 대한 희망을 놓지 않으려는 투사의 면모가 동시에 담겨 있다.

07 (가)~(라)를 맥락에 맞추어 가장 적절하게 나열한 것은?

(가) 다음으로 시청자의 마음을 사로잡을 수 있는 참신한 인물을 창조해야 한다. 특히 주인공은 장애를 만나 새로운 목표를 만들고, 그것을 이루는 과정에서 최종적으로 영웅이 된다. 시청자는 주인공이 목표를 이루는 데 적합한 인물로 변화를 거듭할 때 그에게 매료된다.

(나) 스토리텔링 전략에서 제일 먼저 해야 할 일이 로그라인을 만드는 것이다. 로그라인은 '장애, 목표, 변화, 영웅'이라는 네 가지 요소를 담아야 하며, 3분 이내로 압축적이어야 한다. 이를 통해 스토리의 목적과 방향이 마련된다.

(다) 이 같은 인물 창조의 과정에서 스토리의 주제가 만들어진다. '사랑과 소속감, 안전과 안정, 자유와 자발성, 권력과 책임, 즐거움과 재미, 인식과 이해'는 수천 년 동안 성별, 나이, 문화를 초월하여 두루 통용된 주제이다.

(라) 시청자가 드라마나 영화에 대해 시청 여부를 결정하는 데 걸리는 시간은 8초에 불과하다. 제작자는 이 짧은 시간 안에 시청자를 사로잡을 수 있는 스토리텔링 전략이 필요하다.

① (나) - (가) - (라) - (다)
② (나) - (다) - (가) - (라)
③ (라) - (나) - (가) - (다)
④ (라) - (나) - (다) - (가)

08 〈지침〉에 따라 〈개요〉를 작성할 때 ㉠~㉣에 들어갈 내용으로 적절하지 않은 것은?

〈지침〉
- 서론은 중심 소재의 개념 정의와 문제 제기를 1개의 장으로 작성할 것
- 본론은 제목에서 밝힌 내용을 2개의 장으로 구성하되 각 장의 하위 항목끼리 대응되도록 작성할 것
- 결론은 기대 효과와 향후 과제를 1개의 장으로 작성할 것

〈개요〉
- 제목: 복지 사각지대의 발생 원인과 해소 방안

Ⅰ. 서론
  1. 복지 사각지대의 정의
  2. [㉠]

Ⅱ. 복지 사각지대의 발생 원인
  1. [㉡]
  2. 사회복지 담당 공무원의 인력 부족

Ⅲ. 복지 사각지대의 해소 방안
  1. 사회적 변화를 반영하여 기존 복지 제도의 미비점 보완
  2. [㉢]

Ⅳ. 결론
  1. [㉣]
  2. 복지 사각지대의 근본적이고 지속가능한 해소 방안 마련

① ㉠: 복지 사각지대의 발생에 따른 사회 문제의 증가
② ㉡: 사회적 변화를 반영하지 못한 기존 복지 제도의 한계
③ ㉢: 사회복지 업무 경감을 통한 공무원 직무 만족도 증대
④ ㉣: 복지 혜택의 범위 확장을 통한 사회 안전망 강화

09 다음 글의 빈칸에 들어갈 결론으로 가장 적절한 것은?

> 신경과학자 아이젠버거는 참가자들을 모집하여 실험을 진행하였다. 이 실험에서 그의 연구팀은 실험 참가자의 뇌를 'fMRI' 기계를 이용해 촬영하였다. 뇌의 어떤 부위가 활성화되는가를 촬영하여 실험 참가자가 어떤 심리적 상태인가를 파악하려는 것이었다. 아이젠버거는 각 참가자에게 그가 세 사람으로 구성된 그룹의 일원이 될 것이고, 온라인에 각각 접속하여 서로 공을 주고받는 게임을 하게 될 것이라고 알려주었다. 그런데 이 실험에서 각 그룹의 구성원 중 실제 참가자는 한 명뿐이었고 나머지 둘은 컴퓨터 프로그램이었다. 실험이 시작되면 처음 몇 분 동안 셋이 사이좋게 순서대로 공을 주고받지만, 어느 순간부터 실험 참가자는 공을 받지 못한다. 실험 참가자를 제외한 나머지 둘은 계속 공을 주고받기 때문에, 실험 참가자는 나머지 두 사람이 아무런 설명 없이 자신을 따돌린다고 느끼게 된다. 연구팀은 실험 참가자가 따돌림을 당할 때 그의 뇌에서 전두엽의 전대상피질 부위가 활성화된다는 것을 확인했다. 이는 인간이 물리적 폭력을 당할 때 활성화되는 뇌의 부위이다. 연구팀은 이로부터 [   ] 는 결론을 내릴 수 있었다.

① 물리적 폭력은 뇌 전두엽의 전대상피질 부위를 활성화한다
② 물리적 폭력은 피해자의 개인적 경험을 사회적 문제로 전환한다
③ 따돌림은 피해자에게 물리적 폭력보다 더 심각한 부정적 영향을 미친다
④ 따돌림을 당할 때와 물리적 폭력을 당할 때의 심리적 상태는 서로 다르지 않다

[10~11] 다음 글을 읽고 물음에 답하시오.

> '크로노토프'는 그리스어로 시간과 공간을 뜻하는 두 단어를 결합한 것으로, 시공간을 통합적으로 이해하기 위한 개념이다. 크로노토프의 관점에서 보면 고소설과 근대소설의 차이를 명확하게 파악할 수 있다.
>
> 고소설에는 돌아가야 할 곳으로서의 원점이 존재한다. 그것은 영웅소설에서라면 중세의 인륜이 원형대로 보존된 세계이고, 가정소설에서라면 가장을 중심으로 가족 구성원들이 평화롭게 공존하는 가정이다. 고소설에서 주인공은 적대자에 의해 원점에서 분리되어 고난을 겪는다. 그들의 목표는 상실한 원점을 회복하는 것, 즉 그곳에서 향유했던 이상적 상태로 ㉠ <u>돌아가는</u> 것이다. 주인공과 적대자 사이의 갈등이 전개되는 시간을 서사적 현재라 한다면, 주인공이 도달해야 할 종결점은 새로운 미래가 아니라 다시 도래할 과거로서의 미래이다. 이러한 시공간의 배열을 '회귀의 크로노토프'라고 한다.
>
> 근대소설 「무정」은 회귀의 크로노토프를 부정한다. 이것은 주인공인 이형식과 박영채의 시간 경험을 통해 확인된다. 형식은 고아지만 이상적인 고향의 기억을 갖고 있다. 그것은 박 진사의 집에서 영채와 함께하던 때의 기억이다. 이는 영채도 마찬가지기에, 그들에게 박 진사의 집으로 표상되는 유년의 과거는 이상적 원점의 구실을 한다. 박 진사의 죽음은 그들에게 고향의 상실을 상징한다. 두 사람의 결합이 이상적 상태의 고향을 회복할 수 있는 유일한 방법이겠지만, 그들은 끝내 결합하지 못한다. 형식은 새 시대의 새 인물이 되어야 한다고 생각하며 과거로의 복귀를 거부한다.

10 윗글에서 추론한 내용으로 가장 적절한 것은?

① 「무정」과 고소설은 회귀의 크로노토프를 부정한다는 점에서 공통적이다.
② 영웅소설의 주인공과 「무정」의 이형식은 그들의 이상적 원점을 상실했다는 공통점을 가지고 있다.
③ 「무정」에서 이형식이 박영채와 결합했다면 새로운 미래로서의 종결점에 도달할 수 있었을 것이다.
④ 가정소설은 가족 구성원들이 평화롭게 공존하는 결말을 통해 상실했던 원점으로의 복귀를 거부한다.

11 문맥상 ㉠의 의미와 가장 가까운 것은?

① 전쟁은 연합군의 승리로 돌아갔다.
② 사과가 한 사람 앞에 두 개씩 돌아간다.
③ 그는 잃어버린 동심으로 돌아가고 싶었다.
④ 그녀는 자금이 잘 돌아가지 않는다며 걱정했다.

12 (가)와 (나)를 전제로 할 때 빈칸에 들어갈 결론으로 가장 적절한 것은?

> (가) 노인복지 문제에 관심이 있는 사람 중 일부는 일자리 문제에 관심이 있는 사람이 아니다.
> (나) 공직에 관심이 있는 사람은 모두 일자리 문제에 관심이 있는 사람이다.
> 따라서 [   ].

① 노인복지 문제에 관심이 있는 사람 중 일부는 공직에 관심이 있는 사람이 아니다
② 공직에 관심이 있는 사람 중 일부는 노인복지 문제에 관심이 있는 사람이 아니다
③ 공직에 관심이 있는 사람은 모두 노인복지 문제에 관심이 있는 사람이 아니다
④ 일자리 문제에 관심이 있지만 노인복지 문제에 관심이 없는 사람은 모두 공직에 관심이 있는 사람이 아니다

13 다음 글의 ㉠~㉣ 중 어색한 곳을 찾아 가장 적절하게 수정한 것은?

> 수명을 늘릴 수 있는 여러 방법 중 가장 좋은 방법은 노화 문제를 해결하는 것이다. 이 방법은 인간이 젊고 건강한 상태로 수명을 연장할 수 있다는 점에서 ㉠ 늙고 병든 상태에서 단순히 죽음의 시간을 지연시킨다는 기존 발상과 근본적으로 다르다. ㉡ 노화가 진행된 상태를 진행되기 전의 상태로 되돌린다거나 노화가 시작되기 전에 노화를 막는 장치가 개발된다면, 젊음을 유지한 채 수명을 늘리는 것은 충분히 가능하다.
>
> 그러나 노화 문제와 관련된 현재까지의 연구는 초라하다. 이는 대부분 연구가 신약 개발의 방식으로만 진행되어 왔기 때문이다. 현재 기준에서는 질병 치료를 목적으로 개발한 신약만 승인받을 수 있는데, 식품의약국이 노화를 ㉢ 질병으로 본 탓에 노화를 멈추는 약은 승인받을 수 없었다. 노화를 질병으로 보더라도 해당 약들이 상용화되기까지는 아주 오랜 시간이 필요하다.
>
> 그런데 노화 문제는 발전을 거듭하고 있는 인공지능 덕분에 신약 개발과는 다른 방식으로 극복될 수 있을지 모른다. 일반 사람들에 비해 ㉣ 노화가 더디게 진행되는 사람들의 유전자 자료를 데이터화하면 그들에게서 노화를 지연시키는 생리적 특징을 추출할 수 있는데, 이를 통해 유전자를 조작하는 방식으로 노화를 막을 수 있다.

① ㉠: 늙고 병든 상태에서 담담히 죽음의 시간을 기다린다
② ㉡: 노화가 진행되기 전의 신체를 노화가 진행된 신체
③ ㉢: 질병으로 보지 않은 탓에 노화를 멈추는 약은 승인받을 수 없었다
④ ㉣: 노화가 더디게 진행되는 사람들의 유전자 자료를 데이터화하면 그들에게서 노화를 촉진

14 ㉠을 평가한 내용으로 적절한 것만을 〈보기〉에서 모두 고르면?

> 흔히 '일곱 빛깔 무지개'라는 말을 한다. 서로 다른 빛깔의 띠 일곱 개가 무지개를 이루고 있다는 뜻이다. 영어나 프랑스어를 비롯해 다른 자연언어들에도 이와 똑같은 표현이 있는데, 이는 해당 자연언어가 무지개의 색상에 대응하는 색채 어휘를 일곱 개씩 지녔기 때문이라고 할 수 있다.
>
> 언어학자 사피어와 그의 제자 워프는 여기서 어떤 영감을 얻었다. 그들은 서로 다른 언어를 쓰는 아메리카 원주민들에게 무지개의 띠가 몇 개냐고 물었다. 대답은 제각각 달랐다. 사피어와 워프는 이 설문 결과에 기대어, 사람들은 자신의 언어에 얽매인 채 세계를 경험한다고 판단했다. 이 판단으로부터, "우리는 모국어가 그어놓은 선에 따라 자연세계를 분단한다."라는 유명한 발언이 나왔다. 이에 따르면 특정 현상과 관련한 단어가 많을수록 해당 언어권의 화자들은 그 현상에 대해 심도 있게 경험하는 것이다. 언어가 의식을, 사고와 세계관을 결정한다는 이 견해는 ㉠ 사피어-워프 가설이라 불리며 언어학과 인지과학의 논란거리가 되어왔다.

〈보 기〉

ㄱ. 눈[雪]을 가리키는 단어를 4개 지니고 있는 이누이트족이 1개 지니고 있는 영어 화자들보다 눈을 넓고 섬세하게 경험한다는 것은 ㉠을 강화한다.

ㄴ. 수를 세는 단어가 '하나', '둘', '많다' 3개뿐인 피라하족의 사람들이 세 개 이상의 대상을 모두 '많다'고 인식하는 것은 ㉠을 강화한다.

ㄷ. 색채 어휘가 적은 자연언어 화자들이 색채 어휘가 많은 자연언어 화자들에 비해 색채를 구별하는 능력이 뛰어나다는 것은 ㉠을 약화한다.

① ㄱ　　② ㄱ, ㄴ

③ ㄴ, ㄷ　　④ ㄱ, ㄴ, ㄷ

[15~16] 다음 글을 읽고 물음에 답하시오.

> 한국 신화에 보이는 신과 인간의 관계는 다른 나라의 신화와 ㉠ 견주어 볼 때 흥미롭다. 한국 신화에서 신은 인간과의 결합을 통해 결핍을 해소함으로써 완전한 존재가 되고, 인간은 신과의 결합을 통해 혼자 할 수 없었던 존재론적 상승을 이룬다.
>
> 한국 건국신화에서 주인공인 신은 지상에 내려와 왕이 되고자 한다. 천상적 존재가 지상적 존재가 되기를 ㉡ 바라는 것인데, 인간들의 왕이 된 신은 인간 여성과의 결합을 통해 자식을 낳음으로써 결핍을 메운다. 무속신화에서는 인간이었던 주인공이 신과의 결합을 통해 신적 존재로 ㉢ 거듭나게 됨으로써 존재론적으로 상승하게 된다. 이처럼 한국 신화에서 신과 인간은 서로의 존재를 필요로 한다는 점에서 상호의존적이고 호혜적이다.
>
> 다른 나라의 신화들은 신과 인간의 관계가 한국 신화와 달리 위계적이고 종속적이다. 히브리 신화에서 피조물인 인간은 자신을 창조한 유일신에 대해 원초적 부채감을 지니고 있으며, 신이 지상의 모든 일을 관장한다는 점에서 언제나 인간의 우위에 있다. 이러한 양상은 북유럽이나 바빌로니아 등에 ㉣ 퍼져 있는 신체 화생 신화에도 유사하게 나타난다. 신체 화생 신화는 신이 죽음을 맞게 된 후 그 신체가 해체되면서 인간 세계가 만들어지게 된다는 것인데, 신의 희생 덕분에 인간 세계가 만들어질 수 있었다는 점에서 인간은 신에게 철저히 종속되어 있다.

15 윗글을 이해한 내용으로 적절하지 않은 것은?

① 히브리 신화에서 신과 인간의 관계는 위계적이다.

② 한국 무속신화에서 신은 인간을 위해 지상에 내려와 왕이 된다.

③ 한국 건국신화에서 신은 인간과의 결합을 통해 완전한 존재가 된다.

④ 한국 신화에 보이는 신과 인간의 관계는 신체 화생 신화에 보이는 신과 인간의 관계와 다르다.

16 ㉠~㉣과 바꿔쓸 수 있는 유사한 표현으로 적절하지 않은 것은?

① ㉠: 비교해
② ㉡: 희망하는
③ ㉢: 복귀하게
④ ㉣: 분포되어

17 다음 대화를 분석한 내용으로 가장 적절한 것은?

갑: 전염병이 창궐했을 때 마스크를 착용하는 것은 당연한 일인데, 그것을 거부하는 사람이 있다니 도대체 이해가 안 돼.
을: 마스크 착용을 거부하는 사람들을 무조건 비난하지 말고 먼저 왜 그러는지 정확하게 이유를 파악하는 것이 필요해.
병: 그 사람들은 개인의 자유가 가장 존중받아야 하는 기본권이라고 생각하기 때문일 거야.
갑: 개인의 자유로운 선택이 타인의 생명을 위협한다면 기본권이라 하더라도 제한하는 것이 보편적 상식 아닐까?
병: 맞아. 개인이 모여 공동체를 이루는데 나의 자유만을 고집하면 결국 사회는 극단적 이기주의에 빠져 붕괴하고 말 거야.
을: 마스크를 쓰지 않는 행위를 윤리적 차원에서만 접근하지 말고, 문화적 차원에서도 고려할 필요가 있어. 어떤 사회에서는 얼굴을 가리는 것이 범죄자의 징표로 인식되기도 해.

① 화제에 대해 남들과 다른 측면에서 탐색하는 사람이 있다.
② 자신의 의견이 반박되자 질문을 던져 화제를 전환하는 사람이 있다.
③ 대화가 진행되면서 논점에 대한 찬반 입장이 바뀌는 사람이 있다.
④ 사례의 공통점을 종합하여 자신의 주장을 강화하는 사람이 있다.

[18~19] 다음 글을 읽고 물음에 답하시오.

영국의 유명한 원형 석조물인 스톤헨지는 기원전 3,000년경 신석기시대에 세워졌다. 1960년대에 천문학자 호일이 스톤헨지가 일종의 연산장치라는 주장을 하였고, 이후 엔지니어인 톰은 태양과 달을 관찰하기 위한 정교한 기구라고 확신했다. 천문학자 호킨스는 스톤헨지의 모양이 태양과 달의 배열을 나타낸 것이라는 의견을 제시해 관심을 모았다.

그러나 고고학자 앳킨슨은 ㉠ 그들의 생각을 비난했다. 앳킨슨은 스톤헨지를 세운 사람들을 '야만인'으로 묘사하면서, ㉡ 이들은 호킨스의 주장과 달리 과학적 사고를 할 줄 모른다고 주장했다. 이에 호킨스를 옹호하는 학자들이 진화적 관점에서 앳킨슨을 비판하였다. ㉢ 이들은 신석기시대보다 훨씬 이전인 4만 년 전의 사람들도 신체적으로 우리와 동일했으며 지능 또한 우리보다 열등했다고 볼 근거가 없다고 주장했다.

하지만 스톤헨지의 건설자들이 포괄적인 의미에서 현대인과 같은 지능을 가졌다고 해도 과학적 사고와 기술적 지식을 가지지는 못했다. ㉣ 그들에게는 우리처럼 2,500년에 걸쳐 수학과 천문학의 지식이 보존되고 세대를 거쳐 전승되어 쌓인 방대하고 정교한 문자 기록이 없었다. 선사시대의 생각과 행동이 우리와 똑같은 식으로 전개되지 않았으리라는 점은 매우 중요하다. 지적 능력을 갖췄다고 해서 누구나 우리와 같은 동기와 관심, 개념적 틀을 가졌으리라고 생각하는 것은 잘못이다.

18 윗글에 대해 평가한 내용으로 가장 적절한 것은?

① 스톤헨지가 제사를 지내는 장소였다는 후대 기록이 발견되면 호킨스의 주장은 강화될 것이다.
② 스톤헨지 건설 당시의 사람들이 숫자를 사용하였다는 증거가 발견되면 호일의 주장은 약화될 것이다.
③ 스톤헨지의 유적지에서 수학과 과학에 관련된 신석기시대 기록물이 발견되면 글쓴이의 주장은 강화될 것이다.
④ 기원전 3,000년경 인류에게 천문학 지식이 있었다는 증거가 발견되면 앳킨슨의 주장은 약화될 것이다.

19 문맥상 ㉠~㉣ 중 지시 대상이 같은 것만으로 묶인 것은?

① ㉠, ㉢
② ㉡, ㉣
③ ㉠, ㉡, ㉢
④ ㉠, ㉡, ㉣

20 다음 글의 밑줄 친 결론을 이끌어내기 위해 추가해야 할 것은?

> 문학을 좋아하는 사람은 모두 자연의 아름다움을 좋아하는 사람이다. 자연의 아름다움을 좋아하는 어떤 사람은 예술을 좋아하는 사람이다. 따라서 <u>예술을 좋아하는 어떤 사람은 문학을 좋아하는 사람이다</u>.

① 자연의 아름다움을 좋아하는 사람은 모두 문학을 좋아하는 사람이다.
② 문학을 좋아하는 어떤 사람은 자연의 아름다움을 좋아하는 사람이다.
③ 예술을 좋아하는 어떤 사람은 자연의 아름다움을 좋아하는 사람이다.
④ 예술을 좋아하지만 문학을 좋아하지 않는 사람은 모두 자연의 아름다움을 좋아하는 사람이다.

영어 | 2025년 출제기조 전환 예시문제

모바일 OMR

회독 CHECK 1 2 3

[01~03] 밑줄 친 부분에 들어갈 말로 가장 적절한 것을 고르시오.

01

Recently, increasingly ______ weather patterns, often referred to as "abnormal climate," have been observed around the world.

① irregular
② consistent
③ predictable
④ ineffective

02

Most economic theories assume that people act on a ______ basis; however, this doesn't account for the fact that they often rely on their emotions instead.

① temporary
② rational
③ voluntary
④ commercial

03

By the time she ______ her degree, she will have acquired valuable knowledge on her field of study.

① will have finished
② is finishing
③ will finish
④ finishes

[04~05] 밑줄 친 부분 중 어법상 옳지 않은 것을 고르시오.

04

You may conclude that knowledge of the sound systems, word patterns, and sentence structures ① <u>are</u> sufficient to help a student ② <u>become</u> competent in a language. Yet we have ③ <u>all</u> worked with language learners who understand English structurally but still have difficulty ④ <u>communicating</u>.

05

Beyond the cars and traffic jams, she said it took a while to ① <u>get used to have</u> so many people in one place, ② <u>all of whom</u> were moving so fast. "There are only 18 million people in Australia ③ <u>spread out</u> over an entire country," she said, "compared to more than six million people in ④ <u>the state of Massachusetts alone</u>."

[06~07] 밑줄 친 부분에 들어갈 말로 가장 적절한 것을 고르시오.

06

A: Hello. I'd like to book a flight from Seoul to Oakland.
B: Okay. Do you have any specific dates in mind?
A: Yes. I am planning to leave on May 2nd and return on May 14th.
B: Okay, I found one that fits your schedule. What class would you like to book?
A: Economy class is good enough for me.
B: Any preference on your seating?
A: ______________________
B: Great. Your flight is now booked.

① Yes. I'd like to upgrade to business class.
② No. I'd like to buy a one-way ticket.
③ No. I don't have any luggage.
④ Yes. I want an aisle seat.

07

Kate Anderson
Are you coming to the workshop next Friday?
10:42

Jim Henson
I'm not sure. I have a doctor's appointment that day.
10:42

Kate Anderson
You should come! The workshop is about A.I. tools that can improve out work efficiency.
10:43

Jim Henson
Wow, the topic sounds really interesting!
10:44

Kate Anderson
Exactly. But don't forget to reserve a seat if you want to attend the workshop.
10:45

Jim Henson
How do I do that?
10:45

Kate Anderson
____
____
10:46

① You need to bring your own laptop.
② I already have a reservation.
③ Follow the instructions on the bulletin board.
④ You should call the doctor's office for an appointment.

[08~09] 다음 글을 읽고 물음에 답하시오.

Send Preview Save

To	Clifton District Office
From	Rachael Beasley
Date	June 7
Subject	Excessive Noise in the Neighborhood

My PC Browse

Times New 10pt G G G G G

To whom it may concern,

I hope this email finds you well. I am writing to express my concern and frustration regarding the excessive noise levels in our neighborhood, specifically coming from the new sports field.

As a resident of Clifton district, I have always appreciated the peace of our community. However, the ongoing noise disturbances have significantly impacted my family's well-being and our overall quality of life. The sources of the noise include crowds cheering, players shouting, whistles, and ball impacts.

I kindly request that you look into this matter and take appropriate <u>steps</u> to address the noise disturbances. Thank you for your attention to this matter, and I appreciate your prompt response to help restore the tranquility in our neighborhood.

Sincerely,
Rachael Beasley

08 윗글의 목적으로 가장 적절한 것은?

① 체육대회 소음에 대해 주민들의 양해를 구하려고
② 새로 이사 온 이웃 주민의 소음에 대해 항의하려고
③ 인근 스포츠 시설의 소음에 대한 조치를 요청하려고
④ 밤시간 악기 연주와 같은 소음의 차단을 부탁하려고

09 밑줄 친 "steps"의 의미와 가장 가까운 것은?

① movements
② actions
③ levels
④ stairs

[10~11] 다음 글을 읽고 물음에 답하시오.

(A)

We're pleased to announce the upcoming City Harbour Festival, an annual event that brings our diverse community together to celebrate our shared heritage, culture, and local talent. Mark your calendars and join us for an exciting weekend!

Details

- Dates: Friday, June 16 - Sunday, June 18
- Times: 10:00a.m. - 8:00p.m. (Friday & Saturday)
  10:00a.m. - 6:00p.m. (Sunday)
- Location: City Harbour Park, Main Street, and surrounding areas

Highlights

- Live Performances
  Enjoy a variety of live music, dance, and theatrical performances on multiple stages throughout the festival grounds.
- Food Trucks
  Have a feast with a wide selection of food trucks offering diverse and delicious cuisines, as well as free sample tastings.

For the full schedule of events and activities, please visit our website at www.cityharbourfestival.org or contact the Festival Office at (552) 234-5678.

10 (A)에 들어갈 윗글의 제목으로 가장 적절한 것은?

① Make Safety Regulations for Your Community
② Celebrate Our Vibrant Community Events
③ Plan Your Exciting Maritime Experience
④ Recreate Our City's Heritage

11 City Harbour Festival에 관한 윗글의 내용과 일치하지 않는 것은?

① 일 년에 한 번 개최된다.
② 일요일에는 오후 6시까지 열린다.
③ 주요 행사로 무료 요리 강습이 진행된다.
④ 웹사이트나 전화 문의를 통해 행사 일정을 알 수 있다.

12 Enter-K 앱에 관한 다음 글의 내용과 일치하지 않는 것은?

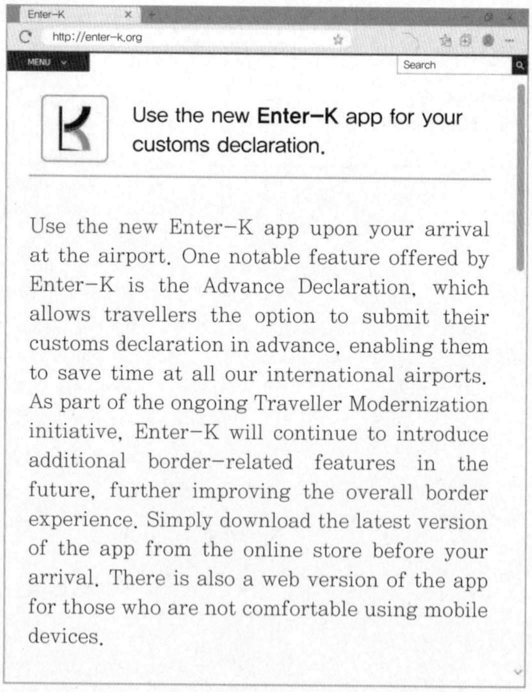
Enter-K
http://enter-k.org
MENU
Search

Use the new **Enter-K** app for your customs declaration.

Use the new Enter-K app upon your arrival at the airport. One notable feature offered by Enter-K is the Advance Declaration, which allows travellers the option to submit their customs declaration in advance, enabling them to save time at all our international airports. As part of the ongoing Traveller Modernization initiative, Enter-K will continue to introduce additional border-related features in the future, further improving the overall border experience. Simply download the latest version of the app from the online store before your arrival. There is also a web version of the app for those who are not comfortable using mobile devices.

① It allows travellers to declare customs in advance.
② More features will be added later.
③ Travellers can download it from the online store.
④ It only works on personal mobile devices.

13 Office of the Labor Commissioner에 관한 다음 글의 내용과 일치하는 것은?

office of labor

https://olc.gov.org/introduction

Office of the labor Commissioner

INTRODUCTION POLICY ISSUES DATA SERVICES NEWS SEARCH

HOME>INTRODUCTION

Office of the Labor Commissioner(OLC) Responsibilities

The OLC is the principal labor regulatory agency for the state. The OLC is responsible for ensuring that minimum wage, prevailing wage, and overtime are paid to employees, and that employee break and lunch periods are provided. In addition, the OLC has authority over the employment of minors. It is the vision and mission of this office to resolve labor-related problems in an efficient, professional, and effective manner. This includes educating employers and employees regarding their rights and responsibilities under the law. The OLC takes enforcement action when necessary to ensure that workers are treated fairly and compensated for all time worked.

① It ensures that employees pay taxes properly.

② It has authority over employment of adult workers only.

③ It promotes employers' business opportunities.

④ It takes action when employees are unfairly treated.

14 다음 글의 주제로 가장 적절한 것은?

The Ministry of Food and Drug Safety warned that cases of food poisoning have occurred as a result of cross-contamination, where people touch eggs and neglect to wash their hands before preparing food or using utensils. To mitigate such risks, the ministry advised refrigerating eggs and ensuring they are thoroughly cooked until both the yolk and white are firm. Over the past five years, a staggering 7,400 people experienced food poisoning caused by Salmonella bacteria. Salmonella thrives in warm temperatures, with approximately 37 degrees Celsius being the optimal growth condition. Consuming raw or undercooked eggs and failing to separate raw and cooked foods were identified as the most common causes of Salmonella infection. It is crucial to prioritize food safety measures and adhere to proper cooking practices to minimize the risk of Salmonella-related illnesses.

① Benefits of consuming eggs to the immune system

② Different types of treatments for Salmonella infection

③ Life span of Salmonella bacteria in warm temperatures

④ Safe handling of eggs for the prevention of Salmonella infection

15 다음 글의 요지로 가장 적절한 것은?

Despite ongoing efforts to address educational disparities, the persistent achievement gap among students continues to highlight significant inequities in the education system. Recent data reveal that marginalized students, including those from low-income backgrounds and vulnerable groups, continue to lag behind their peers in academic performance. The gap poses a challenge to achieving educational equity and social mobility. Experts emphasize the need for targeted interventions, equitable resource allocation, and inclusive policies to bridge this gap and ensure equal opportunities for all students, irrespective of their socioeconomic status or background. The issue of continued educational divide should be addressed at all levels of education system in an effort to find a solution.

① We should deal with persistent educational inequities.
② Educational experts need to focus on new school policies.
③ New teaching methods are necessary to bridge the achievement gap.
④ Family income should not be considered in the discussion of education.

16 다음 글의 흐름상 어색한 문장은?

Every parent or guardian of small children will have experienced the desperate urge to get out of the house and the magical restorative effect of even a short trip to the local park. ① There is probably more going on here than just letting off steam. ② The benefits for kids of getting into nature are huge, ranging from better academic performance to improved mood and focus. ③ Outdoor activities make it difficult for them to spend quality time with their family. ④ Childhood experiences of nature can also boost environmentalism in adulthood. Having access to urban green spaces can play a role in children's social networks and friendships.

17 주어진 문장이 들어갈 위치로 가장 적절한 것은?

In particular, in many urban counties, air pollution, as measured by the amount of total suspended particles, had reached dangerous levels.

Economists Chay and Greenstone evaluated the value of cleaning up of air pollution after the Clean Air Act of 1970. (①) Before 1970, there was little federal regulation of air pollution, and the issue was not high on the agenda of state legislators. (②) As a result, many counties allowed factories to operate without any regulation on their pollution, and in several heavily industrialized counties, pollution had reached very high levels. (③) The Clean Air Act established guidelines for what constituted excessively high levels of five particularly dangerous pollutants. (④) Following the Act in 1970 and the 1977 amendment, there were improvements in air quality.

18 주어진 글 다음에 이어질 글의 순서로 가장 적절한 것은?

Before anyone could witness what had happened, I shoved the loaves of bread up under my shirt, wrapped the hunting jacket tightly about me, and walked swiftly away.

(A) When I dropped them on the table, my sister's hands reached to tear off a chunk, but I made her sit, forced my mother to join us at the table, and poured warm tea.

(B) The heat of the bread burned into my skin, but I clutched it tighter, clinging to life. By the time I reached home, the loaves had cooled somewhat, but the insides were still warm.

(C) I sliced the bread. We ate an entire loaf, slice by slice. It was good hearty bread, filled with raisins and nuts.

① (A) - (B) - (C)
② (B) - (A) - (C)
③ (B) - (C) - (A)
④ (C) - (A) - (B)

[19~20] 밑줄 친 부분에 들어갈 말로 가장 적절한 것을 고르시오.

19 Falling fertility rates are projected to result in shrinking populations for nearly every country by the end of the century. The global fertility rate was 4.7 in 1950, but it dropped by nearly half to 2.4 in 2017. It is expected to fall below 1.7 by 2100. As a result, some researchers predict that the number of people on the planet would peak at 9.7 billion around 2064 before falling down to 8.8 billion by the century's end. This transition will also lead to a significant aging of populations, with as many people reaching 80 years old as there are being born. Such a demographic shift ____________________, including taxation, healthcare for the elderly, caregiving responsibilities, and retirement. To ensure a "soft landing" into a new demographic landscape, researchers emphasize the need for careful management of the transition.

① raises concerns about future challenges
② mitigates the inverted age structure phenomenon
③ compensates for the reduced marriage rate issue
④ provides immediate solutions to resolve the problems

20

Many listeners blame a speaker for their inattention by thinking to themselves: "Who could listen to such a character? Will he ever stop reading from his notes?" The good listener reacts differently. He may well look at the speaker and think, "This man is incompetent. Seems like almost anyone would be able to talk better than that." But from this initial similarity he moves on to a different conclusion, thinking "But wait a minute. I'm not interested in his personality or delivery. I want to find out what he knows. Does this man know some things that I need to know?" Essentially, we "listen with our own experience." Is the speaker to be held responsible because we are poorly equipped to comprehend his message? We cannot understand everything we hear, but one sure way to raise the level of our understanding is to ________________________.

① ignore what the speaker knows
② analyze the character of a speaker
③ assume the responsibility which is inherently ours
④ focus on the speaker's competency of speech delivery

국어 | 2025년 출제기조 전환 예시문제 해설

한눈에 훑어보기

영역 분석

어휘 11 16
2문항, 10%

비문학 01 03 04 05 06 07 08 09 10 12 13
18문항, 90% 14 17 18 19 20

빠른 정답

01	02	03	04	05	06	07	08	09	10
②	②	③	①	④	②	③	③	④	②
11	12	13	14	15	16	17	18	19	20
③	①	③	④	②	③	①	④	②	①

점수 체크

구분	1회독	2회독	3회독
맞힌 문항 수	/ 20	/ 20	/ 20
나의 점수	점	점	점

01 난도 ★★☆ 정답 ②

비문학 > 작문

정답의 이유

② 대등한 것끼리 접속할 때는 구조가 같은 표현을 사용해야 한다는 〈공공언어 바로 쓰기 원칙〉에 따라 '표준적인 언어생활의 확립과 일상적인 국어 생활의 향상을 위해' 혹은 '표준적인 언어생활을 확립하고 일상적인 국어 생활을 향상하기 위해'로 수정하는 것이 적절하다.

오답의 이유

① '안내'는 '어떤 내용을 소개하여 알려 줌'의 의미로 '알림'과 의미가 중복된다. 따라서 중복되는 표현은 삼가야 한다는 〈공공언어 바로 쓰기 원칙〉에 따라 '알림'을 삭제하는 것은 적절하다.

③ '본원은 국내 유일의 의약품 관련 비영리 재단법인으로서 의약품에 관한 표준 정보가 제공되고 있습니다.'라는 문장에서 주어는 '본원은'이므로 서술어는 수동형이 아닌 능동형 '제공하다'가 와야 한다. 따라서 주어와 서술어를 호응시켜야 한다는 〈공공언어 바로 쓰기 원칙〉에 따라 '표준 정보를 제공하고 있습니다.'라고 수정하는 것은 적절하다.

④ '개선'의 대상이 명확하지 않으므로 목적어 '의약품 용어를'이 추가되어야 한다. 따라서 필요한 문장 성분이 생략되지 않아야 한다는 〈공공언어 바로 쓰기 원칙〉에 따라 '의약품 용어를 일반 국민도 알기 쉬운 표현으로 개선하여'라고 수정하는 것은 적절하다.

02 난도 ★★☆ 정답 ②

비문학 > 문법

정답의 이유

② '흰머리'는 '용언의 관형사형(흰)+명사(머리)'로 구성되어 있는 합성명사이다.

오답의 이유

① '큰아버지'는 '용언의 관형사형(큰)+명사(아버지)'로 구성되어 있으며, 앞 성분 '큰'이 뒤 성분 '아버지'를 수식하는 종속합성어이다.

③ '늙은이'는 '용언의 관형사형(늙은)'과 '명사(이)'가 결합하여 한 단어를 이룬 것으로, 어휘 의미를 띤 요소끼리 결합한 단어인 합성어이다.

④ '먹거리'는 '용언 어간(먹-)+명사(거리)'로 구성되어 있는 합성명사로, 용언 어간과 명사의 결합은 국어 문장 구성에는 없는 단어 배열이므로 비통사적 합성어에 속한다.

03 난도 ★★☆ 정답 ③

비문학 > 문법

정답의 이유

③ 건강을 염려하는 행위를 하는 주어는 '아버지'이므로 '염려하신다'와 같이 문장의 주체를 직접 높이는 직접존경 표현을 사용하였다.

오답의 이유

① 높임 표현 '있으시다'는 문장의 주체인 '고모'를 높이기 위하여 긴밀한 관련이 있는 인물인 '자식'을 높인 것이므로 '간접존경'에 해당한다.

② 높임 표현 '아프셔서'는 문장의 주체인 '할머니'를 높이기 위하여 신체의 일부인 '다리'를 높인 것이므로 '간접존경'에 해당한다.

④ 높임 표현 '많으셨다고'는 문장의 주체인 '할아버지'를 높이기 위하여 신체의 일부인 '수염'을 높인 것이므로 '간접존경'에 해당한다.

04 난도 ★☆☆ 정답 ①

비문학 > 추론적 읽기

정답의 이유

㉠ 1문단에서 '그 세계 안의 인간이 자신을 둘러싼 세계와 고투하면서 당대의 공론장에서 기꺼이 논의해볼 만한 의제를 산출해낼 때 문제의 현실성이 확보된다.'라고 하였으므로 밀실과 광장 사이에서 고뇌하는 주인공의 모습을 통해 남북 간의 이념 대립을 공론의 장에 던진 최인훈의 「광장」은 '문제의 현실성'을 확보하였다고 할 수 있다.

㉡ 1문단에서 '우리가 살고 있는 이 입체적인 시공간에서 특히 의미 있는 한 부분을 도려내어 서사의 무대로 삼을 경우 세계의 현실성이 확보된다.'라고 하였으므로 남한과 북한을 소설의 시공간적 배경으로 선택한 것을 통해 동서 냉전 시대와 한반도의 분단 체제라는 의미 있는 부분을 서사의 무대로 삼은 최인훈의 「광장」은 '세계의 현실성'을 확보하였다고 할 수 있다.

㉢ 1문단에서 "한 사회가 완강하게 구조화하고 있는 '가능한 것'과 '불가능한 것'의 좌표를 흔들면서 특정한 선택지를 제출할 때 해결의 현실성이 확보된다."라고 하였으므로 남과 북 사이에서 갈등하던 주인공이 모두 거부하고 자살을 선택하는 결말을 통해 당대의 이원화된 이데올로기를 근저에서 흔든 최인훈의 「광장」은 '해결의 현실성'을 확보하였다고 할 수 있다.

작품 해설

최인훈, 「광장」

- 갈래: 장편 소설, 사회 소설, 분단 소설
- 성격: 실존적, 관념적, 철학적
- 주제: 이념의 갈등과 분단 상황 속에서 이상적인 사회를 향한 지식인의 염원과 좌절
- 특징
  - 남북 분단의 이데올로기 문제를 본격적으로 다룸
  - 사변적 성격의 서술자를 통해 철학적 · 사회학적 주제를 표현함

05 난도 ★★★ 정답 ④

비문학 > 논리 추론

정답의 이유

④ '오 주무관이 회의에 참석하면, 박 주무관도 참석한다.'가 참이고, '박 주무관이 회의에 참석하면, 홍 주무관도 참석한다.'가 참일 때 '오 주무관이 회의에 참석하면, 홍 주무관도 회의에 참석한다.'가 참이라는 결론을 도출할 수 있다. 어떤 명제가 참일 경우 그 대우 역시 반드시 참이기 때문에 '홍 주무관이 참석하지 않으면, 오 주무관도 참석하지 않는다.'는 반드시 참인 진술이다.

더 알아보기

명제 사이의 관계

명제가 참이라면, 그 명제의 역과 이는 참과 거짓을 알 수 없으나, 그 명제의 대우는 참이 된다.

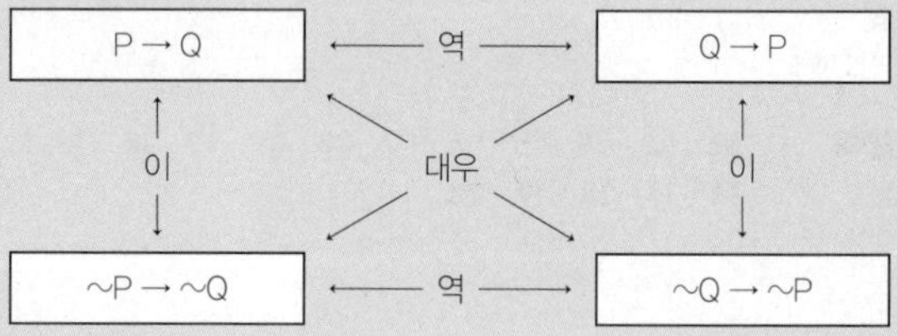

06 난도 ★★☆ 정답 ②

비문학 > 사실적 읽기

정답의 이유

② 3문단의 '여기서 눈을 감는 행위는 외면이나 도피가 아니라 피할 수 없는 현실적 조건을 새롭게 반성함으로써 현실의 진정한 면모와 마주하려는 적극적인 행위로 읽힌다.'를 통해 「절정」에서 시인은 투사가 처한 현실적 조건을 외면하지 않고 새롭게 인식하고 있음을 알 수 있다.

오답의 이유

① 2문단에서 투사 이육사가 처한 상황은 대단히 위태로워 보이고 '한발 제겨디딜 곳조차 없는' 극한에 도달하게 된다고 하였으나 뚜렷한 계절의 변화가 나타난다는 내용은 제시되지 않았다.

③ 1문단의 '가령, 「절정」은 크게 두 부분으로 나누어지는데, 투사가 처한 냉엄한 현실적 조건이 3개의 연에 걸쳐 먼저 제시된 후, 시인이 품고 있는 인간과 역사에 대한 희망이 마지막 연에 제시된다.'를 통해 「절정」의 구성이 두 부분으로 나누어져 있다는 것을 확인할 수 있다. 하지만 「절정」에서는 1~3연에 걸쳐 투사가 처한 현실적 조건이 제시되고, 마지막 연에서 시인이 품고 있는 희망이 제시될 뿐 투사와 시인의 반복과 화해는 나타나지 않는다.

④ 1문단의 '투사가 처한 냉엄한 현실적 조건이 3개의 연에 걸쳐 먼저 제시된 후, 시인이 품고 있는 인간과 역사에 대한 희망이 마지막 연에 제시된다.'를 통해 「절정」은 투사가 처한 냉엄한 현실적 조건과 시인이 품은 희망을 제시하고 있음을 알 수 있다.

작품 해설

이육사, 「절정」
- 갈래: 자유시, 서정시
- 성격: 상징적, 남성적, 지사적
- 주제: 극한 상황에서의 초월적 인식
- 특징
  - '기-승-전-결'의 구조로 시적 긴장감을 표현함
  - 역설적 표현을 통해 주제를 효과적으로 형상화함
  - 강렬한 상징적 표현과 남성적 어조로 강인한 의지를 드러냄

07 난도 ★★☆ 정답 ③

비문학 > 글의 순서 파악

정답의 이유

- (라)에서는 드라마나 영화에 대해 시청 여부를 결정하는 데 걸리는 시간은 8초에 불과하다는 것을 언급하며 독자의 흥미를 유발하고 있다. 또한, '스토리텔링 전략'이라는 화제를 제시하고 있으므로 글의 처음에 오는 것이 적절하다.
- (나)에서는 '스토리텔링 전략에서 제일 먼저 해야 할 일'에 대해 제시하고 있으므로 '스토리텔링 전략'을 언급한 (라) 뒤에 오는 것이 적절하다.
- (가)에서는 '다음으로'라는 표현을 사용하여 '참신한 인물을 창조해야 한다'는 스토리텔링 전략을 제시하고 있으므로 제일 먼저 해야 할 일을 언급한 (나) 뒤에 오는 것이 적절하다.
- (다)에서는 '이 같은 인물 창조의 과정'에서 만들어지는 스토리의 주제에 대해 설명하고 있으므로 인물 창조를 언급한 (가) 뒤에 오는 것이 적절하다.

따라서 글을 맥락에 맞게 나열한 것은 ③ (라) - (나) - (가) - (다)이다.

08 난도 ★★☆ 정답 ③

비문학 > 작문

정답의 이유

③ 〈지침〉에서 '본론은 제목에서 밝힌 내용을 2개의 장으로 구성하되 각 장의 하위 항목끼리 대응되도록 작성'하라고 하였다. 그러므로 제목 '복지 사각지대의 발생 원인과 해소 방안'에 따라 Ⅲ-2.에는 Ⅱ-2.에서 제시한 복지 사각지대 발생 원인에 대응하는 해소 방안이 들어가야 한다. 그러나 '사회복지 업무 경감을 통한 공무원 직무 만족도 증대'는 Ⅱ-2.의 '사회복지 담당 공무원의 인력 부족'의 해소 방안과는 관련이 없는 내용이므로 ㉢에 들어갈 내용으로 적절하지 않다.

오답의 이유

① 〈지침〉에서 서론은 중심 소재의 개념 정의와 문제 제기를 1개의 장으로 작성하라고 하였다. Ⅰ-1.의 '복지 사각지대의 정의'는 중심 소재의 개념 정의에 해당하므로 ㉠에는 문제 제기에 해당하는 '복지 사각지대의 발생에 따른 사회 문제의 증가'가 들어가는 것이 적절하다.

② 〈지침〉에 따라 Ⅱ-1.에는 '복지 사각지대의 발생 원인'과 관련한 내용이 들어가야 하며 Ⅲ-1.의 내용과 대응되어야 하므로 ㉡에는 '사회적 변화를 반영하여 기존 복지 제도의 미비점 보완'이라는 해소 방안에 대응하는 원인인 '사회적 변화를 반영하지 못한 기존 복지 제도의 한계'가 들어가는 것이 적절하다.

④ 〈지침〉에서 결론은 기대 효과와 향후 과제를 1개의 장으로 작성하라고 하였다. 이에 따라 Ⅳ-2.에는 '복지 사각지대의 근복적이고 지속가능한 해소 방안 마련'이라는 향후 과제가 제시되었으므로 Ⅳ-1.에는 기대 효과와 관련된 내용이 들어가야 한다. 따라서 ㉣에는 '복지 혜택의 범위 확장을 통한 사회 안전망 강화'가 들어가는 것이 적절하다.

09 난도 ★★☆ 정답 ④

비문학 > 추론적 읽기

정답의 이유

④ 신경과학자 아이젠버거는 뇌의 어떤 부위가 활성화되는가를 촬영하여 실험 참가자가 어떤 심리적 상태인가를 파악하려는 실험을 진행하였다. 연구팀은 실험 참가자가 따돌림을 당할 때 전두엽 전대상피질 부위가 활성화되었고, 이는 인간이 물리적 폭력을 당할 때 활성화되는 뇌의 부위와 동일하다는 것을 확인하였다. 따라서 빈칸에 들어갈 결론으로 가장 적절한 것은 '따돌림을 당할 때와 물리적 폭력을 당할 때의 심리적 상태는 서로 다르지 않다'이다.

오답의 이유

① 빈칸 앞에서 '전두엽의 전대상피질 부위'를 두고 '인간이 물리적 폭력을 당할 때 활성화되는 뇌의 부위이다.'라고 이미 언급하였으므로 '물리적 폭력은 뇌 전두엽의 전대상피질 부위를 활성화한다'는 빈칸에 들어갈 결론으로 적절하지 않다.

②·③ 따돌림을 당할 때 전두엽의 전대상피질 부위가 활성화되고 이 부위는 인간이 물리적 폭력을 당할 때 활성화되는 부위라는 것만 언급하고 있을 뿐 사회적 문제나 따돌림과 물리적 폭력의 부정적 영향에 대한 내용은 제시되지 않는다. 따라서 '물리적 폭력은 피해자의 개인적 경험을 사회적 문제로 전환한다'나 '따돌림은 피해자에게 물리적 폭력보다 더 심각한 부정적 영향을 미친다'는 빈칸에 들어갈 결론으로 적절하지 않다.

10 난도 ★★☆ 정답 ②

비문학 > 추론적 읽기

정답의 이유

② 2문단의 '고소설에서 주인공은 적대자에 의해 원점에서 분리되어 고난을 겪는다.'와 3문단의 '박 진사의 죽음은 그들에게 고향의 상실을 상징한다.'를 통해 영웅소설의 주인공은 원점에서 분리되고 「무정」의 이형식은 박 진사의 죽음으로 '박 진사의 집으로 표상되는 유년의 과거'라는 이상적 원점을 상실함을 파악할 수 있다. 따라서 영웅소설의 주인공과 「무정」의 이형식은 그들의 이상적 원점을 상실했다는 공통점을 가지고 있음을 추론할 수 있다.

오답의 이유

① 2문단에서 고소설의 주인공이 도달해야 할 종결점은 새로운 미래가 아니라 다시 도래할 과거로서의 미래라고 하며 이러한 시공간의 배열을 회귀의 크로노토프라 한다고 하였고, 3문단에서 '근대소설 「무정」은 회귀의 크로노토프를 부정한다.'라고 하였다. 따라서 「무정」은 회귀의 크로노토프를 부정하지만 고소설은 회귀의 크로노토프를 긍정한다는 것을 알 수 있다.

③ 3문단의 '두 사람의 결합이 이상적 상태의 고향을 회복할 수 있는 유일한 방법이겠지만, 그들은 끝내 결합하지 못한다.'를 통해 이형식과 박영채의 결합은 이상적 상태의 고향을 회복하는 것, 즉 과거로서의 미래에 도래하는 것임을 알 수 있다. 따라서 「무정」에서 이형식이 박영채와 결합했다면 새로운 미래로서의 종결점에 도달하는 것이 아니라 과거로서의 미래에 도달할 수 있었을 것이다.

④ 2문단의 '그들의 목표는 상실한 원점을 회복하는 것, 즉 그곳에서 향유했던 이상적 상태로 돌아가는 것이다.'를 통해 고소설인 가정소설의 목표는 가족 구성원들이 평화롭게 공존하는 결말을 통해 상실한 원점을 회복하는 것임을 파악할 수 있다.

작품 해설

이광수, 「무정」

- 갈래: 장편 소설, 계몽 소설, 연재 소설
- 성격: 민족주의적, 계몽적, 설교적, 근대적
- 주제: 신교육과 자유연애 사상의 고취 및 민족 계몽
- 특징
  - 우리나라 최초의 근대 장편 소설
  - 민족의식을 고취하고 자유연애 사상이라는 계몽성과 대중성을 조화함

11 난도 ★★☆ 정답 ③

어휘 > 문맥적 의미 파악

정답의 이유

③ ㉠의 '돌아가다'는 '원래의 있던 곳으로 다시 가거나 다시 그 상태가 되다.'라는 의미이다. '그는 잃어버린 동심으로 돌아가고 싶었다.'의 '돌아가다' 역시 '원래의 상태가 되다.'라는 의미이므로 ㉠의 의미와 가장 가깝다.

오답의 이유

①·② '전쟁은 연합군의 승리로 돌아갔다.'와 '사과가 한 사람 앞에 두 개씩 돌아간다.'의 '돌아가다'는 '차례나 몫, 승리, 비난 따위가 개인이나 단체, 기구, 조직 따위의 차지가 되다.'라는 의미이다.

④ '그녀는 자금이 잘 돌아가지 않는다며 걱정했다.'의 '돌아가다'는 '돈이나 물건 따위의 유통이 원활하다.'라는 의미이다.

12 난도 ★★★ 정답 ①

비문학 > 논리 추론

정답의 이유

(가)와 (나)를 단순하게 치환하면 다음과 같다.

- 노인복지 문제에 관심이 있는 사람: 노인복지 문제
- 일자리 문제에 관심이 있는 사람: 일자리 문제
- 공직에 관심이 있는 사람: 공직

이때 (가)와 (나)를 논리 기호로 단순화하면 다음과 같다.

(가) 노인복지 문제 일부 ∧ ~일자리 문제

(나) 공직 → 일자리 문제 ≡ ~일자리 문제 → ~공직

이를 바탕으로 제3의 명제를 이끌어 내면 다음과 같다.

노인복지 문제 일부 ∧ ~공직

따라서 (가)와 (나)를 전제로 할 때 빈칸에 들어갈 결론으로 가장 적절한 것은 ① '노인복지 문제에 관심이 있는 사람 중 일부는 공직에 관심이 있는 사람이 아니다'이다.

더 알아보기

정언 삼단 논법

단언적인 두 정언 명제를 전제로 하여 제3의 정언 명제를 결론으로 이끌어 내는 방법이다.

p는 q이다.	대전제	모든 사람은 죽는다.
r은 p이다.	↓ 소전제	소크라테스는 사람이다.
r은 q이다.	↓ 결론	그러므로 소크라테스는 죽는다.

13 난도 ★★☆ 정답 ③

비문학 > 작문

정답의 이유

③ ㉢ 앞의 '현재 기준에서는 질병 치료를 목적으로 개발한 신약만 승인받을 수 있는데'를 볼 때 '질병으로 본 탓에 노화를 멈추는 약은 승인받을 수 없었다'는 내용상 어색하다. 따라서 '질병으로 보지 않은 탓에 노화를 멈추는 약은 승인받을 수 없었다'로 수정하는 것은 적절하다.

오답의 이유

① 제시된 글에서 노화 문제를 해결하는 것은 '인간이 젊고 건강한 상태로 수명을 연장할 수 있다는 점'에서 기존 발상과 다르다고 하였다. 따라서 ㉠에는 인간이 젊고 건강하지 않은 상태로 수명을 연장한다는 내용이 들어가야 하며 ㉠을 '늙고 병든 상태에서 담담히 죽음의 시간을 기다린다'로 수정하면 내용상 어색해진다.

② ㉡에는 '젊음을 유지한 채 수명을 늘리는 것'과 관련한 내용이 들어가야 하므로 ㉡을 '노화가 진행되기 전의 신체를 노화가 진행된 신체'로 수정하면 내용상 어색해진다.

④ ㉣에는 '유전자를 조작하는 방식으로 노화를 막는 것'과 관련한 내용이 들어가야 하므로 ㉣을 '노화가 더디게 진행되는 사람들의 유전자 자료를 데이터화하면 그들에게서 노화를 촉진'으로 수정하면 내용상 어색해진다.

14 난도 ★★☆ 정답 ④

비문학 > 강화 · 약화

정답의 이유

ㄱ. '사피어-워프 가설'은 언어가 의식, 사고 그리고 세계관을 결정한다는 견해이다. 제시된 글에서는 '특정 현상과 관련한 단어가 많을수록 해당 언어권의 화자들은 그 현상에 대해 심도 있게 경험'한다고 하였다. 따라서 눈[雪]을 가리키는 단어를 4개 지니고 있는 이누이트족이 1개 지니고 있는 영어 화자들보다 눈을 넓고 섬세하게 경험한다는 것은 특정 현상과 관련한 단어가 많은 화자가 그 현상에 대해 심도 있게 경험한다는 것을 의미하므로 '사피어-워프 가설'을 강화한다고 평가한 것은 적절하다.

ㄴ. 수를 세는 단어가 '하나', '둘', '많다' 3개뿐인 피라하족의 사람들이 세 개 이상의 대상을 모두 '많다'고 인식하는 것은 언어가 의식과 사고를 결정한 것이므로 '사피어-워프 가설'을 강화한다고 평가한 것은 적절하다.

ㄷ. 2문단의 '특정 현상과 관련한 단어가 많을수록 해당 언어권의 화자들은 그 현상에 대해 심도 있게 경험'한다는 내용에 따르면 색채 어휘가 많은 자연언어 화자가 색채 어휘가 적은 자연언어 화자에 비해 색채를 구별하는 능력이 뛰어나야 한다. 하지만 그 반대의 상황이 나타났으므로 '사피어-워프 가설'을 약화한다고 평가한 것은 적절하다.

15 난도 ★☆☆ 정답 ②

비문학 > 사실적 읽기

정답의 이유

② 2문단을 보면, 한국 건국신화에서 신이 지상에 내려와 왕이 되고자 하였다는 내용은 제시되었으나 그것이 인간을 위한 것이었는지는 나타나지 않았다.

오답의 이유

① 3문단의 '히브리 신화에서 피조물인 인간은 자신을 창조한 유일신에 대해 원초적 부채감을 지니고 있으며, 신이 지상의 모든 일을 관장한다는 점에서 언제나 인간의 우위에 있다.'를 통해 히브리 신화의 신과 인간의 관계가 위계적임을 확인할 수 있다.

③ 2문단의 '천상적 존재가 지상적 존재가 되기를 바라는 것인데, 인간들의 왕이 된 신은 인간 여성과의 결합을 통해 자식을 낳음으로써 결핍을 메운다.'를 통해 한국 건국신화에서 신은 인간과의 결합을 통해 완전한 존재가 됨을 확인할 수 있다.

④ 2문단의 '이처럼 한국 신화에서 신과 인간은 서로의 존재를 필요로 한다는 점에서 상호의존적이고 호혜적이다.'와 3문단의 '신체화생 신화는 신이 죽음을 맞게 된 후 그 신체가 해체되면서 인간 세계가 만들어지게 된다는 것인데, 신의 희생 덕분에 인간 세계가 만들어질 수 있었다는 점에서 인간은 신에게 철저히 종속되어 있다.'를 통해 한국 신화에 보이는 신과 인간의 관계는 신체화생 신화에 보이는 신과 인간의 관계와 다름을 확인할 수 있다.

16 난도 ★★☆ 정답 ③

어휘 > 문맥적 의미 파악

정답의 이유

③ ㉢의 '거듭나다'는 '지금까지의 방식이나 태도를 버리고 새롭게 시작하다.'라는 의미이다. 따라서 '본디의 자리나 상태로 되돌아가다.'를 뜻하는 '복귀하다'와 바꿔쓸 수 없다.

오답의 이유

① ㉠의 '견주다'는 '둘 이상의 사물을 질이나 양 따위에서 어떤 차이가 있는지 알기 위하여 서로 대어 보다.'라는 의미이다. 따라서 '둘 이상의 사물을 견주어 서로 간의 유사점, 차이점, 일반 법칙 따위를 고찰하다.'를 뜻하는 '비교하다'와 바꿔쓸 수 있다.

② ㉡의 '바라다'는 '생각이나 바람대로 어떤 일이나 상태가 이루어지거나 그렇게 되었으면 하고 생각하다.'라는 의미이다. 따라서 '어떤 일을 이루거나 하기를 바라다.'를 뜻하는 '희망하다'와 바꿔쓸 수 있다.

④ ㉣의 '퍼지다'는 '어떤 물질이나 현상 따위가 넓은 범위에 미치다.'라는 의미이다. 따라서 '일정한 범위에 흩어져 퍼져 있다.'를 뜻하는 '분포되다'와 바꿔쓸 수 있다.

17 난도 ★★☆ 정답 ①

비문학 > 화법

정답의 이유

① 갑과 병은 마스크 착용에 대하여 '윤리적 차원'에서 접근하고 있지만, 을은 '마스크를 쓰지 않는 행위를 윤리적 차원에서만 접근하지 말고, 문화적 차원에서도 고려할 필요가 있어.'라며 남들과 다른 측면을 제시하고 있다.

오답의 이유

② 갑은 마스크 착용을 거부하는 사람이 있는 것이 이해가 안 된다고 하였고 그에 대하여 병은 '그 사람들은 개인의 자유가 가장 존중받아야 하는 기본권이라고 생각하기 때문일 거야.'라며 갑의 의견에 반박하고 있다. 이에 갑은 '개인의 자유로운 선택이 타인의 생명을 위협한다면 기본권이라 하더라도 제한하는 것이 보편적인 상식 아닐까?'라는 질문을 던져 병의 말에 재반박하고 있다. 이를 통해 자신의 의견이 반박되자 질문을 던져 화제를 전환하는 사람이 있다고 분석한 것은 적절하지 않음을 알 수 있다.

③ '마스크 착용'이라는 화제에 대하여 갑은 개인의 선택이 타인의 생명을 위협한다면 기본권이라 하더라도 제한해야 한다며 마스크 착용을 찬성하고 있다. 을은 마스크 착용에 대해 찬성 혹은 반대 입장을 밝히지 않고 있다. 병은 첫 번째 발언에서 마스크 착용에 대해 입장을 밝히지 않다가 두 번째 발언에서 '나의 자유만을 고집하면 결국 사회는 극단적 이기주의에 빠져 붕괴하고 말 거야.'라며 마스크 착용을 찬성하고 있다. 이를 통해 대화가 진행되며 논점에 대한 찬반 입장이 바뀌는 사람은 없음을 확인할 수 있다.

④ 을은 두 번째 발언에서 '어떤 사회에서는 얼굴을 가리는 것이 범죄자의 징표로 인식되기도 해.'라고 사례를 제시하며 마스크를 쓰지 않는 행위를 문화적 차원에서도 고려할 필요가 있다고 하였다. 하지만 사례의 공통점을 종합하고 있지는 않다.

18 난도 ★★☆ 정답 ④

비문학 > 강화 · 약화

정답의 이유

④ 2문단에서 "앳킨슨은 그들의 생각을 비난했다. 앳킨슨은 스톤헨지를 세운 사람들을 '야만인'으로 묘사하면서, 이들은 호킨스의 주장과 달리 과학적 사고를 할 줄 모른다고 주장했다."라고 하였다. 따라서 기원전 3,000년경 인류에게 천문학 지식이 있었다는 증거는 스톤헨지를 세운 사람들이 과학적 사고를 할 줄 알았다는 것을 의미하므로 앳킨슨의 주장은 약화될 것이다.

오답의 이유

① 천문학자 호킨스는 스톤헨지의 모양이 태양과 달의 배열을 나타낸 것이라는 의견을 제시하였다. 그러나 제사를 지내는 장소는 태양과 달의 배열과 관련이 없으므로 스톤헨지가 제사를 지내는 장소였다는 후대 기록이 발견되면 호킨스의 주장은 강화될 것이라는 평가는 적절하지 않다.

② 호일은 스톤헨지가 일종의 연산장치라고 주장하였다. 당시 사람들이 숫자를 사용하였다는 증거는 연산장치와 관련이 있으므로 호일의 주장은 강화될 것이다.

③ 3문단에서 '하지만 스톤헨지의 건설자들이 포괄적인 의미에서 현대인과 같은 지능을 가졌다고 해도 과학적 사고와 기술적 지식을 가지지는 못했다. ~ 수학과 천문학의 지식이 보존되고 세대를 거쳐 전승되어 쌓인 방대하고 정교한 문자 기록이 없었다.' 라고 하였다. 따라서 스톤헨지의 유적에서 수학과 과학에 관련된 신석기시대 기록물이 발견되면 글쓴이의 주장은 약화될 것이다.

19 난도 ★★☆ 정답 ②

비문학 > 추론적 읽기

정답의 이유

② ㉡의 '이들'은 '스톤헨지를 세운 사람들'을 가리키고, ㉣의 '그들'은 '스톤헨지의 건설자들'을 가리킨다. 따라서 ㉡과 ㉣의 지시 대상은 같다.

오답의 이유

- ㉠의 '그들'은 1문단에서 언급한 '천문학자 호일', '엔지니어인 톰', '천문학자 호킨스'를 가리킨다.
- ㉢의 '이들'은 '호킨스를 옹호하는 학자들'을 가리킨다.

20 난도 ★★☆ 정답 ①

비문학 > 논리 추론

정답의 이유

제시된 글을 단순하게 치환하면 다음과 같다.

- 문학을 좋아하는 사람: 문학
- 자연의 아름다움을 좋아하는 사람: 자연의 아름다움
- 예술을 좋아하는 사람: 예술

이를 이용하여 지문의 문장을 논리식 형태로 정리하면 다음과 같다.

- 문학 → 자연의 아름다움
- 어떤 자연의 아름다움 ∧ 예술
- [ ]

∴ 어떤 예술 ∧ 문학

삼단 논법을 통하여 '예술을 좋아하는 어떤 사람은 문학을 좋아하는 사람이다.'라는 결론을 도출하려면 빈칸에는 '자연의 아름다움'과 '문학'의 관련성을 언급하는 문장이 들어가야 한다. 따라서 결론을 이끌어내기 위하여 추가해야 할 전제는 ① '자연의 아름다움을 좋아하는 사람은 모두 문학을 좋아하는 사람이다.'이다.

영어 | 2025년 출제기조 전환 예시문제 해설

한눈에 훑어보기

영역 분석

어휘 01 02 09
3문항, 15%

독해 08 10 11 12 13 14 15 16 17 18 19 20
12문항, 60%

어법 03 04 05
3문항, 15%

표현 06 07
2문항, 10%

빠른 정답

01	02	03	04	05	06	07	08	09	10
①	②	④	①	①	④	③	③	②	②
11	12	13	14	15	16	17	18	19	20
③	④	④	④	①	③	③	②	①	③

점수 체크

구분	1회독	2회독	3회독
맞힌 문항 수	/ 20	/ 20	/ 20
나의 점수	점	점	점

01 난도 ★☆☆ 정답 ①

어휘 > 단어

정답의 이유

weather patterns를 수식하는 often referred to as "abnormal climate"으로 미루어 보아 밑줄 친 부분에는 abnormal climate(이상기후)의 특징을 나타내는 말이 들어가야 함을 유추할 수 있다. 따라서 밑줄 친 부분에 들어갈 말로 가장 적절한 것은 ① 'irregular(불규칙한)'이다.

오답의 이유

② 일관된
③ 예측[예견]할 수 있는
④ 효과[효력] 없는

본문해석

최근, 종종 '이상기후'로 불리는, 갈수록 더 불규칙한 기후 패턴이 세계 곳곳에서 관측되고 있다.

VOCA

- increasingly 점점 더, 갈수록 더
- refer to as ~(이)라고 언급하다
- abnormal climate 이상기후
- observe 관찰[관측/주시]하다

02 난도 ★☆☆ 정답 ②

어휘 > 단어

정답의 이유

'however, this doesn't account for the fact that they often rely on their emotions instead(그러나 이것은 그들이 종종 감정에 의존한다는 사실을 설명하지 않는다).'라고 했으므로 밑줄 친 부분에는 'emotions(감정)'와 반대되는 의미의 단어가 들어가야 함을 유추할 수 있다. 따라서 밑줄 친 부분에 들어갈 말로 가장 적절한 것은 ② 'rational(이성적인)'이다.

오답의 이유

① 일시적인, 임시의
③ 자발적인, 임의적인
④ 상업적인

본문해석

대부분의 경제 이론은 사람들이 이성적인 근거에 따라 행동한다고 가정한다. 그러나 이것은 그들이 종종 감정에 의존한다는 사실을 설명하지 않는다.

VOCA

- assume that ~(이)라 가정하여, ~(이)라 하면
- act on ~에 따라서 행동하다, 따르다
- basis 근거, 기준
- account for ~을 설명하다
- rely on 의존[의지]하다

03 난도 ★☆☆ 정답 ④

어법 > 정문 찾기

정답의 이유

By the time(~할 때까지, ~할 무렵)은 시간 접속사로, 부사절을 이끌고 있다. 시간 · 조건 부사절에서는 현재시제가 미래시제를 대신하므로, 'By the time+주어+현재동사, 주어+will have p.p.(미래완료)'가 되어야 한다. 따라서 밑줄 친 부분에 들어갈 말로 가장 적절한 것은 현재시제인 ④ 'finishes(마치다)'이다.

본문해석

학위를 마칠 무렵, 그녀는 자신의 연구 분야에 대한 귀중한 지식을 습득하게 될 것이다.

VOCA

- degree 학위
- acquire 습득하다[얻다]
- field 분야

04 난도 ★★☆ 정답 ①

어법 > 비문 찾기

정답의 이유

① are는 명사절(that knowledge of the sound systems ~ in a language)의 주어(knowledge)를 받는 동사인데, knowledge가 단수 명사이므로 are → is가 되어야 한다.

오답의 이유

② 'help+목적어+(to) 동사원형'은 '목적어가 ~하도록 돕다'의 뜻으로, 어법상 준사역동사(help) 다음에 동사원형(become)이 올바르게 사용되었다.

③ all은 명사, 형용사, 부사로 사용되는데, 밑줄 친 all은 have worked 사이에서 부사로 올바르게 사용되었다.

④ 'have difficulty+-ing'는 '~하느라 고생하다'라는 뜻의 동명사의 관용적 표현이므로, 밑줄 친 communicating이 어법상 올바르게 사용되었다.

본문해석

여러분은 소리 체계와 단어 패턴, 문장 구조에 대한 지식이 학생을 한 언어에 능숙해지도록 돕는 데 충분하다고 판단할지도 모른다. 하지만 우리는 영어를 구조적으로 이해하지만 여전히 의사소통에 어려움을 겪는 언어 학습자들을 연구 대상으로 해왔다.

VOCA

- conclude 결론[판단]을 내리다
- be sufficient to ~하기에 충분하다
- competent 능숙한
- work with ~을 연구[작업] 대상으로 하다
- structurally 구조상, 구조적으로

05 난도 ★☆☆ 정답 ①

어법 > 비문 찾기

정답의 이유

① 'get used to+-ing'는 '~에 익숙해지다'를 의미하는 관용적 표현이므로, get used to have → get used to having이 되어야 한다. 이때 to는 전치사이므로, to 다음에는 명사(구)가 와야 한다. 참고로 'used to+동사원형'은 '~하곤 했다'의 뜻이다.

오답의 이유

② '명사(all)+of whom' 다음에 불완전한 문장이 나오는 문장에서 whom은 선행하는 people을 받는 관계대명사로 전치사(of) 다음에 올바르게 사용되었다.

③ 밑줄 친 spread out은 명사(18 million people)를 수식하는 과거분사로 올바르게 사용되었다.

④ 전치사(in) 다음에 명사(the state of Massachusetts)가 올바르게 사용되었다.

본문해석

그녀는 자동차들과 교통체증을 넘어서, 한 장소에 매우 많은 사람들이 있고, 그들 모두가 아주 바쁘게 이동하고 있는 것에 익숙해지는 데 조금 시간이 걸렸다고 말했다. "매사추세츠주에만 600만 명 이상의 사람들이 있는 것과 비교할 때, 호주에는 나라 전체에 퍼져 있는 1,800만 명의 사람들이 있을 뿐이에요."라고 그녀가 말했다.

VOCA

- traffic jam 교통체증
- it takes a while 조금 시간이 필요하다
- spread out 몸을 뻗다, 넓은 공간을 쓰다[차지하다]
- compared to ~와 비교하여

06 난도 ★☆☆ 정답 ④

표현 > 일반회화

정답의 이유

서울에서 오클랜드로 가는 항공편을 예약하는 상황으로, 밑줄 앞에서 B가 'Any preference on your seating(선호하는 좌석이 있으신가요)?'이라고 물었으므로 밑줄 친 부분에 들어갈 A의 답변으로 가장 적절한 것은 ④ 'Yes. I want an aisle seat(네. 통로 쪽 좌석을 원해요).'이다.

오답의 이유

① 네. 비즈니스석으로 업그레이드하고 싶어요.
② 아니요. 편도로 티켓을 사고 싶어요.
③ 아니요. 짐이 없어요.

본문해석

A: 안녕하세요. 서울에서 오클랜드로 가는 비행기를 예약하고 싶어요.
B: 알겠습니다. 계획하고 있는 날짜가 있으신가요?
A: 네. 5월 2일에 출발해서 5월 14일에 돌아올 예정이에요.
B: 네, 고객님 일정에 맞는 것을 찾았습니다. 어떤 등급 좌석으로 예약하시겠어요?
A: 이코노미 클래스면 충분해요.
B: 원하시는 좌석이 있으신가요?
A: 네. 통로 쪽 좌석을 원해요.
B: 잘됐네요. 항공편이 지금 예약되었어요.

VOCA

- book a flight 비행기 좌석을 예약하다
- fit (의도 · 목적 · 시기 등에) 적합하다
- preference 선호, 애호

07 난도 ★☆☆ 정답 ③

표현 > 일반회화

정답의 이유

제시문은 워크숍 참석을 안내하는 문자 메시지이다. 밑줄 앞에서 Kate Anerson이 워크숍에 참석하고 싶다면 좌석 예약하는 것을 잊지 말라고 하자 Jim Henson이 'How do I do that(어떻게 하지요)?'이라고 물었으므로 밑줄에는 워크숍 좌석 예약에 관한 내용이 와야 한다. 따라서 밑줄 친 부분에 들어갈 말로 가장 적절한 것은 ③ 'Follow the instructions on the bulletin board(게시판의 설명대로 따라하세요).'이다.

오답의 이유

① 노트북을 가지고 오셔야 합니다.
② 이미 예약했어요.
④ 진료실에 전화해서 진료 예약을 해야 해요.

본문해석

Kate Anderson: 다음 주 금요일에 워크숍에 오시나요?
Jim Henson: 잘 모르겠어요. 그날 병원 예약이 있어요.
Kate Anderson: 꼭 오셔야 해요! 워크숍은 업무 효율을 향상시킬 수 있는 인공지능 도구에 관한 것입니다.
Jim Henson: 와우, 주제가 정말 재미있을 거 같아요!
Kate Anderson: 맞아요. 하지만 워크숍에 참석하고 싶다면 좌석 예약하는 것 잊지 마세요.
Jim Henson: 어떻게 하지요?
Kate Anderson: 게시판의 설명대로 따라하세요.

VOCA

- appointment 약속[예약]
- improve 개선하다, 향상시키다
- work efficiency 업무 효율
- reserve 예약하다

08~09

본문해석

관계자 제위,
이 이메일이 귀하에게 잘 닿기를 바랍니다. 저는 이웃의 과도한 소음, 즉 구체적으로 말하면 새 스포츠 시설에서 나오는 소음과 관련된 우려와 불만에 대해 말하려고 합니다.
Clifton 지역 주민의 한 사람으로서, 저는 항상 평화로운 지역 사회에 감사해 왔습니다. 하지만, 계속되는 소음장애가 심각하게 우리 가족의 안녕과 전반적인 삶의 질에 영향을 주었습니다. 소음의 원인은 군중의 응원, 선수들의 함성, 호각 소리, 그리고 공에 의한 충격 등입니다.
이 문제를 주의 깊게 살펴보고 소음장애 문제를 해결하기 위해 적절한 조치를 취해줄 것을 부탁드립니다. 이 문제에 관심을 가져주셔서 감사드리며, 우리 동네의 평온을 되찾는 데 도움이 되도록 신속하게 대응해 주시면 감사하겠습니다.
진심을 담아,
Rachael Beasley

VOCA

- To whom it may concern 관계자 제위[각위]
- frustration 불만, 좌절감
- regarding ~에 관하여[대하여]
- specifically 구체적으로 말하면
- ongoing 계속 진행 중인
- noise disturbance 소음장애
- impact 영향[충격]을 주다
- well-being 행복, 안녕
- overall 종합[전반]적인, 전체의
- source 출처, 원천
- look into 조사하다, 주의깊게 살피다
- step 조치, 걸음

• address 해결하다, 연설하다
• restore 회복하다, 되찾다
• tranquility 고요, 평안

08 난도 ★☆☆ 정답 ③

독해 > 대의 파악 > 글의 목적

정답의 이유

두 번째 문장에서 'I am writing to express my concern and frustration regarding the excessive noise levels in our neighborhood, specifically coming from the new sports field(저는 이웃의 과도한 소음, 즉 구체적으로 말하면 새 스포츠 시설에서 나오는 소음과 관련된 우려와 불만에 대해 말하려고 합니다).'라고 했고, 마지막 문단의 첫 문장에서 'I kindly request that you look into this matter and take appropriate steps to address the noise disturbances(이 문제를 주의 깊게 살펴보고 소음장애 문제를 해결하기 위해 적절한 조치를 취해줄 것을 부탁드립니다).'라고 했으므로, 글의 목적으로 적절한 것은 ③ '인근 스포츠 시설의 소음에 대한 조치를 요청하려고'이다.

09 난도 ★☆☆ 정답 ②

어휘 > 단어

정답의 이유

밑줄 친 steps 앞에 'appropriate(적절한)'와 다음에 'to address the noise disturbances(소음장애를 해결하다)'로 미루어 문맥상 밑줄 친 steps는 '조치'의 의미로 사용되었음을 유추할 수 있다. 따라서 밑줄 친 steps의 의미와 가장 가까운 것은 ② 'actions(조치, 행동)'이다.

오답의 이유

① 움직임, 이동
③ 수준[단계]
④ 계단

10~11

본문해석

활기찬 지역 공동체 행사 축하하기

우리의 공유 유산과 문화, 지역의 재능을 기념하기 위해 다양한 지역 공동체를 하나로 모으는 연례 행사인 금번 City Harbour Festival을 발표하게 되어 대단히 기쁩니다. 달력 일정에 표시하고, 신나는 주말을 함께해요!

세부 사항

■ 날짜: 6월 16일 금요일 – 6월 18일 일요일
■ 시간: 오전 10:00 – 오후 8:00 (금, 토)
오전 10:00 – 오후 6:00 (일)
■ 장소: City Harbour Park, Main Street, 주변 지역

주요 행사

■ 라이브 공연
축제장 곳곳의 여러 무대에서 다양한 라이브 음악, 춤, 연극 공연을 즐기세요.
■ 푸드 트럭
무료 시식회뿐만 아니라, 다채롭고 맛있는 음식을 제공하는 엄선된 푸드 트럭의 연회를 벌이세요.

행사 및 활동의 전체 일정은 당사 웹사이트 www.cityharbourfestival.org를 방문하시거나 페스티벌 사무실 전화 (552) 234-5678로 문의하시기 바랍니다.

VOCA

• announce 발표하다, 알리다
• upcoming 다가오는, 곧 있을
• bring together 묶다, 합치다
• multiple 다양한, 복합적인

10 난도 ★☆☆ 정답 ②

독해 > 대의 파악 > 제목, 주제

정답의 이유

제시문의 첫 문장에서 '~ the upcoming City Harbour Festival, an annual event that brings our diverse community together to celebrate(~을 기념하기 위해 다양한 지역 공동체를 하나로 모으는 연례 행사인 금번 City Harbour Festival) ~'라고 했고, 라이브 공연과 푸드 트럭 행사를 주요 이벤트로 소개하고 있으므로 글의 제목으로 적절한 것은 ② 'Celebrate Our Vibrant Community Events(활기찬 지역 공동체 행사 축하하기)'이다.

오답의 이유

① 지역 공동체를 위한 안전 규정 만들기
③ 여러분의 신나는 해양 체험 계획하기
④ 우리 도시의 유산 재현하기

11 난도 ★☆☆ 정답 ③

독해 > 세부 내용 찾기 > 내용 (불)일치

정답의 이유

③ 주요 행사로 라이브 공연과 푸드 트럭에서 제공하는 '무료 시식 행사(free sample tastings)'를 언급하고 있으므로 글의 내용과 일치하지 않는다.

오답의 이유

① 첫 문장에서 'an annual event(연례 행사)'라고 했으므로 글의 내용과 일치한다.

② 행사 세부 사항에서 '10:00a.m. – 6:00p.m. (Sunday)'라고 나와 있으므로 글의 내용과 일치한다.

④ 마지막 문장에서 'For the full schedule of events and activities, please visit our website at www.cityharbourfestival.org or contact the Festival Office at (552) 234-5678(행사 및 활동의 전체 일정은 당사 웹사이트 www.cityharbourfestival.org를 방문하시거나 페스티벌 사무실 전화 (552) 234-5678로 문의하시기 바랍니다).'라고 했으므로 글의 내용과 일치한다.

12 난도 ★☆☆ 정답 ④

독해 > 세부 내용 찾기 > 내용 (불)일치

정답의 이유

④ 개인용 모바일 장치에서만 작동한다. → 마지막 문장에서 'There is also a web version of the app for those who are not comfortable using mobile devices(모바일 장치 사용이 불편한 사람들을 위한 웹 버전의 앱도 있습니다).'라고 했으므로 글의 내용과 일치하지 않는다.

오답의 이유

① 여행자가 미리 세관 신고를 할 수 있다. → 두 번째 문장에서 '~ the Advance Declaration, which allows travellers the option to submit their customs declaration in advance(사전 세관 신고 기능인데, 이는 여행객들이 사전에 세관 신고서를 제출하는 선택권을 제공해서) ~'라고 했으므로 글의 내용과 일치한다.

② 더 많은 기능이 후에 추가될 것이다. → 세 번째 문장에서 '~ Enter-K will continue to introduce additional border-related features in the future, further improving the overall border experience(Enter-K는 향후 국경 관련 기능의 추가 도입을 계속 진행하여 전반적인 국경 체험을 더욱 향상시킬 것입니다).'라고 했으므로 글의 내용과 일치한다.

③ 여행자는 온라인 스토어에서 그것을 다운로드할 수 있다. → 네 번째 문장에서 'Simply download the latest version of the app from the online store before your arrival(여러분이 도착하기 전에 온라인 스토어에서 간단하게 최신 버전 앱을 다운로드하세요).'이라고 했으므로 글의 내용과 일치한다.

본문해석

세관 신고에 새로운 Enter-K 앱을 사용하세요.

여러분이 공항에 도착하자마자 새로운 Enter-K 앱을 사용하세요. Enter-K에 의해 제공되는 눈에 띄는 한 가지 기능은 사전 세관 신고 기능인데, 이는 여행객들이 사전에 세관 신고서를 제출하는 선택권을 제공해서 여행객들이 모든 국제공항에서 시간을 절약할 수 있게 합니다. 현재 진행 중인 Traveller Modernization initiative의 일환으로, Enter-K는 향후 국경 관련 기능의 추가 도입을 계속 진행하여 전반적인 국경 체험을 더욱 향상시킬 것입니다. 여러분이 도착하기 전에 온라인 스토어에서 간단하게 최신 버전 앱을 다운로드하세요. 모바일 장치 사용이 불편한 사람들을 위한 웹 버전의 앱도 있습니다.

VOCA

- feature 특징, 기능
- submit 제출[제기, 부탁]하다
- additional 추가의, 다른

13 난도 ★☆☆ 정답 ④

독해 > 세부 내용 찾기 > 내용 (불)일치

정답의 이유

④ 그것은 직원들이 부당한 대우를 받을 때 조치를 취한다. → 마지막 문장에서 'The OLC takes enforcement action when necessary to ensure that workers are treated fairly and compensated for all time worked(OLC는 근로자들에 대한 공정한 대우와 모든 노동 시간에 대한 보상을 보장하기 위해 필요한 경우 집행 조치를 취한다).'라고 했으므로 글의 내용과 일치한다.

오답의 이유

① 그것은 직원들이 세금을 제대로 납부하도록 보장한다. → 직원들이 세금을 납부하도록 보장한다는 내용은 제시되지 않았다.

② 그것은 성인 근로자의 고용에 대한 권한만 가지고 있다. → 세 번째 문장에서 'In addition, the OLC has authority over the employment of minors(추가로, OLC는 미성년자 고용에 대한 권한도 가지고 있다).'라고 했으므로 글의 내용과 일치하지 않는다.

③ 그것은 고용주의 사업 기회를 장려한다. → 고용주의 사업 기회 장려에 관한 내용은 제시되지 않았다.

본문해석

노동청장실(OLC) 업무

OLC는 정부의 주요 노동 감독 기관이다. OLC는 최저임금, 직종별 임금, 초과근무수당이 근로자들에게 지급되고, 휴식시간과 점심시간이 근로자들에게 제공되도록 보장할 책임이 있다. 추가로, OLC는 미성년자 고용에 대한 권한도 가지고 있다. 노동 관련 문제의 효율적 · 전문적 · 효과적 방식으로 해결하는 것이 이 사무소(OLC)의 비전이자 사명이다. 이것은 법에 따른 권리와 책임에 대해 고용주와 직원들을 교육하는 것을 포함한다. OLC는 근로자들에 대한 공정한 대우와 모든 노동 시간에 대한 보상을 보장하기 위해 필요한 경우 집행 조치를 취한다.

VOCA

- principal 주요한, 주된
- regulatory agency 감독 기관
- state 국가, 나라
- ensure 보장하다
- minimum wage 최저 임금
- prevailing wage 일반 직종별 임금
- resolve 해결하다
- manner 방식
- enforcement 집행
- compensate 보상하다

14 난도 ★★☆ 정답 ④

독해 > 대의 파악 > 제목, 주제

정답의 이유

제시문의 첫 번째 문장에서 '식품의약품안전처는 조리 시 계란 취급상의 부주의한 위생 문제로 인한 교차오염이 식중독의 원인이라고 경고했다'고 했고, 마지막 문장에서 '살모넬라균과 관련된 질병 위험을 최소화하려면 식품 안전 조치를 우선으로 하고 올바른 조리법을 지키는 것이 중요하다.'라고 했으므로 글의 주제로 가장 적절한 것은 ④ 'Safe handling of eggs for the prevention of Salmonella infection(살모넬라균 감염 예방을 위한 계란의 안전한 취급)'이다.

오답의 이유

① 계란 섭취가 면역체계에 미치는 이점
② 살모넬라균 감염을 위한 다른 유형의 치료제들
③ 따뜻한 온도에서 살모넬라균의 수명

본문해석

식품의약품안전처는 경고하기를, 계란을 만지고 음식을 준비하거나 도구를 사용하기 전에 손 씻기를 소홀히 하는 곳에 생기는 교차오염의 결과로 식중독 사례가 발생했다고 했다. 이러한 위험을 완화하기 위해 식품의약품안전처가 권장하는 바에 따르면, 계란을 냉장 보관하고 노른자와 흰자가 모두 굳을 때까지 완전히 익혀야 한다. 지난 5년 동안 믿기 어려운 7,400명이라는 사람들이 살모넬라균에 의한 식중독을 겪었다. 살모넬라균은 따뜻한 온도에서 잘 자라는데, 대략 섭씨 37도가 최적의 성장조건이다. 날계란 또는 덜 익은 계란을 섭취하고 조리된 음식을 날계란과 분리하지 않는 것이 살모넬라 감염의 가장 흔한 원인으로 확인되었다. 살모넬라균과 관련된 질병 위험을 최소화하려면 식품 안전 조치를 우선으로 하고 올바른 조리법을 지키는 것이 중요하다.

VOCA

- the Ministry of Food and Drug Safety 식품의약품안전처
- warn 경고하다, 주의를 주다
- cross-contamination 교차 오염
- utensil 기구[도구]
- mitigate 완화[경감]시키다
- refrigerate 냉장하다[냉장고에 보관하다]
- thoroughly 철저히, 철두철미하게
- yolk (달걀 등의) 노른자
- white (달걀의) 흰자위, 달걀흰자
- staggering 충격적인, 믿기 어려운
- Salmonella bacteria 살모넬라 박테리아
- thrive 번창하다, 잘 자라다
- optimal growth condition 최적 성장조건
- undercooked 설익은
- identify 식별하다, 구분하다, 확인하다
- infection 전염, 감염
- It is crucial to ~하는 것이 결정적으로 중요하다
- prioritize 우선순위를 매기다
- adhere to ~을 고수하다

15 난도 ★★☆ 정답 ①

독해 > 대의 파악 > 요지, 주장

정답의 이유

첫 번째 문장에서 교육 격차를 해결하기 위한 지속적인 노력에도 불구하고 학생들 사이의 지속적인 학업성적의 격차로 인해 교육 시스템 내 '상당히 불공평한 사태(significant inequities)'가 계속 부각되고 있다고 했고, 마지막 문장에서 '계속된 교육 격차에 대한 문제가 해결되어야만 한다'고 했으므로 글의 요지로 가장 적절한 것은 ① 'We should deal with persistent educational inequities(우리는 되풀이하여 일어나는 교육 불평등을 처리해야 한다).'이다.

오답의 이유

② 교육 전문가들은 새로운 학교 정책에 중점을 두어야 한다.
③ 성취도 격차를 해소하기 위해서 새로운 교수법이 필요하다.
④ 가정의 소득이 교육의 논의에서 고려되어서는 안 된다.

본문해석

교육 격차를 해결하기 위한 지속적인 노력에도 불구하고, 학생들 사이의 지속적인 학업성적의 격차로 인해 교육 시스템 내 상당히 불공평한 사태가 계속 부각되고 있다. 최근 자료에 따르면 저소득 배경과 취약계층 학생들을 포함하는 소외된 학생들이 학업 성취에서 또래들보다 계속 뒤떨어지고 있는 것이 드러난다. 그 차이가 교육적인 형평성과 사회적 유동성 달성의 난제이다. 전문가들은 이 차이를 줄이고 사회 경제적 지위, 배경에 상관없이 모든 학생들을 대상으로 공평한 기회를 보장하기 위해 표적 개입, 공평한 자원 할당, 포용적 정책의 필요성을 강조한다. 지속적인 교육 격차의 문제는 해결책을 찾기 위한 노력으로 교육 시스템의 모든 단계에서 다루어져야 한다.

VOCA

• address 해결하다, 다루다
• disparity (특히 한쪽에 불공평한) 차이
• persistent 끊임없이 지속[반복]되는
• inequity 불공평
• marginalize ~을 (특히 사회의 진보에서) 처지게 하다
• vulnerable (~에) 취약한, 연약한
• lag behind ~보다 뒤떨어지다
• allocation 할당량[액]
• bridge (공백을) 메우다

16 난도 ★★☆ 정답 ③

독해 > 글의 일관성 > 무관한 어휘 · 문장

정답의 이유

③의 앞 문장에서 'The benefits for kids of getting into nature are huge, ranging from better academic performance to improved mood and focus(아이들이 자연 속에서 얻는 혜택은 학업 성취도 향상부터 기분과 집중력 향상에 이르기까지 매우 방대하다).'라고 하였고, ③의 다음 문장에서는 'Childhood experiences of nature can also boost environmentalism in adulthood(또한 어린 시절의 자연에 대한 경험이 성인의 환경주의를 북돋울 수 있다).'라고 하며 자연으로부터 얻는 혜택에 대해 말하고 있다. 하지만 ③에서는 '야외 활동은 아이들이 그들의 가족과 귀중한 시간을 함께하는 것을 어렵게 만든다.'라는 단점을 언급하고 있으므로 글의 흐름상 어색한 문장은 ③이다.

본문해석

어린 아이들의 부모나 보호자들은 집 밖으로 나가려는 간절한 충동과 심지어 지역 공원에 잠깐 다녀오는 짧은 여행만으로도 마법 같은 회복 효과를 경험했을 것이다. 아마 여기에는 단지 기분 전환 이상이 있다. 아이들이 자연 속에서 얻는 혜택은 학업 성취도 향상부터 기분과 집중력 향상에 이르기까지 매우 방대하다. 야외 활동은 아이들이 그들의 가족과 귀중한 시간을 함께하는 것을 어렵게 만든다. 또한 어린 시절의 자연에 대한 경험이 성인의 환경주의를 북돋울 수 있다. 도시의 녹지 공간에 접근할 수 있는 것은 아이들의 사회적 관계망과 우정에서 역할을 할 수 있다.

VOCA

• desperate 필사적인, 절실한
• urge 욕구, 충동
• restorative 회복시키는
• let off steam 울분[열기 등]을 발산하다, 기분 풀다
• range from ~에서 (~까지) 걸치다
• boost 북돋우다
• environmentalism 환경 보호주의
• have access to ~에게 접근[출입]할 수 있다

17 난도 ★★★ 정답 ③

독해 > 글의 일관성 > 문장 삽입

정답의 이유

주어진 문장은 '특히 도시화된 많은 주에서는 부유입자의 총량으로 측정되는 대기오염이 위험한 수준에 이르렀다.'라는 내용이다. ③ 앞 문장에서 다수의 주에서 오염에 대한 규제 없이 공장 가동을 허락했으며 산업화가 심한 몇몇 주에서는 오염이 매우 높은 단계에 도달했다고 했고, ③ 다음 문장에서 '대기오염 방지법은 특히 과도하게 높은 단계의 다섯 가지 위험한 오염물질에 대한 지침을 제정했다.'라고 했으므로 글의 흐름상 주어진 문장이 들어갈 위치로 적절한 것은 ③이다.

본문해석

경제학자 Chay와 Greenstone은 1970년 대기오염 방지법 이후에 대기오염 정화의 가치를 평가했다. 1970년 이전에는 대기오염에 대한 연방정부의 규제가 거의 없었고, 그 문제는 주 의회 의원들의 중요한 안건이 아니었다. 그 결과, 다수의 주에서 오염에 대한 규제 없이 공장 가동을 허용했고, 산업화가 심한 몇몇 주에서는 오염이 매우 높은 단계에 도달했다. 특히, 도시화된 많은 주에서는 부유입자의 총량으로 측정되는 대기오염이 위험한 수준에 이르렀다. 대기오염 방지법은 특히 과도하게 높은 단계의 다섯 가지 위험한 오염물질에 대한 지침을 제정했다. 1970년 대기오염방지법 제정과 1977년 법 개정에 따라 공기의 질이 개선되었다.

VOCA

• economist 경제학자
• evaluate 평가하다
• the Clean Air Act (미) 대기 오염 방지법

- regulation 규제, 규정
- legislator 입법자, 국회[의회]의원
- suspended particle 부유입자
- constitute ~을 구성하다[이루다]
- pollutant 오염 물질, 오염원
- air quality 공기의 질[청정도]

18 난도 ★★☆ 정답 ②

독해 > 글의 일관성 > 글의 순서

정답의 이유

주어진 글은 글쓴이가 아무도 모르게 빵을 셔츠에 감추고 재빨리 걸어가는 장면으로 끝난다. 따라서 이 다음에는 문맥상 빵을 감추고 재빨리 걸어간 후의 일이 시간순으로 이어지는 전개가 적절하므로 'The heat of the bread burned into my skin(뜨거운 빵의 열기로 피부가 화끈거렸지만)'으로 시작하는 (B)가 오는 게 자연스럽다. (B)의 마지막에서 집에 도착했을 때쯤 빵이 어느 정도 식었지만, 속은 여전히 따뜻했다고 했으므로 (B) 다음에는 'When I dropped them on the table(그것들을 식탁 위에 내려놓자)'로 시작하는 (A)가 이어져야 한다. 어머니와 여동생을 식탁에 앉히고 따뜻한 차를 따라주는 장면으로 끝나는 (A) 다음에는 빵을 썰어서 한 조각씩 먹는 것으로 시작하는 (C)가 오는 게 자연스럽다. 따라서 주어진 글 다음에 이어질 글의 순서로 적절한 것은 ② '(B) – (A) – (C)'이다.

본문해석

무슨 일이 일어났는지 아무도 목격하기 전에, 나는 빵 덩어리를 셔츠 아래에 밀어 넣고, 헌팅 재킷을 단단히 여미고는 재빨리 걸어갔다.

(B) 뜨거운 빵의 열기로 피부가 화끈거렸지만, 나는 필사적으로 그것을 더 꽉 움켜쥐었다. 집에 도착했을 때는 빵이 다소 식었지만 속은 여전히 따뜻했다.

(A) 그것들을 식탁 위에 내려놓자 여동생이 손을 뻗어 빵 덩어리를 뜯으려 했지만, 나는 여동생을 자리에 앉게 하고 어머니가 우리와 함께 하도록 억지로 식탁에 앉힌 다음, 따뜻한 차를 따라주었다.

(C) 나는 빵을 얇게 썰었다. 우리는 빵 한 덩어리를 한 조각 한 조각씩 다 먹었다. 그것은 건포도와 견과류가 듬뿍 들어 있는 푸짐한 빵이었다.

VOCA

- witness 목격하다
- shove 아무렇게나 놓다[넣다]
- wrap (옷 등을) 두르다, 걸치다, 입다
- swiftly 신속히, 빨리
- clutch 움켜잡다
- chunk 덩어리
- slice (얇게) 썰다[자르다/저미다]

19 난도 ★★☆ 정답 ①

독해 > 빈칸 완성 > 단어 · 구 · 절

정답의 이유

제시문은 출산율 하락이 전 세계 국가의 인구 감소로 이어져 인구통계학적 변화를 초래할 것이라는 내용이다. 밑줄이 있는 문장의 주어가 Such a demographic shift(이러한 인구통계학적 변화)이고, 밑줄 다음이 including taxation, healthcare for the elderly, caregiving responsibilities, and retirement(세금, 노인 의료, 돌봄 책임, 은퇴를 포함하는)인 것으로 미루어 보아 밑줄에는 '동사+목적어(~을 …하다)'가 들어가야 함을 유추할 수 있다. 그리고 밑줄 앞 문장에서 'This transition will also lead to a significant aging of populations, ~'라고 했으므로, 문맥상 밑줄에는 부정적인 의미가 들어가야 한다. 따라서 밑줄 친 부분에 들어갈 말로 가장 적절한 것은 ① 'raises concerns about future challenges(미래의 과제에 대한 우려를 자아내다)'이다.

오답의 이유

② 거꾸로 된 연령 구조 현상을 완화하다
③ 혼인율 감소 문제를 보상하다
④ 문제를 해결하기 위해 즉각적인 해결책을 제공하다

본문해석

출산율 하락은 금세기 말까지 거의 모든 국가의 인구 감소를 초래할 것으로 예상된다. 전 세계 출산율은 1950년에 4.7명이었지만 2017년에는 2.4명으로 거의 절반으로 떨어졌다. 2100년에는 1.7명 아래로 떨어질 것으로 예상된다. 그 결과, 일부 연구원들의 예상에 따르면 지구상의 인구는 2064년 즈음에 97억 명으로 정점에 도달한 후 금세기 말에는 88억 명으로 떨어질 것이라고 한다. 이 변화는 또한 인구의 상당한 고령화를 초래하여, 출생 인구만큼의 사람들이 80세에 도달할 것이다. 이러한 인구통계학적 변화는 세금, 노인 의료, 돌봄 책임 및 은퇴를 비롯한 미래의 과제에 대한 우려를 자아낸다. 새로운 인구통계학적 지형으로의 '연착륙'을 보장하기 위해, 연구원들은 그 변화에 대한 신중한 관리의 필요성을 강조한다.

VOCA

- fertility rate 출산율
- project 예상[추정]하다
- shrink 줄어들다[줄어들게 하다]
- peak 절정[최고조]에 달하다
- transition 변이, 전이
- demographic shift 인구통계학적 변화
- taxation 조세, 세수
- healthcare 의료 서비스, 보건
- caregiving 부양
- soft landing 연착륙

20 난도 ★★★ 정답 ③

독해 > 빈칸 완성 > 단어 · 구 · 절

정답의 이유

마지막 부분에서 '본질적으로, 우리는 우리 자신의 경험으로 듣는다.'라고 하며 '우리가 그의 메시지를 이해할 수 있는 준비가 제대로 되어 있지 않다는 이유로 연사가 책임을 져야 할까?'라고 언급하였고, 밑줄이 있는 문장의 앞부분에서 '우리의 이해 수준을 높이는 한 가지 확실한 방법은 ~는 것이다(one sure way to raise the level of our understanding is to ~).'라고 했으므로, 문맥상 밑줄 친 부분에 들어갈 말로 적절한 것은 ③ 'assume the responsibility which is inherently ours(원래부터 우리 것인 책임을 지다)'이다.

오답의 이유

① 연사가 알고 있는 것을 무시하다

② 연사의 성격을 분석하다

④ 연사의 연설 전달력에 초점을 맞추다

본문해석

다수의 청취자들은 마음속으로 "누가 그런 사람의 말을 주의 깊게 들을 수 있었겠어? 과연 그는 원고를 읽기를 멈출 것인가?"라고 생각함으로써 자신들의 부주의를 연사의 탓으로 돌린다. 경청하는 사람은 다르게 반응한다. 그는 연사를 보고 "이 사람은 무능해. 누구라도 그보다는 더 잘 말할 수 있을 것 같아."라고 생각할 수도 있다. 그러나 그는 이러한 초기 유사성에서 다른 결론으로 이동해서, 생각한다. "하지만 잠시만. 나는 그의 성격이나 전달력에는 관심 없어. 나는 그가 무엇을 알고 있는지 알고 싶어. 이 사람이 내가 알아야 할 것들을 알고 있을까?" 본질적으로, 우리는 '우리 자신의 경험으로 듣는다.' 우리가 그의 메시지를 이해할 수 있는 준비가 제대로 되어 있지 않다는 이유로 연사가 책임을 져야 할까? 우리가 듣는 모든 것을 이해할 수는 없지만, 우리의 이해 수준을 높이는 한 가지 확실한 방법은 원래부터 우리 것인 책임을 지는 것이다.

VOCA

- inattention 부주의
- incompetent 무능한[기술이 부족한]
- initial 처음의, 초기의
- move on to (새로운 일 · 주제로) 옮기다[넘어가다]
- equipped to ~에 적합한
- comprehend 이해하다

목적과 그에 따른 계획이 없으면 목적지 없이 항해하는 배와 같다.

– 피츠휴 닷슨 –

기출이 답이다 9급 공무원

교육행정직

문제편

PART 1

국어

- 2024년 국가직 9급
- 2024년 지방직 9급
- 2023년 국가직 9급
- 2023년 지방직 9급
- 2022년 국가직 9급
- 2022년 지방직 9급

꼭 읽어보세요!

2025년 국어 과목 출제기조 변화

인사혁신처에서 출제하는 2025년 9급 공무원 시험부터는 문법이나 어휘 등 암기 영역의 문제가 줄어들고 이해력과 추론력, 비판력을 평가하는 비문학 문제의 비중이 커질 예정입니다. 문학 영역 또한 기존처럼 작품을 제시하는 유형에서 벗어나 문학을 소재로 한 지문을 제시해 비문학 독해 형식으로 출제됩니다.

기출문제 학습 시 유의사항

본서는 2025년 국어 과목 출제기조 변화에 따라 출제 유형에서 벗어나거나 달라지는 문항에 ×표시를 하였습니다. 이는 인사혁신처가 공개한 2025년 출제기조 전환 예시문제를 기준으로 한 것이며, **실제 출제 방향과 다를 수 있다는 점에 유의하시기 바랍니다.**

×표시를 한 문항은 출제되지 않는 영역이라는 의미가 아닌, 출제기조 변화에 따라 유형이 바뀔 수 있는 문항임을 표시한 것입니다. 문법 영역은 국어학이나 언어학을 소재로 한 비문학 지문을 통해 사례를 추론하는 유형으로 전환되며, 어휘 영역은 한자어나 어휘 자체의 의미를 암기하는 문항에서 벗어나 지문의 맥락 속에서 의미를 파악하는 유형으로 전환됩니다. 문학도 작품을 그대로 지문으로 제시하는 것이 아닌 국문학을 소재로 한 비문학 지문으로 출제됩니다.

출제경향

2024년 국가직

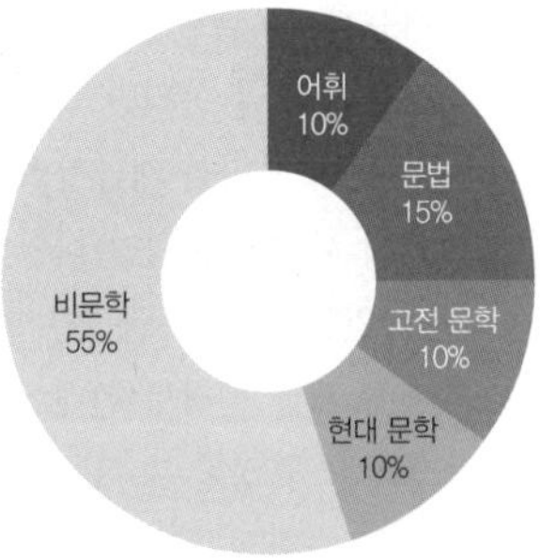

2024년 지방직

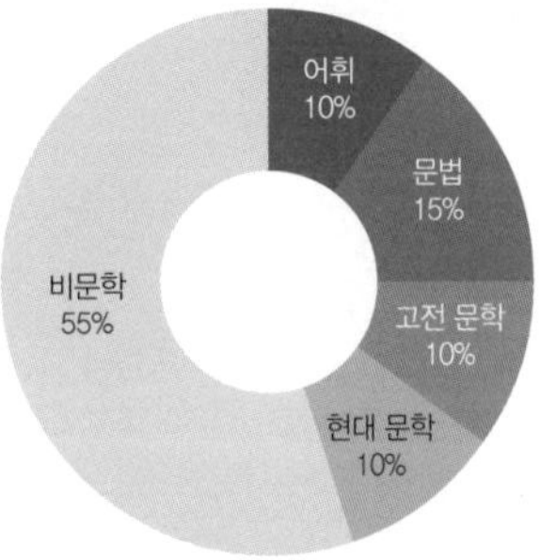

2023년 국가직

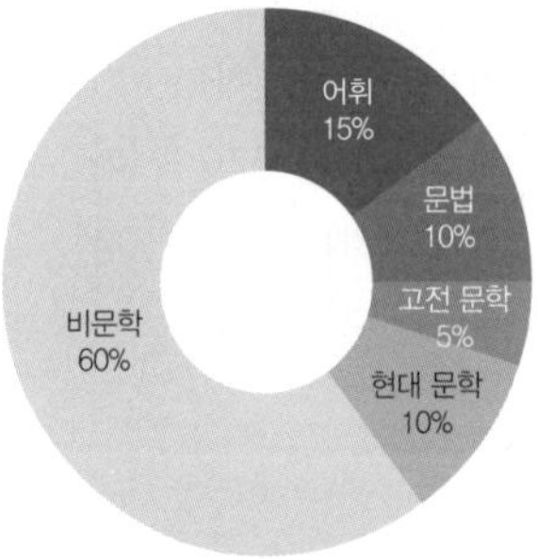

2023년 지방직

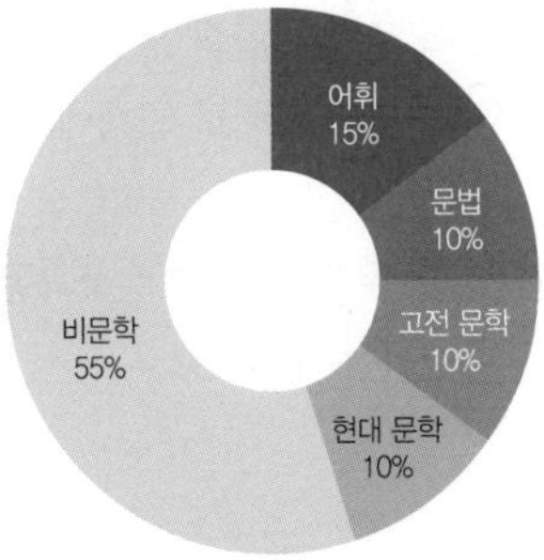

2022년 국가직

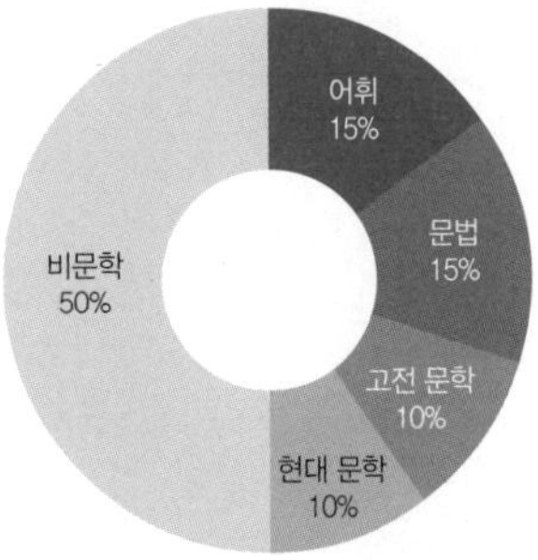

2022년 지방직

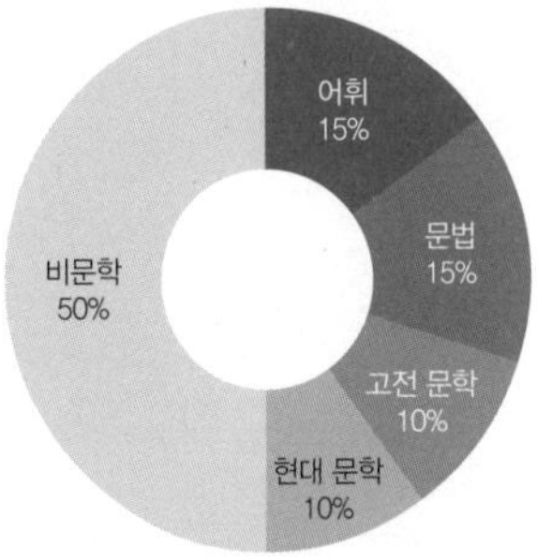

국어 | 2024년 국가직 9급

모바일 OMR

회독 CHECK 1 2 3

01 (가)~(라)를 맥락에 따라 가장 자연스럽게 배열한 것은?

> 약물은 질병을 치료하거나 예방할 목적으로 사용되는 의약품이다. 우리 주변에는 약물이 오남용되는 경우가 있다.
>
> (가) 더구나 약물은 내성이 있어 이전보다 더 많은 양을 사용하기 마련이므로 피해는 점점 커지게 된다.
>
> (나) 오남용은 오용과 남용을 합친 말로서 오용은 본래 용도와 다르게 사용하는 일, 남용은 함부로 지나치게 사용하는 일을 가리킨다.
>
> (다) 그러므로 약물을 사용할 때는 반드시 의사나 약사와 상의하고 설명서를 확인하여 목적에 맞게 적정량을 사용해야 한다.
>
> (라) 약물을 오남용하면 신체적 피해는 물론 정신적 피해를 입을 수 있다.

① (나) – (다) – (라) – (가)
② (나) – (라) – (가) – (다)
③ (라) – (가) – (나) – (다)
④ (라) – (다) – (나) – (가)

02 다음 대화를 분석한 내용으로 가장 적절한 것은?

> 갑: 고대 노예제 사회나 중세 봉건 사회는 타고난 신분에 따라 사회적 지위가 결정되는 계급사회였지만, 현대 사회는 계급사회가 아니라고 많이들 말해. 그런데 과연 그런지 의문이야.
>
> 을: 현대 사회는 고대나 중세만큼은 아니지만 귀속지위가 성취지위를 결정하는 면이 없다고 할 수 없어. 빈부 격차에 따라 계급이 나뉘고 그에 따른 불평등이 엄연히 존재하잖아. '금수저', '흙수저'라는 유행어에서 볼 수 있듯 빈부 격차가 대물림되면서 개인의 계급이 결정되고 있어.
>
> 병: 현대 사회가 빈부 격차로 인해 계급이 나누어지는 것처럼 보인다고 해서 계급사회라고 단정할 수는 없어. 계급사회라고 말하려면 계급 체계 자체가 인간의 생활을 전적으로 규정할 수 있어야 하는데, 오늘날 각종 문화나 생활 방식 전체를 특정한 계급 논리만으로는 설명할 수 없어. 따라서 현대 사회를 계급사회로 보기는 어려워.
>
> 갑: 현대 사회의 문화가 다양하다는 것은 맞아. 하지만 인간 생활의 근간은 결국 경제 활동이고, 경제적 계급 논리로 현대 사회의 문화를 충분히 설명하고 규정할 수 있어. 또한 현대 사회에서 인간의 사회적 지위는 부모의 경제력과 직결되기 때문에 계급사회라고 말할 수 있어.

① 갑은 을의 주장 중 일부는 수용하고 일부는 반박한다.
② 을의 주장은 갑의 주장과 대립하지 않는다.
③ 갑과 병은 상이한 전제에서 유사한 결론을 도출하고 있다.
④ 병의 주장은 갑의 주장과는 대립하지 않지만 을의 주장과는 대립한다.

×
03 **밑줄 친 부분이 표준어로 쓰인 것은?**

① 그 친구는 허구헌 날 놀러만 다닌다.
② 닭을 통째로 구우니까 더 먹음직스럽다.
③ 발을 잘못 디뎌서 하마트면 넘어질 뻔했다.
④ 언니가 허리가 잘룩하게 들어간 코트를 입었다.

×
04 **다음은 다의어 '알다'의 뜻풀이 중 일부이다. ㉠~㉣의 예로 적절하지 않은 것은?**

> ㉠ 어떤 일을 할 능력이나 소양이 있다.
> ㉡ 다른 사람과 사귐이 있거나 인연이 있다.
> ㉢ 어떤 일에 대하여 관여하거나 관심을 가지다.
> ㉣ 어떤 일을 어떻게 할지 스스로 정하거나 판단하다.

① ㉠: 그 외교관은 무려 7개 국어를 할 줄 안다.
② ㉡: 이 두 사람은 서로 알고 지낸 지 오래이다.
③ ㉢: 그 사람이 무엇을 하든 내가 알 바 아니다.
④ ㉣: 나는 그 팀이 이번 경기에서 질 줄 알았다.

05 **진행자의 말하기 방식에 대한 설명으로 적절하지 않은 것은?**

> 진행자: 우리 시에서도 다음 달부터 시내 도심부에서의 제한 속도를 조정하기로 했습니다. 이와 관련하여, 강□□ 교수님 모시고 말씀 듣겠습니다. 교수님, 안녕하세요?
> 강교수: 네, 안녕하세요?
> 진행자: 바뀌는 제도의 내용을 좀 더 구체적으로 설명해 주시죠.
> 강교수: 네, 시내 도심부 간선도로에서의 제한 속도를 기존의 70km/h에서 60km/h로 낮추는 정책입니다.
> 진행자: 시의회에서 이 정책 도입에 중요한 역할을 하신 것으로 아는데, 어떤 효과를 얻을 것이라고 주장하셨나요?
> 강교수: 차량 간 교통사고 발생 가능성을 줄이고 보행자 안전을 확보할 수 있다고 했습니다.
> 진행자: 그런데 일각에서는 그런 효과는 미미하고 오히려 교통체증을 유발하여 대기오염이 심화될 것이라며 이 정책에 반대합니다. 이에 대해 말씀해 주시겠어요?
> 강교수: 그렇지 않습니다. ○○시가 작년에 7개 구간을 대상으로 이 제도를 시험 적용해 보니, 차가 막히는 시간은 2분 정도밖에 증가하지 않았습니다. 그런데 중상 이상의 인명 사고는 26.2% 감소했습니다. 또 이산화질소와 미세먼지 같은 오염물질도 각각 28%, 21% 가량 오히려 감소한다는 연구 결과가 있습니다.
> 진행자: 아, 그러니까 속도를 10km/h 낮출 때 2분 정도 늦어지는 것이라면 인명 사고의 예방과 오염물질의 감소를 위해 충분히 감수할 만한 시간이라는 말씀이시군요.
> 강교수: 네, 맞습니다.
> 진행자: 교통사고를 줄이고 보행자 안전을 확보할 수 있다는 점, 교통체증 유발은 미미할 것이라는 점, 오염물질 배출이 감소할 것이라는 점에서 이번의 제한 속도 조정 정책은 훌륭한 정책이라는 것이군요. 맞습니까?
> 강교수: 네, 그렇게 정리할 수 있겠습니다.

① 상대방이 통계 수치를 제시한 의도를 자기 나름대로 풀어 설명한다.
② 상대방의 견해를 요약하며 자신이 이해한 바가 맞는지를 확인한다.
③ 상대방의 주장에 대한 이견을 소개하고 그에 대한 의견을 요청한다.
④ 상대방이 설명한 내용을 뒷받침할 수 있는 자신의 경험을 예시한다.

국어
교육행정직

× **06** 다음을 참고할 때, 단어의 종류가 같은 것끼리 짝 지어진 것은?

> 어떤 구성을 두 요소로만 쪼개었을 때, 그 두 요소를 직접구성요소라 한다. 직접구성요소가 어근과 어근인 단어는 합성어라 하고 어근과 접사인 단어는 파생어라 한다.

① 지우개 – 새파랗다　② 조각배 – 드높이다
③ 짓밟다 – 저녁노을　④ 풋사과 – 돌아가다

× **07** 다음 시를 감상한 내용으로 적절하지 않은 것은?

> 머리가 마늘쪽같이 생긴 고향의 소녀와
> 한여름을 알몸으로 사는 고향의 소년과
> 같이 낯이 설어도 사랑스러운 들길이 있다
>
> 그 길에 아지랑이가 피듯 태양이 타듯
> 제비가 날듯 길을 따라 물이 흐르듯 그렇게
> 그렇게
>
> 천연히
>
> 울타리 밖에도 화초를 심는 마을이 있다
> 오래오래 잔광이 부신 마을이 있다
> 밤이면 더 많이 별이 뜨는 마을이 있다
>
> – 박용래, 「울타리 밖」 –

① 향토적 소재를 활용하여 공간 풍경을 묘사하고 있다.
② 유사한 문장 구조를 반복하여 리듬감을 조성하고 있다.
③ 화자를 표면에 나타내어 고향에 대한 상실감을 표출하고 있다.
④ 하나의 시어를 독립된 연으로 구성하여 주제 의식을 강조하고 있다.

08 다음 글에서 추론한 내용으로 가장 적절한 것은?

> 진화 개념에 대해 흔히 오해되는 측면이 있다. 첫째, 인간의 행동은 철저하게 유전적으로 결정되어 있다는 생각이다. 그런데 진화 이론이 유전자 결정론을 주장하는 것은 아니다. 인간의 행동은 유전적인 적응 성향과 이러한 적응 성향을 발달시키고 활성화되게 하는 환경으로부터의 입력이 상호작용한 결과이다.
>
> 둘째, 현재 인간의 마음이나 행동 체계는 오랜 진화 과정에 의한 최적의 적응 방식이라는 생각이다. 그것이 항상 맞는 것은 아니다. 가령 구석기시대의 적응 방식을 오늘날 인간이 지니고 있어 생기는 문제점이 있다. 원시시대에 사용하던 인지적 전략 등이 현재 그대로 남아 있기 때문에 문제가 생길 수 있는 것이다. 우리가 복잡한 상황에 적응하는 데는 원시시대의 적응 방식이 부적절한 경우가 있을 수 있다.

① 인간의 행동은 환경의 영향으로, 마음은 유전의 영향으로 결정된다.
② 우리에게 주어진 상황의 복잡한 정도가 클수록 인지적 전략의 최적화가 이루어진다.
③ 같은 조상을 둔 후손이라도 환경에서 얻은 정보가 다르면 행동은 다르게 나타날 수 있다.
④ 조상의 유전적 성향보다 조상이 살았던 과거 환경이 인간의 진화 방향을 우선적으로 결정한다.

× **09** (가)~(다)에 들어갈 한자어로 가장 적절한 것은?

> • 현실을 (가) 한 그 정책은 결국 실패로 돌아갔다.
> • 그는 (나) 이 잦아 친구들 사이에서 신의를 잃었다.
> • 이 소설은 당대의 구조적 (다) 을 예리하게 비판했다.

	(가)	(나)	(다)
①	度外視	食言	矛盾
②	度外視	添言	腹案
③	白眼視	食言	矛盾
④	白眼視	添言	腹案

10 다음 글에서 추론한 내용으로 적절하지 않은 것은?

> 오늘날 인터넷과 디지털 미디어를 통해 '온라인'에서의 '비대면' 접촉에 의한 상호 관계가 급속도로 확장되고 있다. '오프라인'이나 '대면'이라는 용어는 물리적 실체감이 있는 아날로그적 접촉을 가리킨다. 그런데 우리는 온라인과 오프라인을 함께 경험할 수도 있고, 이러한 이분법적인 용어로 명료하게 분리되지 않는 활동들도 많다. 예를 들어 누군가와 만나서 대화하는 중에 문자를 주고받음으로써 대면 상호작용과 온라인 상호작용을 동시에 할 수 있다.
>
> 한편 오프라인 대면 상호작용에서보다 온라인 비대면 상호작용에서 만난 사람들에게 더 끈끈한 유대감을 느끼기도 한다. 서로 관계를 형성하고 유지할 때 아날로그 상호작용 수단과 디지털 상호작용 수단을 동시에 활용할 수도 있다. 이처럼 오늘날과 같은 초연결 사회에서 우리의 경험은 비대면 혹은 대면, 온라인 혹은 오프라인 같은 이분법적 범주로 온전히 분리되지 않는다. 상호작용 양식들이 서로 겹치거나 교차하는 현상들을 이해하고자 할 때 이분법적인 범주는 심각한 한계를 지닌다.

① 이분법적 시각으로는 상호작용 양식이 교차하는 양상을 이해하기 어렵다.
② 비대면 온라인 상호작용으로는 사람들 간에 깊은 유대 관계를 형성할 수 없다.
③ 온라인 비대면 활동과 오프라인 대면 활동이 온전히 분리되어 있는 것은 아니다.
④ 오늘날에는 대면 상호작용 중에도 디지털 수단에 의한 상호 관계가 이루어질 수 있다.

11 다음 글을 이해한 내용으로 가장 적절한 것은?

> 부사는 장화와 홍련이 꿈에 나타나 자신들의 원통한 사정에 대해 고한 말을 듣고 배 좌수를 관아로 불러들였다. 부사가 물었다. "딸들이 무슨 병으로 죽었소?" 배 좌수는 머뭇거리며 답하지 못했다. 그러자 후처가 엿보고 있다가 남편이 사실을 누설할까 싶어 곧장 들어와 답했다. "제 친정은 이곳의 양반 가문입니다. 장녀 장화는 음행을 저질러 낙태한 뒤 부끄러움을 못 이기고 밤을 틈타 스스로 물에 빠져 죽었습니다. 차녀 홍련은 언니의 일이 부끄러워 스스로 목숨을 끊었습니다. 이렇게 낙태한 증거물을 바치니 부디 살펴봐 주시기 바랍니다." 부사는 그것을 보고 미심쩍어하며 모두 물러가게 했다.
>
> 이날 밤 운무가 뜰에 가득한데 장화와 홍련이 다시 나타났다. "계모가 바친 것은 실제로 제가 낙태해서 나온 것이 아니라 계모가 죽은 쥐의 가죽을 벗겨 제 이불 안에 몰래 넣어 둔 것입니다. 다시 그것을 가져다 배를 갈라 보시면 분명 허실을 알게 되실 겁니다." 이에 부사가 그 말대로 했더니 과연 쥐가 분명했다.
>
> – 「장화홍련전」에서 –

① 부사는 배 좌수의 후처가 제시한 증거를 보고 장화와 홍련의 말이 거짓이라고 확신했다.
② 배 좌수의 후처는 음행을 저지른 홍련이 스스로 물에 빠져 죽었다고 부사에게 거짓말을 하였다.
③ 장화는 배 좌수의 후처가 제시한 증거가 거짓임을 확인할 수 있는 계책을 부사에게 알려 주었다.
④ 배 좌수는 장화와 홍련이 스스로 목숨을 끊은 이유를 물어보는 부사에게 머뭇거리며 대답하지 못했다.

12 다음 문장이 들어가기에 가장 적절한 곳을 (가)~(라)에서 고르면?

> 나라에 위기가 닥쳤을 때 제 몸을 희생해 가며 나라 지키기에 나섰으되 역사책에 이름 한 줄 남기지 못한 이들이 이순신의 일기에는 뚜렷하게 기록된 것이다.

> 『난중일기』의 진면목은 7년 동안 전란을 치렀던 이순신의 인간적 고뇌가 가감 없이 드러나 있다는 데 있다. (가) 왜군이라는 외부의 적은 물론이고 임금과 조정의 끊임없는 경계와 의심이라는 내부의 적과도 싸우며, 영웅이기 이전에 한 사람의 인간으로서 느낀 극심한 심리적 고통이 잘 나타나 있다. (나) 전란 중 겪은 원균과의 갈등도 적나라하게 드러나 있어 그가 완벽한 인간이 아니라 감정에 휘둘리는 보통의 인간이었음을 보여 준다. (다) 그뿐만 아니라 이순신은 『난중일기』에서 사랑하는 가족의 이름과 함께 휘하 장수에서부터 병졸들과 하인, 백성들의 이름까지도 언급하고 있다. (라) 『난중일기』의 위대함은 바로 여기에 있다.

① (가) ② (나)
③ (다) ④ (라)

13 다음 글을 이해한 내용으로 가장 적절한 것은?

> 문득, 제비와 같이 경쾌하게 전보 배달의 자전거가 지나간다. 그의 허리에 찬 조그만 가방 속에 어떠한 인생이 압축되어 있을 것인고. 불안과, 초조와, 기대와…… 그 조그만 종이 위의, 그 짧은 문면(文面)은 그렇게도 용이하게, 또 확실하게, 사람의 감정을 지배한다. 사람은 제게 온 전보를 받아 들 때 그 손이 가만히 떨림을 스스로 깨닫지 못한다. 구보는 갑자기 자기에게 온 한 장의 전보를 그 봉함(封緘)을 떼지 않은 채 손에 들고 감동하고 싶은 충동을 느꼈다. 전보가 못 되면, 보통우편물이라도 좋았다. 이제 한 장의 엽서에라도, 구보는 거의 감격을 가질 수 있을 게다.
>
> 흥, 하고 구보는 코웃음쳐 보았다. 그 사상은 역시 성욕의, 어느 형태로서의, 한 발현에 틀림없었다. 그러나 물론 결코 부자연하지 않은 생리적 현상을 무턱대고 업신여길 의사는 구보에게 없었다. 사실 서울에 있지 않은 모든 벗을 구보는 잊은 지 오래였고 또 그 벗들도 이미 오랫동안 소식을 전하여 오지 않았다. 그들은, 모두, 지금, 무엇들을 하고 있을꼬. 한 해에 단 한 번 연하장을 보내 줄 따름의 벗에까지, 문득 구보는 그리움을 가지려 한다. 이제 수천 매의 엽서를 사서, 그 다방 구석진 탁자 위에서…… 어느 틈엔가 구보는 가장 열정을 가져, 벗들에게 편지를 쓰고 있는 제 자신을 보았다. 한 장, 또 한 장, 구보는 재떨이 위에 생담배가 타고 있는 것도 깨닫지 못하고, 그가 기억하고 있는 온갖 벗의 이름과 또 주소를 엽서 위에 흘려 썼다…… 구보는 거의 만족한 웃음조차 입가에 띠며, 이것은 한 개 단편소설의 결말로는 결코 비속하지 않다, 생각하였다. 어떠한 단편소설의—물론, 구보는, 아직 그 내용을 생각하지 않았다.
>
> – 박태원, 「소설가 구보 씨의 일일」에서 –

① 벗들과의 추억을 시간순으로 회상하고 있다.
② 주인공인 서술자가 주변 거리를 재현하고 있다.
③ 연상 작용에 의해 인물의 생각이 연속되고 있다.
④ 전보가 이동된 경로를 따라 사건이 전개되고 있다.

×
14 밑줄 친 부분과 바꾸어 쓰기에 적절하지 않은 것은?

① 나는 하루 종일 거리를 <u>배회(徘徊)하였다</u>. → 돌아다녔다
② 이 산의 광물 자원은 <u>무진장(無盡藏)하다</u>. → 여러 가지가 있다
③ 그분의 주장은 <u>경청(傾聽)할</u> 가치가 있다. → 귀를 기울여 들을
④ 공지문에서는 회의의 사유를 <u>명기(明記)하지</u> 않았다. → 밝혀 적지

×
15 다음 글을 감상한 내용으로 적절하지 않은 것은?

> 내 님믈 그리ᅀᆞ와 우니다니
> 산(山) 졉동새 난 이슷ᄒᆞ요이다
> 아니시며 거츠르신 ᄃᆞᆯ 아으
> 잔월효성(殘月曉星)이 아ᄅᆞ시리이다
> 넉시라도 님은 ᄒᆞᆫᄃᆡ 녀져라 아으
> 벼기더시니 뉘러시니잇가
> 과(過)도 허믈도 천만(千萬) 업소이다
> ᄆᆞᆯ힛 마리신뎌
> ᄉᆞᆯ읏브뎌 아으
> 니미 나ᄅᆞᆯ ᄒᆞ마 니ᄌᆞ시니잇가
> 아소 님하 도람 드르샤 괴오쇼셔.

① 자연물을 통해 화자의 처지를 드러내고 있다.
② 천상의 존재를 통해 화자의 결백함을 나타내고 있다.
③ 설의적 표현을 활용하여 화자의 정서를 부각하고 있다.
④ 큰 숫자를 활용하여 임을 향한 화자의 그리움을 강조하고 있다.

16 다음 글에서 추론한 내용으로 적절하지 않은 것은?

> 새의 몸에서 나오는 테스토스테론은 구애 행위나 짝짓기와 밀접하게 관련된다. 따라서 번식기가 아닌 시기에는 거의 분비되지 않는데, 번식기에 나타나는 테스토스테론의 수치 변화 양상은 새의 종류에 따라 다르다.
>
> 노래참새 수컷의 테스토스테론 수치는 짝짓기에 성공하여 암컷의 수정이 이루어지는 시점을 전후하여 달라진다. 번식기가 되면 수컷은 암컷의 마음을 얻는 데 필요한 영역을 차지하려고 다른 수컷과 싸워야 한다. 이 시기 수컷의 테스토스테론 수치는 암컷의 수정이 이루어질 때까지 계속 높아진다. 그러다가 수정이 이루어지면 수컷은 곧바로 새끼를 돌볼 준비를 하게 되는데, 이때부터 그 수치는 떨어진다. 새끼가 커서 둥지를 떠나게 되면 수컷은 더 이상 영역을 지킬 필요가 없기 때문에 번식기가 끝나지 않았는데도 테스토스테론 수치는 좀 더 떨어지고, 번식기가 끝나면 테스토스테론은 거의 분비되지 않는다.
>
> 검정깃찌르레기 수컷은 테스토스테론 수치가 번식기가 되면 올라갔다가 암컷이 수정한 이후부터 번식기가 끝날 때까지 떨어지지 않는다. 이 수컷은 자신의 둥지를 지키면서 암컷과 새끼를 돌보는 대신 다른 암컷과의 짝짓기를 위해 자신의 둥지를 떠나 버린다.

① 노래참새 수컷은 번식기 동안 테스토스테론 수치가 새끼를 양육할 때보다 양육이 끝난 후에 높게 나타난다.
② 번식기 동안 노래참새 수컷의 테스토스테론 수치는 암컷의 수정이 이루어지기 전보다 이루어진 후에 낮게 나타난다.
③ 검정깃찌르레기 수컷은 암컷이 수정한 이후 번식기가 끝날 때까지 테스토스테론 수치가 떨어지지 않는다.
④ 노래참새 수컷과 검정깃찌르레기 수컷 모두 번식기의 테스토스테론 수치는 번식기가 아닌 시기의 테스토스테론 수치보다 높다.

17 다음 글을 이해한 내용으로 가장 적절한 것은?

> A가 주장한 다중지능이론은 기존 지능이론의 대안으로 제시되었다. 그는 기존 지능이론이 언어지능이나 논리수학지능 등 인간의 인지 능력에만 초점을 맞추고 있다고 비판하면서 이뿐 아니라 신체와 정서, 대인 관계의 능력까지 포괄한 총체적 지능 개념을 창안해 냈다. 다중지능이론은 뇌과학 연구에 일정 부분 영향을 받았는데, 뇌과학 연구에 따르면 인간의 좌뇌는 분석적, 논리적 능력을 담당하고, 우뇌는 창조적, 감성적 능력을 담당한다. 다중지능이론에서는 좌뇌의 능력에만 초점을 둔 기존의 지능 검사에 대해 반쪽짜리 검사라고 혹평한다.
>
> 그런데 다중지능이론에 대해 비판적인 연구자들은 다음과 같은 점들을 지적한다. 우선, 다중지능이론에서 주장하는 새로운 지능의 종류들이 기존 지능이론에서 주목했던 지능의 종류들과 상호 독립적일 수 있는가 하는 점이다. 그들에 따르면, 전자는 후자의 하위 영역에 속해 있고, 둘 사이에는 유의미한 상관관계가 있으므로 서로 독립적일 수 없으며, 따라서 '다중'이라는 개념이 성립하지 않는다. 다음으로, 다중지능을 정확하게 측정할 수 있는 도구가 만들어질 수 있겠는가 하는 점이다. 그들은 지능이라는 말이 측정 가능한 인지 능력을 전제하는 것인데, 다중지능이론이 설정한 새로운 종류의 지능들을 정확하게 측정할 수 있는 도구가 만들어지기는 어려울 것이라 주장한다.

① 논리수학지능은 다중지능이론의 지능 개념에 포함되지 않는다.
② 대인 관계의 능력과 관련된 지능을 정확하게 측정할 수 있는 도구의 개발 가능성에 대해 회의적인 사람들이 있다.
③ 다중지능이론에서는 인간의 우뇌에서 담당하는 능력과 관련된 지능보다 좌뇌에서 담당하는 능력과 관련된 지능에 더 많이 주목한다.
④ 다중지능이론에 대해 비판적인 연구자들은 인간의 모든 지능 영역들이 상호 독립적이라는 이유에서 '다중' 개념이 성립하지 않는다고 주장한다.

18 다음 글을 퇴고할 때, ㉠~㉣ 중 어법상 수정할 필요가 있는 것은?

> 주지하듯이 ㉠ 기후 위기는 날이 갈수록 심각해지고 있다. 극지방의 빙하가 녹고, 유럽에는 사상 최악의 폭염과 가뭄이 발생하고 그 반대편에서는 감당하기 어려울 정도의 폭우가 쏟아져 많은 사람이 고통받고 있다. ㉡ 우리의 삶을 지속적으로 위협하는 이러한 기상 재해 앞에서 기후학자로서 자괴감이 든다. 무엇이 문제인지, 상황이 얼마나 심각한지 잘 알고 있으면서도 지구의 위기를 그저 바라만 볼 수밖에 없다.
>
> 그러나 우리가 기후 문제에 관심을 가지고 적극적으로 대처한다면 아직 희망이 있다. 크게는 신재생에너지와 관련하여 ㉢ 국가 정책 수립과 국제 협약을 체결하기 위해 힘을 기울여야 한다. 작게는 일상생활에서 불필요한 소비를 줄이고 에너지 절약을 습관화해야 한다. 만시지탄(晩時之歎)일 수는 있겠으나, ㉣ 지구가 파국으로 치닫는 것을 막을 기회는 아직 남아 있다. 우리 모두 힘을 모아 지구의 위기를 극복하여야 한다.

① ㉠ ② ㉡
③ ㉢ ④ ㉣

19 다음 글의 빈칸에 들어갈 내용으로 가장 적절한 것은?

> 독자는 글을 읽을 때 생소하거나 이해하기 어려운 단어에 주시하는데, 이때 특정 단어에 눈동자를 멈추는 '고정'이 나타나며, 고정과 고정 사이에는 '이동', 단어를 건너뛸 때는 '도약'이 나타난다. 고정이 관찰될 때는 의미를 이해하려는 시도가 이루어지지만, 이동이나 도약이 관찰될 때는 이루어지지 않는다. 이를 바탕으로, K연구진은 동일한 텍스트를 활용하여 읽기 능력 하위 집단(A)과 읽기 능력 평균 집단(B)의 읽기 특성을 탐색하는 연구를 진행하였다. 독서 횟수는 1회로 제한하되 독서 시간은 제한하지 않았다.
>
> 그 결과, 눈동자의 평균 고정 빈도에서 A집단은 B집단에 비해 약 2배 많은 수치를 보였다. 그런데 총 고정 시간을 총 고정 빈도로 나눈 평균 고정 시간은 B집단이 A집단에 비해 더 높게 나타났다. 읽기 후 독해 검사에서 B집단은 A집단보다 평균 점수가 높았고, 독서 과정에서 눈동자가 이전으로 돌아가거나 이전으로 건너뛰는 현상은 모두 관찰되지 않았다. 연구진은 이를 종합하여 읽기 능력이 부족한 독자는 읽기 능력이 평균인 독자에 비해 난해하다고 느끼는 단어들이 [   ]는 결론을 내렸다.

① 더 많지만 난해하다고 느끼는 각각의 단어를 이해하는 과정에 들이는 평균 시간은 더 적다
② 더 많고 난해하다고 느끼는 각각의 단어를 이해하는 과정에 들이는 평균 시간도 더 많다
③ 더 적지만 난해하다고 느끼는 각각의 단어를 이해하는 과정에 들이는 평균 시간은 더 많다
④ 더 적고 난해하다고 느끼는 각각의 단어를 이해하는 과정에 들이는 평균 시간도 더 적다

20 다음 글의 (가)와 (나)에 들어갈 말로 적절한 것은?

> 채식주의자는 고기, 생선, 유제품, 달걀 섭취 여부에 따라 다섯 가지로 나뉜다. 완전 채식주의자는 이들 모두를 섭취하지 않으며, 페스코 채식주의자는 고기는 섭취하지 않지만 생선은 먹으며, 유제품과 달걀은 개인적 선호에 따라 선택적으로 섭취한다. 남은 세 가지 채식주의자는 고기와 생선 모두를 먹지 않되 유제품과 달걀 중 어떤 것을 먹느냐의 여부로 결정된다. 이들의 명칭은 라틴어의 '우유'를 의미하는 '락토(lacto)'와 '달걀'을 의미하는 '오보(ovo)'를 사용해 정해졌는데, 예를 들어, 락토오보 채식주의자는 고기와 생선은 먹지 않으나 유제품과 달걀은 먹는다. 락토 채식주의자는 [(가)] 먹지 않으며, 오보 채식주의자는 [(나)] 먹지 않는다.

① (가): 달걀은 먹지만 고기와 생선과 유제품은
   (나): 고기와 생선과 달걀은 먹지만 유제품은
② (가): 달걀은 먹지만 고기와 생선과 유제품은
   (나): 유제품은 먹지만 고기와 생선과 달걀은
③ (가): 유제품은 먹지만 고기와 생선과 달걀은
   (나): 고기와 생선과 유제품은 먹지만 달걀은
④ (가): 유제품은 먹지만 고기와 생선과 달걀은
   (나): 달걀은 먹지만 고기와 생선과 유제품은

국어 | 2024년 지방직 9급

모바일 OMR

회독 CHECK 1 2 3

×

01 밑줄 친 단어와 의미가 같은 것은?

> 아이가 말을 참 잘 듣는다.

① 이 약은 나에게 잘 듣는다.
② 학교에 가면 선생님 말씀을 잘 들어라.
③ 이번 학기에는 여섯 과목을 들을 계획이다.
④ 브레이크가 말을 듣지 않아 사고가 날 뻔했다.

×

02 밑줄 친 단어의 쓰임이 올바른 것은?

① 가슴을 옭죄는 아픔이 밀려왔다.
② 나는 해마다 양력과 음력으로 설을 쇤다.
③ 퇴근하는 길에 포장마차에 들렸다가 친구를 만났다.
④ 바지의 해어진 부분에 짜집기를 했다.

03 다음 글에서 알 수 있는 내용이 아닌 것은?

> '저작권'이란 인간의 사상이나 감정을 창의적으로 표현한 저작물을 보호하기 위해 저작자에게 부여한 권리를 말한다. 저작물은 '인간의 사상 또는 감정을 표현한 창작물'이며 저작자란 '저작 행위를 통해 저작물을 창작해 낸 사람'을 가리킨다. 그러므로 숨겨져 있던 다른 사람의 저작물을 발견했거나 발굴해 낸 사람, 저작물 작성을 의뢰한 사람, 저작에 관한 아이디어나 조언을 한 사람, 저작을 하는 동안 옆에서 도와주었거나 자료를 제공한 사람 등은 저작자가 될 수 없다. 저작물에는 1차적 저작물뿐만 아니라 2차적 저작물과 편집 저작물도 포함되어 있으므로 2차적 저작물 또는 편집 저작물의 작성자 또한 저작자가 된다.
>
> 저작권 보호와 관련하여 "거인의 어깨 위 난쟁이는 거인보다 멀리 볼 수 있다."라는 말이 있다. '거인'이란 현재의 저작자들보다 앞서 창작 활동을 통해 저작물을 남긴 선배 저작자를 가리키는 것인데, 이 말은 창작자는 다른 사람이 만들어 놓은 저작물을 모방하거나 인용할 수밖에 없다는 점을 강조한 것이다. 다만, 난쟁이가 거인의 어깨 위에 올라서는 특권을 누리기 위해서는 거인으로부터 허락을 받아야 하거나 거인에게 그에 따르는 대가를 지불해야 한다는 뜻도 내포하고 있다는 사실을 잊지 말아야 할 것이다.
>
> 창작물을 저작한 사람에게 저작권이라는 권리를 부여해서 보호하는 이유는 '저작물은 문화 발전의 원동력이 되므로 좋은 저작물이 많이 나와야 그 사회가 문화적으로 풍요로워질 수 있기 때문'이라고 할 수 있다. 그런데 만일 저작자에게 아무런 권리를 부여하지 않는다면 저작자가 장기간 노력해서 창작한 저작물을 누구든지 아무런 대가를 치르지 않고도 마음대로 이용하게 될 것이므로, 저작자로서는 창작 행위를 계속하지 않을 가능성이 높다.

① 저작물의 개념과 저작자의 정의
② 1차적 저작물과 2차적 저작물의 차이
③ 저작물에 대해 창작자가 지녀야 할 태도
④ 저작권을 보호해야 하는 이유

04 다음 글에서 밑줄 친 부분의 원인으로 가장 적절한 것은?

> 급격하게 돌아가는 현대적 생활 방식은 종종 삶을 즐기지 못하게 방해한다. 추위가 한창 매섭던 1월의 어느 아침 한 길거리 음악가가 워싱턴시의 지하철역에서 바이올린을 연주했다. 그는 스트라디바리우스 바이올린으로 바흐의 「샤콘」을 비롯하여 여섯 곡의 클래식 음악을 연주했다. 출근길에 연주가를 지나쳐 간 대략 천여 명의 시민이 대부분 그에게 관심조차 주지 않았고, 단지 몇 사람만 걷는 속도를 늦추었을 뿐이다. 7분 정도가 지났을 무렵 한 중년 여인이 지나가면서 모자에 1달러를 던져 주었다. 한 시간 정도가 지났을 때 연주가의 모자에는 32달러 17센트가 쌓여 있었지만, 연주를 듣기 위해 서 있는 사람은 아무도 없었다. 그 음악가인 조슈아 벨은 전 세계적으로 유명한 바이올린 연주가였으며, 평상시 그의 콘서트 입장권은 백 달러가 넘는 가격에 판매되었다.

① 지하철역은 연주하기에 적절한 장소가 아니었기 때문이다.
② 연주하는 동안 연주가를 지나쳐 간 사람이 적었기 때문이다.
③ 출근하는 사람들이 연주를 감상할 여유가 없었기 때문이다.
④ 연주를 듣기 위해서는 백 달러의 입장권이 필요했기 때문이다.

×
05 ㉠~㉣에 대한 이해로 적절하지 않은 것은?

> (가) 추강(秋江)에 밤이 드니 물결이 ᄎᆞ노ᄆᆡ라
> 낙시 드리치니 고기 아니 무노ᄆᆡ라
> 무심(無心)ᄒᆞᆫ ᄃᆞᆯ빗만 싯고 ㉠ 뷘 ᄇᆡ 저어 오노라.
> (나) 이런ᄃᆞᆯ 엇더ᄒᆞ며 뎌런ᄃᆞᆯ 엇더ᄒᆞ료
> ㉡ 초야우생(草野愚生)이 이러타 엇더ᄒᆞ료
> ᄒᆞ믈며 천석고황(泉石膏肓)을 고텨 므슴ᄒᆞ료.
> (다) 십 년을 경영ᄒᆞ여 초려삼간 지여 내니
> 나 ᄒᆞᆫ 간 ᄃᆞᆯ ᄒᆞᆫ 간에 청풍 ᄒᆞᆫ 간 맛져 두고
> ㉢ 강산은 들일 듸 업스니 둘러 두고 보리라.
> (라) 말 업슨 청산이오 태 업슨 유수로다
> 갑 업슨 청풍이오 님ᄌᆞ 업슨 명월이로다
> 이 즁에 병 업슨 ㉣ 이 몸이 분별 업시 늘그리라.

① ㉠에서 욕심 없는 화자의 모습을 볼 수 있다.
② ㉡에서 속세를 그리워하는 화자의 모습을 볼 수 있다.
③ ㉢에서 자연의 일부가 되어 살아가는 화자의 모습을 볼 수 있다.
④ ㉣에서 현실의 근심으로부터 초탈한 화자의 모습을 볼 수 있다.

×
06 밑줄 친 부분을 풀어 쓴 것으로 적절하지 않은 것은?

① 선생님께서 수시(隨時)로 교실에 들어오셨다.
 – 아무 때나 늘
② 그는 세계 제일의 피아니스트라고 해도 과언(過言)이 아니다. – 지나친 말이
③ 문화 시설 대부분이 서울에 편재(偏在)해 있다.
 – 치우쳐
④ 누구나 착한 심성을 발현(發現)하는 것은 아니다.
 – 헤아려 보는

07 다음 글에서 추론한 내용으로 적절하지 않은 것은?

> 모든 문화가 감정에 관한 동일한 개념적 자원을 발전시켜 온 것은 아니다. 이를테면 미국인들은 보통 당혹감, 수치심, 죄책감, 수줍음을 구별하지만 자바 사람들은 이러한 감정을 하나의 단어로 표현한다. 감정 어휘들은 문화마다 다를 뿐만 아니라 역사적으로도 다르다. 중세 시대에는 우울감이 '검은 담즙(melan chole)'으로 인해 발생한다고 생각했기에 우울증을 '멜랑콜리(melancholy)'라고 불렀지만 오늘날 그렇게 생각하는 사람은 거의 없다. 또한 인터넷의 발명과 함께 감정 어휘는 이메일 보내기, 문자 보내기, 트위터하기에 스며든 관습에 의해서도 형성된다. 이제는 내 감정을 말로 기술하기보다 이모티콘이나 글자의 일부를 따서 표현하기도 한다. 이러한 기술 주도적인 상징의 창조와 확산은, 사람들이 자신의 감정을 묘사하기 위한 새로운 선택지를 만든다는 점에서 또 다른 역사의 발전일 것이다.

① 감정에 대한 개념적 자원은 문화에 따라 달리 형성된다.

② 동일한 감정이라도 그것을 표현하는 방식은 시대에 따라 다를 수 있다.

③ 감정 어휘를 풍부하게 갖고 있는 집단은 그렇지 않은 집단보다 기술 발전에 더 유연한 태도를 보인다.

④ 오늘날 인터넷에서 이모티콘을 사용하는 것과 같이 과거에는 없었던 감정 표현 방식이 활용되기도 한다.

×

08 다음 글을 이해한 내용으로 적절하지 않은 것은?

> 흰 달빛
> 자하문
>
> 달 안개
> 물소리
>
> 대웅전
> 큰 보살
>
> 바람 소리
> 솔 소리
>
> 범영루
> 뜬 그림자
>
> 흐는히
> 젖는데
>
> 흰 달빛
> 자하문
>
> 바람 소리
> 물소리
>
> – 박목월, 「불국사」 –

① 시선의 이동에 따라 대상을 그려내고 있다.

② 수미상관 구조를 통해 안정감을 드러내고 있다.

③ 다양한 이미지를 활용하여 시적 분위기를 조성하고 있다.

④ 대상과의 거리를 조정하여 화자와 현실 세계의 대립을 나타내고 있다.

×

09 ㉠~㉣을 활용하여 음운변동을 설명한 것으로 적절한 것은?

> ㉠ 교체: 한 음운이 다른 음운으로 바뀌는 현상
> ㉡ 탈락: 한 음운이 없어지는 현상
> ㉢ 첨가: 없던 음운이 새로 생기는 현상
> ㉣ 축약: 두 음운이 합쳐져 제삼의 음운으로 바뀌는 현상

① '색연필'의 발음에서는 ㉠과 ㉢이 나타난다.
② '외곬'의 발음에서는 ㉠과 ㉣이 나타난다.
③ '값지다'의 발음에서는 ㉡과 ㉢이 나타난다.
④ '깨끗하다'의 발음에서는 ㉢과 ㉣이 나타난다.

10 빈칸에 들어갈 내용으로 가장 적절한 것은?

> 프랑스에서 포도주는 간단한 식사에서 축제까지, 작은 카페의 대화에서 연회장의 교제에 이르기까지 언제 어디서나 함께한다. 포도주는 계절에 따른 어떤 날씨에도 분위기를 고양시킬 수 있어 추운 계절이 되면 따뜻한 분위기를 연출하고 한여름이 되면 서늘하거나 시원한 그늘을 떠올리는 분위기를 조성한다. 또한 배고프거나 지칠 때, 지루하거나 답답할 때, 심리적으로 불안할 때나 육체적으로 힘든 그 어느 경우에도 프랑스인들은 포도주가 절실하다고 느낀다. 프랑스에서 포도주는 장소와 시간, 상황에 관계없이 음식과 결부될 수 있는 모든 곳에 등장한다.
> 포도주가 일상의 세세한 부분에까지 결부된 탓에 프랑스 국민은 이제 포도주가 있어야 할 곳에 포도주가 없다는 사실만으로도 충격을 받는다. 르네 코티는 대통령 임기가 시작될 때 사적인 자리에서 사진을 찍은 적이 있는데 그 사진 속 탁자에는 포도주 대신 다른 술이 놓여 있었다. 이 때문에 온 국민이 들끓고 일어났다. 프랑스 국민에게 그들 자신과도 같은 포도주가 보이지 않는다는 사실은 참을 수 없는 일이었다. 결국 프랑스인에게 포도주란 [　　　　　　　]

① 심신을 치유하는 신성한 물질과 같다.
② 자신들의 정체성을 나타내는 상징과도 같다.
③ 국가의 주요 행사에서 가장 주목받는 음료다.
④ 어느 계절에나 쉽게 분위기를 고양시킬 수 있는 음료다.

11 ㉠~㉣을 고쳐 쓴 것으로 적절하지 않은 것은?

> 얼마 전 나는 유명 축구 선수의 성공 과정을 담은 다큐멘터리 프로그램을 시청했다. 방송을 본 대부분의 사람들은 ㉠ <u>괴로운 고난</u>을 이겨낸 그 선수의 노력과 집념에 감동을 받았을 것이다. ㉡ <u>그러므로</u> 나는 그 선수의 가족과 훈련 트레이너 등 주변 사람들에게 더 큰 감명을 받았다.
> 선수의 가족들은 선수가 전지훈련을 가거나 원정경기를 할 때 묵묵히 뒤에서 응원하는 역할을 했고, 훈련 트레이너는 선수의 체력 증진은 물론 컨디션 조절 등에도 많은 역할을 하고 있었다. ㉢ <u>나는 그런 훈련 트레이너가 되는 과정이 궁금해졌다.</u> 비록 사람들의 관심이 최고의 자리에 오른 그 선수에게로 향하는 것은 당연한 ㉣ <u>일로</u>, 나는 그 가족과 훈련 트레이너의 도움이 주목받지 못하는 것 같아서 안타까웠다.

① ㉠은 의미가 중복되므로 '고난'으로 고친다.
② ㉡은 앞뒤 문장의 연결을 고려하여, '그러나'로 바꾼다.
③ ㉢은 글 전체의 흐름을 고려하여 삭제한다.
④ ㉣은 부사와의 호응을 고려하여, '일이라면'으로 수정한다.

12 강연자의 말하기 방식에 대한 설명으로 적절하지 않은 것은?

> 안녕하세요? 오늘 강연을 맡은 ○○○입니다. 저는 '사회역학'이라는 학문을 공부하고 있는데요, 혹시 '사회역학'이라는 단어를 들어 보신 적 있으신가요? 네, 별로 없네요. 간단히 말씀드리면, 질병 발생의 원인에 대한 사회적 요인을 탐구하는 분야입니다. 여러분들 표정을 보니 더 모르겠다는 표정인데요, 오늘 강연을 듣고 나면 제가 어떤 공부를 하는지 조금 더 알게 되실 겁니다.
>
> 흡연을 예로 들어서 말씀드릴게요. 저소득층에게 흡연은 적은 비용으로 스트레스를 해소할 수 있는 방편이 됩니다. 위험한 작업환경에서 일하는 노동자에게 담배를 피우면 10년 뒤에 폐암이 발생할 수 있으니 당장 금연해야 한다고 말한다면, 이 말은 그렇게 설득력이 있지는 않을 것입니다. 저소득층이 열악한 사회적 환경에서 살아남기 위해 나름의 이유로 흡연할 경우, 그 점을 고려하지 않은 금연 정책은 효과를 보기 어렵다는 의미입니다.
>
> 이러한 주장을 뒷받침하는 연구 결과가 있습니다. 하버드 보건대학원의 글로리안 소런슨 교수 팀은 제조업 사업체 15곳의 노동자 9,019명을 대상으로 연구를 진행하면서 다음과 같은 질문을 던집니다. "안전한 사업장에서 일하는 노동자가 금연할 가능성이 더 높지 않을까? 그렇다면 산업 안전 프로그램을 진행한 사업장의 금연율은 어떻게 다를까?" 이 프로그램이 진행되고 6개월 뒤에 흡연 상태를 측정했을 때 산업 안전 프로그램을 진행한 사업장의 금연율이, 금연 프로그램만 진행한 사업장 노동자들의 금연율보다 2배 가까이 높게 나타났습니다.

① 청중의 반응을 살피면서 발표를 진행하고 있다.
② 전문가의 연구 결과를 제시하여 신뢰성을 높이고 있다.
③ 시각 자료를 제시하여 청중의 주의를 끌고 있다.
④ 특정한 상황을 가정하여 내용의 이해를 돕고 있다.

13 다음 글의 중심 내용으로 가장 적절한 것은?

> 범죄소설이 지닌 이데올로기의 뿌리는 죽음에 대한 공포이다. 범죄소설의 탄생은 자본주의의 출현이라는 사회적 조건과 맞물려 있다. 자본주의가 출현하자 죽음을 대하는 태도가 근본적으로 변화했다. 원시 사회에서는 죽음이 자연스러운 결과로 받아들여졌다. 죽음은 사람들이 스스로 준비해야 하는 것이면서, 가족과 사회로부터의 관심과 도움이 필요한 것이었다. 그러나 부르주아 사회에서는 인간이 소외되고, 소외된 인간은 노동을 하고 돈을 버는 데 없어서는 안 될 도구인 육체에 얽매이게 된다. 그에 따라 인간은 죽음에 강박관념을 갖게 되었다. 게다가 죽음은 불가피한 삶의 종결이 아니라 파국적 사고라는 견해를 갖게 된다. 죽음은 예기치 않은 사고라고, 강박적으로 바라보게 되면 폭력에 의한 죽음에 몰두하게 되고, 결국에는 살인과 범죄에 몰두하게 된다. 범죄소설에서 죽음은 인간의 운명이나 비극이 아니라 탐구의 대상이 되어버린다.

① 범죄소설은 자본주의의 출현 이후 죽음에 대한 달라진 태도에 기반을 두고 있다.
② 범죄소설은 부르주아 사회의 인간소외와 노동 문제를 다루는 문학 양식이다.
③ 범죄소설은 원시사회부터 이어져 온 죽음에 대한 보편적 공포로부터 생겨났다.
④ 범죄소설은 죽음을 예기치 못한 사고가 아닌 자연스럽고 불가피한 것으로 받아들인다.

14 다음 글을 이해한 내용으로 적절하지 않은 것은?

> 몸의 곳곳에 분포한 통점이 자극을 받아서 통각 신경을 통해 뇌로 통증 신호를 전달할 때 통증을 느낀다. 통점을 구성하는 세포의 세포막에는 통로라는 구조가 있다. 이 통로를 통해 세포의 안과 밖으로 여러 물질들이 오가면서 세포 사이에 다양한 신호를 전달한다.
>
> 통점의 세포에서 인식한 통증 신호는 통각 신경을 통해 뇌로 전달된다. 재미있는 사실은 통각 신경이 다른 감각 신경에 비해서 매우 가늘어 신호를 느리게 전달한다는 것이다. 예를 들어 몸길이가 30m인 흰긴수염고래는 꼬리에 통증이 생기면 최대 1분 후에 아픔을 느낀다.
>
> 통각 신경이 다른 감각 신경에 비해 가는 이유는 더 많이 배치되기 위해서다. 피부에는 $1cm^2$당 약 200개의 통점이 빽빽이 분포하는데, 통각 신경이 굵다면 이렇게 많은 수의 통점이 배치될 수 없다. 이렇게 통점이 빽빽이 배치되어야 아픈 부위를 정확하게 알 수 있다. 반면 내장 기관에는 통점이 $1cm^2$당 4개에 불과해 아픈 부위를 정확하게 알기 어렵다. 폐암과 간암이 늦게 발견되는 것도 폐와 간에 통점이 거의 없기 때문이다.

① 통로는 여러 물질들이 세포의 안팎으로 오가며 신호를 전달하는 구조이다.
② 통증을 느끼지 못하게 되면, 치명적인 질병에 걸려도 질병의 발견이 늦을 수 있다.
③ 통각 신경은 다른 감각 신경에 비해서 매우 가늘기 때문에, 신호의 전달이 빠르다.
④ 아픈 부위가 어디인지를 정확하게 알기 위해서는, 통점이 빽빽하게 배치되어야 한다.

15 ㉠과 ㉡에 대한 설명으로 가장 적절한 것은?

> (가) **[중모리]** 그 때여 승상 부인은 심 소저를 이별허시고 애석함을 못 이기어, 글 지어 쓴 심 소저의 ㉠ <u>화상</u> 족자를 침상으 걸어두고 때때로 증험허시더니, 일일은 족자 빛이 홀연히 검어지며 귀에 물이 흐르거늘, 승상 부인 기가 맥혀, "아이고, 이것 죽었구나! 아이고, 이를 어쩔끄나?" 이렇듯이 탄식헐 적, 이윽고 족자 빛이 완연히 새로우니, "뉘라서 건져내어 목숨이나 살었느냐? 그러허나 창해 먼먼 길의 소식이나 알겠느냐?"
>
> – 작자 미상, 「심청가」에서 –
>
> (나) **[중중모리]** 화공 불러들여 토끼 ㉡ <u>화상</u>을 그린다. …(중략)…거북 연적 오징어로 먹 갈아, 천하 명산 승지간의 경개 보든 눈 그리고, 난초 지초 왼갖 향초 꽃 따먹던 입 그리고, 두견 앵무 지지 울 제 소리 듣던 귀 그리고, 봉래방장 운무 중에 내 잘 맡던 코 그리고, 만화방창 화림 중 뛰어가던 발 그리고, 대한 엄동 설한풍 어한허든 털 그리고, 신농씨 상백초 이슬 떨던 꼬리라. 두 눈은 도리도리, 두 귀는 쫑긋, 허리 늘씬허고, 꽁지 묘똑허여. …(중략)… "아나, 엿다. 별주부야. 네가 가지고 나가거라."
>
> – 작자 미상, 「수궁가」에서–

① ㉠은 분노의 정서를 유발하는 반면, ㉡은 유쾌한 정서를 유발한다.
② ㉠은 대상이 처한 상황을 암시하며, ㉡은 대상의 외양을 드러낸다.
③ ㉠과 ㉡은 현실 공간을 배경으로 일상적인 사건을 전개해 나간다.
④ ㉠과 ㉡은 역사적 인물과 사건을 인용하여 대상을 묘사하고 있다.

×

16 다음 글의 '나'에 대한 이해로 가장 적절한 것은?

> 인도교와 거의 평행선을 지어 사람들의 발자국이 줄을 지어 얼음 위를 거멓게 색칠하였다. 인도교가 어엿하게 있음에도 불구하고 그들은 왜 얼음 위를 걸어가지 않으면 안 되었었나? 그들은 그만큼 그들의 길을 단축하지 않으면 안 되도록 무슨 크나큰 일이 있었던 것일까?……
>
> 나는 그들의 고무신을 통하여, 짚신을 통하여, 그들의 발바닥이 감촉하였을, 너무나 차디찬 얼음장을 생각하고, 저 모르게 부르르 몸서리치지 않을 수 없었다.
>
> 가방을 둘러멘 보통학교 생도가 얼음 위를 지났다. 팔짱 낀 사나이가 동저고리 바람으로 뒤를 따랐다. 빵장수가 통을 둘러메고 또 뒤를 이었다. 조바위 쓴 아낙네, 감투 쓴 노인……. 그들의 수효는 분명히 인도교 위를 지나는 사람보다 많았다.
>
> 강바람은 거의 끊임없이 불어왔다. 그 사나운 바람은 얼음 위를 지나는 사람들의 목을 움츠리게 하였다. 목을 한껏 움츠리고 강 위를 지나는 그들의 모양은 이곳 풍경을 좀 더 삭막하게 하여 놓았다.
>
> 나는 그것에 나의 마지막 걸어갈 길을 너무나 확실히 보고, 그리고 저 모르게 악연*하였다…….
>
> – 박태원, 「피로」 –
>
> * 악연하다: 몹시 놀라 정신이 아찔하다.

① 얼음 위를 지나는 사람들에게 이질감을 느끼면서도 공감하고 있다.
② 대도시에서 마주하는 타인의 비정함 때문에 좌절하고 있다.
③ 인도교 위를 지나는 사람들의 어리석음을 비판적으로 바라보고 있다.
④ 생의 종말이 멀지 않았다는 사실을 확인하고 슬퍼하고 있다.

17 (가)~(라)의 전개 순서로 가장 자연스러운 것은?

> 청소년 노동자를 바라보는 시각에는 양극단이 존재한다. '경제적으로 어려운 아이들'이라는 시각과 '지나치게 돈을 좋아하는 아이들'이라는 시각이 그것이다.
>
> (가) 이런 시각은 비행만을 강조하기에 청소년들이 스스로 노동하고 있다는 사실을 부끄러워하거나 다른 사람들에게 숨기는 경우도 많이 발생한다.
>
> (나) 전자는 청소년이 노동을 선택하는 이유를 '생계비 마련' 하나만으로 축소해 버리고 피해자로만 바라본다는 점에서 문제가 있다.
>
> (다) 그러다 보니 생활비 마련뿐만 아니라 의미 있는 시간 활용, 부모의 눈치를 보지 않는 독립적인 생활, 진로 탐색 등 노동을 선택하는 복합적인 이유가 삭제돼 버린다.
>
> (라) 후자의 시각은 청소년 노동을 학생의 본분을 저버린 그릇된 행위로 만들어 버림으로써, 문제의 원인을 노동 현장의 구조적 문제가 아니라 '청소년이 노동하고 있다는 사실' 자체로 돌려 버린다.
>
> 두 시각 모두 도달하게 되는 결론은 청소년을 노동에서 빨리 구원해야 한다는 것이다.

① (나) – (가) – (다) – (라)
② (나) – (가) – (라) – (다)
③ (나) – (다) – (라) – (가)
④ (나) – (라) – (다) – (가)

×
18 ㉠~㉣의 한자 표기로 올바른 것은?

> 외래어의 사용은 날로 늘어나는 추세이다. 일상적인 언어생활에서는 물론 ㉠ 공문서에서도 외래어가 남용되고 있다. 그리고 가상 ㉡ 공간에서 의사소통이 활발해지면서 국어를 과도하게 변형한 말들이 생겨나고, 이러한 말들이 ㉢ 일상의 의사소통에도 큰 영향을 미치고 있다. 이러한 상황에서 국어 사용에 대한 ㉣ 성찰이 필요하다.

① ㉠: 共文書
② ㉡: 公間
③ ㉢: 日想
④ ㉣: 省察

19 다음 글의 글쓰기 방식에 대한 설명으로 가장 적절한 것은?

> 인간을 움직이게 하는 두 축은 당근과 채찍, 즉 보상과 처벌이다. 우리가 의욕을 갖는 것은 당근 때문이다. 채찍을 피하기 위해서 살아가는 것도 한 방법일 테지만, 그건 너무 가혹할 것이다. 가끔이라도 웃음을 주고 피로를 풀어 주는 당근, 즉 긍정적 보상물이 있기에 고단한 일상을 감수한다. 어떤 부모에게는 아이가 꾹꾹 눌러 쓴 "엄마 아빠, 사랑해요."라는 카드가 당근이다. 어떤 직장인에게는 주말마다 떠나는 여행이 당근이다.

① 예시를 사용하여 독자의 이해를 돕고 있다.
② 전문가의 의견을 인용하여 글의 신뢰성을 높이고 있다.
③ 묻고 답하는 형식을 사용해 독자의 관심을 끌고 있다.
④ 비유를 사용하여 문제의 심각성을 강조하고 있다.

20 다음 대화를 분석한 내용으로 적절하지 않은 것은?

> 박 과장: 오늘은 우리 시에서 후원하는 '벚꽃 축제'의 홍보 방법을 논의하겠습니다. 타 지역 사람들이 축제에 찾아오게 하는 홍보 방법을 제안해 주세요.
> 김 주무관: 지역 주민들이 SNS로 정보도 얻고 소통도 하니까 우리도 SNS를 통해 홍보하는 것은 어떨까요? 지역 주민들이 많이 가입한 SNS를 선별해서 홍보하면 입소문이 날 테니까요.
> 이 주무관: 파급력을 생각하면 지역 주민보다는 대중이 널리 이용하는 라디오 광고로 홍보하는 방법이 좋을 것 같습니다. 라디오는 다양한 연령과 계층이 듣기 때문에 광고 효과가 더 클 것입니다.
> 윤 주무관: 어떤 홍보든 간에 가장 쉬운 방법이 제일 좋습니다. 우리 기관의 누리집에 홍보 자료를 올리는 방법을 추천합니다.
> 박 과장: 네, 윤 주무관의 생각에 저도 동의합니다. 우리 기관의 누리집에 홍보 자료를 올리면 시간도 적게 들고 홍보 효과도 크겠네요.

① 축제의 홍보 방안에 대해 구성원들이 토의하는 과정을 보여 주고 있다.
② 김 주무관은 지역 주민들이 SNS를 즐겨 이용한다는 사실을 근거로 제시하고 있다.
③ 이 주무관은 라디오 광고가 SNS보다 홍보 효과가 클 것이라고 추측하고 있다.
④ 박 과장은 김 주무관, 이 주무관, 윤 주무관의 제안을 비교하여 의견을 절충하고 있다.

국어 | 2023년 국가직 9급

모바일 OMR

회독 CHECK 1 2 3

×

01 '해양 오염'을 주제로 연설을 한다고 할 때, 다음에 제시된 조건을 모두 충족한 것은?

> • 해양 오염을 줄일 수 있는 생활 속 실천 방법을 포함할 것
> • 설의적 표현과 비유적 표현을 활용할 것

① 바다는 쓰레기 없는 푸른 날을 꿈꾸고 있습니다. 미세 플라스틱은 바다를 서서히 죽이는 보이지 않는 독입니다. 우리의 관심만이 다시 바다를 살릴 수 있을 것입니다.

② 우리가 버린 쓰레기는 바다로 흘러갔다가 해양 생물의 몸에 축적이 되어 해산물을 섭취하면 결국 다시 우리에게 돌아오게 됩니다. 분리수거를 철저히 하고 일회용품을 줄이는 것이 바다도 살리고 우리 자신도 살리는 길입니다.

③ 여름만 되면 피서객들이 마구 버린 쓰레기로 바다가 몸살을 앓는다고 합니다. 자기 집이라면 이렇게 함부로 쓰레기를 버렸을까요? 피서객들의 양심이 모래밭 위를 뒹굴고 있습니다. 자기 쓰레기는 자기가 집으로 되가져가도록 합시다.

④ 산업 폐기물이 바다로 흘러가 고래가 죽어 가는 장면을 다큐멘터리에서 본 적이 있습니다. 이대로 가다간 인간도 고통받게 되지 않을까요? 정부에서 산업 폐기물 관리 지침을 만들고 감독을 강화하지 않는다면 바다는 쓰레기 무덤이 되고 말 것입니다.

02 다음 대화에 나타난 말하기 방식을 설명한 것으로 적절하지 않은 것은?

> 백 팀장: 이번 워크숍 장면을 사내 게시판에 올리는 게 좋겠어요. 워크숍 내용을 공유하면 좋을 것 같아서요.
>
> 고 대리: 전 반대합니다. 사내 게시판에 영상을 공개하는 것은 부담스러워요. 타 부서와 비교될 것 같기도 하고요.
>
> 임 대리: 저도 팀장님 말씀대로 정보를 공유한다는 취지는 좋다고 생각해요. 다만 다른 팀원들의 동의도 구해야 할 것 같고, 여러 면에서 우려되긴 하네요. 팀원들 의견을 먼저 들어보고, 잘된 것만 시범적으로 한두 개 올리는 것이 어떨까요?

① 백 팀장은 팀원들에 대한 유대감을 드러내는 표현을 사용하며 자신의 바람을 전달하고 있다.

② 고 대리는 백 팀장의 제안에 반대하는 이유를 명시적으로 밝히며 백 팀장의 요청을 거절하고 있다.

③ 임 대리는 발언 초반에 백 팀장 발언의 취지에 공감하여 백 팀장의 체면을 세워 주고 있다.

④ 임 대리는 대화 참여자의 의견을 묻는 의문문을 사용하여 자신의 의견을 간접적으로 드러내고 있다.

×

03 관용 표현 ㉠~㉣의 의미를 풀이한 것으로 적절하지 않은 것은?

- 그의 회사는 작년에 노사 갈등으로 ㉠ 홍역을 치렀다.
- 우리 교장 선생님은 교육계에서 ㉡ 잔뼈가 굵은 분이십니다.
- 유원지로 이어지는 국도에는 차가 밀려 ㉢ 입추의 여지가 없었다.
- 그분은 세계 유수의 연구자들과 ㉣ 어깨를 나란히 하는 물리학자이다.

① ㉠: 심한 어려움을 겪었다
② ㉡: 오랫동안 일을 하여 그 일에 익숙한
③ ㉢: 돌아서 갈 수 있는 방법이 없었다
④ ㉣: 비슷한 지위나 힘을 가지는

04 다음 글에서 (가)~(다)의 순서를 자연스럽게 배열한 것은?

빅데이터가 부각된다는 것은 기업들이 빅데이터의 가치를 받아들이기 시작했다는 뜻이다. 여기에는 기업들이 데이터를 바라보는 시각이 변한 측면도 있다.
(가) 기업들은 고객이 판촉 활동에 어떻게 반응하고 평소에 어떻게 행동하며 사물에 대해 어떤 태도를 보이는지 알기 위해 많은 돈을 투자해 마케팅 조사를 해 왔다.
(나) 그런 상황에서 기업들은 SNS나 스마트폰 등 새로운 데이터 소스로부터 그러한 궁금증과 답답함을 해결할 수 있다는 것을 알게 되었다. 페이스북에 올리는 광고에 친구가 '좋아요'를 한 것에서 기업들은 궁금증과 답답함을 해결할 수 있다.
(다) 그런데 기업들의 그런 노력이 효과가 있는 경우도 있었으나 아쉬운 점도 많았다. 쉬운 예로, 기업들은 많은 광고비를 쓰지만 그 돈이 구체적으로 어느 부분에서 효과를 내는지는 알지 못했다.
결국 데이터가 있는 곳에서 기업들은 점점 더 고객의 취향에 집중할 수 있게 되었으며, 이에 따라 기업들은 소셜 미디어의 빅데이터를 중요한 경영 수단으로 수용하기 시작한 것이다.

① (가) – (나) – (다)
② (가) – (다) – (나)
③ (나) – (가) – (다)
④ (다) – (나) – (가)

×
05 ㉠을 이해한 내용으로 적절하지 않은 것은?

> "㉠ 무진(霧津)엔 명산물이 …… 뭐 별로 없지요?" 그들은 대화를 계속하고 있었다. "별게 없지요. 그러면서도 그렇게 많은 사람들이 살고 있다는 건 좀 이상스럽거든요." "바다가 가까이 있으니 항구로 발전할 수도 있었을 텐데요?" "가 보시면 아시겠지만 그럴 조건이 되어 있는 것도 아닙니다. 수심(水深)이 얕은 데다가 그런 얕은 바다를 몇백 리나 밖으로 나가야만 비로소 수평선이 보이는 진짜 바다다운 바다가 나오는 곳이니까요." "그럼 역시 농촌이군요?" "그렇지만 이렇다 할 평야가 있는 것도 아닙니다." "그럼 그 오륙만이 되는 인구가 어떻게들 살아가나요?" "그러니까 그럭저럭이란 말이 있는 게 아닙니까!" 그들은 점잖게 소리 내어 웃었다. "원, 아무리 그렇지만 한 고장에 명산물 하나쯤은 있어야지." 웃음 끝에 한 사람이 말하고 있었다.
>
> 무진에 명산물이 없는 게 아니다. 나는 그것이 무엇인지 알고 있다. 그것은 안개다. 아침에 잠자리에서 일어나서 밖으로 나오면, 밤사이에 진주해 온 적군들처럼 안개가 무진을 뻥 둘러싸고 있는 것이었다. 무진을 둘러싸고 있는 산들도 안개에 의하여 보이지 않는 먼 곳으로 유배당해 버리고 없었다.
>
> – 김승옥, 「무진기행」에서 –

① 수심이 얕아서 항구로 개발하기 어려운 공간이다.
② 산으로 둘러싸여 있고 평야가 발달하지 않은 공간이다.
③ 지역의 경제적 여건에 비해 인구가 적지 않은 공간이다.
④ 누구나 인정할 만한 지역의 명산물로 안개가 유명한 공간이다.

×
06 다음 글의 빈칸에 들어갈 사자성어로 적절한 것은?

> 세상에는 어려운 일들이 많지만 외국 여행 다녀온 사람의 입을 막는 것도 그중 하나이다. 특히 그것이 그 사람의 첫 외국 여행이었다면, 입 막기는 포기하고 미주알고주알 늘어놓는 여행 경험을 들어 주는 편이 정신 건강에 좋다. 그 사람이 별것 아닌 사실을 ______하거나 특수한 경험을 지나치게 일반화한들, 그런 수다로 큰 피해를 입는 것도 아니지 않은가?

① 刻舟求劍　② 捲土重來
③ 臥薪嘗膽　④ 針小棒大

×
07 다음 글을 감상한 내용으로 가장 적절한 것은?

> 어이 못 오던가 무슴 일로 못 오던가
> 너 오ᄂᆞᆫ 길 위에 무쇠로 성(城)을 ᄊᆞ고 성안에 담 ᄊᆞ고 담 안에란 집을 짓고 집 안에란 뒤주 노코 뒤주 안에 궤를 노코 궤 안에 너를 결박(結縛)ᄒᆞ여 너코 쌍(雙)ᄇᆡ목 외걸쇠에 용(龍)거북 ᄌᆞ믈쇠로 수기수기 ᄌᆞᆷ갓더냐 네 어이 그리 아니 오던가
> ᄒᆞᆫ ᄃᆞᆯ이 서른 날이여니 날 보라 올 하루 업스랴
>
> – 작자 미상, 「어이 못 오던가」 –

① 동일 구절을 반복하여 '너'에 대한 섭섭한 감정을 표출하고 있다.
② 날짜 수를 대조하여 헤어진 기간이 길다는 것을 강조하고 있다.
③ 동일한 어휘를 연쇄적으로 나열하여 감정의 기복을 표현하고 있다.
④ 단계적으로 공간을 축소하여 '너'를 만날 수 있다는 희망을 표현하고 있다.

08 (가)와 (나)에 들어갈 말로 가장 적절한 것은?

> 특정한 작업을 수행하기 위해 신체 근육의 특정 움직임을 조작하는 능력을 운동 능력이라고 한다. 언어에 관한 운동 능력은 '발음 능력'과 '필기 능력' 두 가지인데 모두 표현을 위한 능력이다.
>
> 말로 표현하기 위해서는 발음 능력이 필요한데, 이는 음성 기관을 움직여 원하는 음성을 만들어 내는 능력이다. 이 능력은 영·유아기에 수많은 시행착오와 꾸준한 훈련을 통해 습득된다. 이렇게 발음 능력을 습득하면 음성 기관의 움직임은 자동화되어 음성 기관의 어느 부분을 언제 어떻게 움직일지를 화자가 거의 의식하지 않는다. 우리가 모어에 없는 외국어 음성을 발음하기 어려운 이유는 (가) 있기 때문이다.
>
> 글로 표현하기 위해서는 필기 능력이 필요하다. 필기에서는 글자의 모양을 서로 구별되게 쓰는 것은 기본이고 그 수준을 넘어서서 쉽게 알아볼 수 있는 모양으로 잘 쓰는 것도 필요하다. 글씨를 쓰기 위해 손을 놀리는 것은 발음을 하기 위해 음성 기관을 움직이는 것에 비해 상당히 의식적이라 할 수 있다. 그렇지만 개인의 의지와 관계없이 필체가 꽤 일정하다는 사실은 손을 놀리는 데에 (나) 의미한다.

① (가): 음성 기관의 움직임이 모어의 음성에 맞게 자동화되어
   (나): 무의식적이고 자동적인 면이 있음을
② (가): 낯선 음성은 무의식적으로 발음하도록 훈련되어
   (나): 유아기에 수행한 훈련이 효과적이지 않음을
③ (가): 음성 기관의 움직임이 모어의 음성에 맞게 자동화되어
   (나): 유아기에 수행한 훈련이 효과적이지 않음을
④ (가): 낯선 음성은 무의식적으로 발음하도록 훈련되어
   (나): 무의식적이고 자동적인 면이 있음을

×
09 ㉠~㉣ 중 한글 맞춤법에 맞게 쓰인 것만을 모두 고르면?

> • 혜인 씨에게 ㉠ 무정타 말하지 마세요.
> • 재아에게는 ㉡ 섭섭치 않게 사례해 주자.
> • 규정에 따라 딱 세 명만 ㉢ 선발토록 했다.
> • ㉣ 생각컨대 그의 보고서는 공정하지 못했다.

① ㉠, ㉡　② ㉠, ㉢
③ ㉡, ㉣　④ ㉢, ㉣

×
10 ㉠~㉣의 한자로 적절하지 않은 것은?

> 예정보다 지연되긴 했으나 열 시쯤에는 마애불에 ㉠ 도착할 수가 있었다. 맑은 날씨에 빛나는 햇살이 환히 비춰 ㉡ 불상들은 불그레 물들어 있었다. 만일 신비로운 ㉢ 경지라는 말을 할 수 있다면 바로 이런 경우가 아닐지 모르겠다. 꼭 보고 싶다는 숙원이 이루어진 기쁨에 가슴이 벅차 왔다. 아마 잊을 수 없는 ㉣ 추억의 한 토막으로 남을 것 같다.

① ㉠: 到着　② ㉡: 佛像
③ ㉢: 境地　④ ㉣: 記憶

국어 교육행정직

11 다음 글을 이해한 내용으로 적절하지 않은 것은?

> 사람의 '지각과 생각'은 항상 어떤 맥락, 관점 혹은 어떤 평가 기준이나 가정하에서 일어난다. 이러한 맥락, 관점, 평가 기준, 가정을 프레임이라고 한다. 지각과 생각은 인간의 모든 정신 활동을 뜻한다. 따라서 우리의 모든 정신 활동은 진공 상태에서 일어나는 것이 아니라, 어떤 맥락이나 가정하에서 일어난다. 한마디로 우리가 프레임이라는 안경을 쓰고 세상을 보고 있음을 의미한다. 간혹 어떤 사람이 자신은 어떤 프레임의 지배도 받지 않고 세상을 있는 그대로, 객관적으로 본다고 주장한다면, 그 주장은 진실이 아닐 것이다.

① 인간의 정신 활동은 프레임 없이 일어나지 않는다.
② 프레임은 인간이 세상을 바라볼 때 어떤 편향성을 가지게 한다.
③ 인간의 지각과 사고를 확장하는 과정에서 프레임은 극복해야 할 대상이다.
④ 프레임은 인간의 정신 활동에 영향을 미치는 어떤 맥락이나 평가 기준이다.

12 다음 글을 이해한 내용으로 가장 적절한 것은?

> 전 세계를 대표하는 항공기인 보잉과 에어버스의 중요한 차이점은 자동조종시스템의 활용 정도에 있다. 보잉의 경우, 조종사가 대개 항공기를 조종간으로 직접 통제한다. 조종간은 비행기의 날개와 물리적으로 연결되어 있어서 어떤 상황에서도 조종사가 조작한 대로 반응한다. 이와 다르게 에어버스는 조종간 대신 사이드스틱을 설치하여 컴퓨터가 조종사의 행동을 제한하거나 조종에 개입할 수 있게 설계되었다. 보잉에서는 조종사가 항공기를 통제할 수 있는 전권을 가지지만 에어버스에서는 컴퓨터가 조종사의 조작을 감시하고 제한한다.
>
> 보잉과 에어버스의 이러한 차이는 기계를 다루는 인간을 바라보는 관점이 서로 다른 데서 비롯된다. 보잉사를 창립한 윌리엄 보잉의 철학은 "비행기를 통제하는 최종 권한은 언제나 조종사에게 있다."이다. 시스템은 불안정하고 완벽하지 않기 때문에 컴퓨터가 조종사의 판단보다 우선시될 수 없다는 것이다. 반면 에어버스의 아버지라고 불리는 베테유는 "인간은 실수할 수 있는 존재"라고 전제한다. 베테유는 이런 자신의 신념을 토대로 에어버스를 설계함으로써 조종사의 모든 조작을 컴퓨터가 모니터링하고 제한하게 만든 것이다.

① 보잉은 시스템의 불완전성을, 에어버스는 인간의 실수 가능성을 고려하여 설계되었다.
② 베테유는 인간이 실수할 수 있는 존재라고 보지만 윌리엄 보잉은 그렇지 않다고 본다.
③ 에어버스의 조종사는 항공기 운항에서 자동조종시스템을 통제하고 조작한다.
④ 보잉의 조종사는 자동조종시스템을 사용하지 않고 항공기를 조종한다.

13 다음 글에서 추론한 내용으로 가장 적절한 것은?

공포의 상태와 불안의 상태를 구분하는 것은 쉽지 않다. 왜냐하면 두 감정을 함께 느끼거나 한 감정이 다른 감정을 유발할 때가 많기 때문이다. 가령, 무시무시한 전염병을 목도하고 공포에 빠진 사람은 자신도 언젠가 그 병에 걸릴지 모른다는 불안 상태에 빠지게 된다. 이처럼 두 감정은 서로 밀접하게 얽혀 있다는 점에서 혼동하기 쉽다. 하지만 두 감정을 야기한 원인을 따져 보면 두 감정을 명확하게 구분할 수 있다. 공포는 실재하는 객관적 위협에 의해 야기된 상태를 의미하고, 불안은 현재 발생하지 않았으며 미래에 일어날지 모르는 불명확한 위협에 의해 야기된 상태를 의미한다. 공포와 불안의 감정은 둘 다 자아와 관련되어 있지만 여기에서도 차이를 찾을 수 있다. 공포를 느끼는 것은 '나 자신'이 위험한 상황에 놓여 있다는 사실을 아는 것이고, 불안의 경험은 '나 자신'이 위해를 입을까 봐 걱정하는 것이다.

① 자신이 처한 위험한 상황을 정확히 인식하는 경우에는 공포감에 비해 불안감이 더 크다.
② 전기 · 가스 사고가 날까 두려워 외출하지 못하는 사람은 불안한 상태에 있는 것이다.
③ 시험에 불합격할 수 있다는 생각에 사로잡힌 사람은 공포감에 빠져 있는 것이다.
④ 과거에 큰 교통사고를 경험한 사람은 공포감은 크지만 불안감은 작다.

14 다음 글의 내용과 부합하지 않는 것은?

과학 혁명 이전 아리스토텔레스 철학은 로마 가톨릭교의 정통 교리와 결합되어 있었기 때문에 오랜 시간 동안 지배적인 영향력을 발휘하였다. 천문 분야 또한 예외는 아니었다. 아리스토텔레스의 세계관을 따라 우주의 중심은 지구이며, 모든 천체는 원운동을 하면서 지구의 주위를 공전한다는 천동설이 정설로 자리 잡고 있었다. 프톨레마이오스가 천체들의 공전 궤도를 관찰하던 도중, 행성들이 주기적으로 종전의 운동과는 반대 방향으로 움직인다는 관찰 결과를 얻었을 때도 그는 이를 행성의 역행 운동을 허용하지 않는 천동설로 설명하고자 하였다. 그래서 지구를 중심으로 공전하는 원 궤도에 중심을 두고 있는 원, 즉 주전원(周轉圓)을 따라 공전 궤도를 그리면서 행성들이 운동한다고 주장하였다.

과학과 아리스토텔레스 철학의 결별은 서서히 일어났다. 그 과정에서 일어난 가장 중요한 사건은 1543년 코페르니쿠스가 행성들의 운동 이론에 관한 책을 발간한 일이다. 코페르니쿠스는 천체의 중심에 지구 대신 태양을 놓고 지구가 태양의 주위를 공전한다고 주장하였다. 태양을 우주의 중심에 둔 코페르니쿠스의 지동설은 행성들의 운동에 대해 프톨레마이오스보다 수학적으로 단순하게 설명하였다.

① 과학 혁명 이전 시기에는 천동설이 정설로 받아들여졌다.
② 프톨레마이오스의 주전원은 지동설을 지지하고자 만든 개념이다.
③ 천동설과 지동설은 우주의 중심을 어디에 두느냐에 따라 구분된다.
④ 행성의 공전에 대한 프톨레마이오스의 설명은 코페르니쿠스의 설명보다 수학적으로 복잡하였다.

×
15 밑줄 친 단어가 표준어 규정에 맞게 쓰인 것은?

① 저기 보이는 게 암염소인가, 수염소인가?
② 오늘 윗층에 사시는 분이 이사를 가신대요.
③ 봄에는 여기저기에서 아지랭이가 피어오른다.
④ 그는 수업을 마치면 으레 친구들과 운동을 한다.

16 ㉠~㉣을 문맥에 맞게 수정하는 방안으로 적절한 것은?

> 난독(難讀)을 해결하려면 정독을 해야 한다. 여기서 말하는 정독은 '뜻을 새겨 가며 자세히 읽음', 즉 '정교한 독서'라는 뜻으로 한자로는 '精讀'이다. '精讀'은 '바른 독서'를 의미하는 '正讀'과 ㉠ 소리는 같지만 뜻이 다르다. 무엇이 정교한 것일까? 모든 단어에 눈을 마주치면서 제대로 인식하는 것이다. 이와 같은 ㉡ 정독(精讀)의 결과로 생기는 어문 실력이 문해력이다. 문해력이 발달하면 결국 독서 속도가 빨라져, '빨리 읽기'인 속독(速讀)이 가능해진다. 빨리 읽기는 정독을 전제로 할 때 빛을 발한다. 짧은 시간에 같은 책을 제대로 여러 번 읽을 수 있기 때문이다. 그래서 문해력의 증가는 '정교하고 빠르게 읽기', 즉 ㉢ 정속독(正速讀)에서 일어나게 되어 있다. 정독이 생활화되면 자기도 모르게 정속독의 경지에 오르게 된다. 그런 경지에 오른 사람들은 뭐든지 확실히 읽고 빨리 이해한다. 자연스레 집중하고 여러 번 읽어도 빠르게 읽으므로 시간이 여유롭다. ㉣ 정독이 빠진 속독은 곧 빼먹고 읽는 습관, 즉 난독의 일종임을 잊지 말아야 한다.

① ㉠을 '다르게 읽지만 뜻이 같다'로 수정한다.
② ㉡을 '정독(正讀)'으로 수정한다.
③ ㉢을 '정속독(精速讀)'으로 수정한다.
④ ㉣을 '속독이 빠진 정독'으로 수정한다.

×
17 다음 글을 감상한 내용으로 적절하지 않은 것은?

> 막바지 뙤약볕 속
> 한창 매미 울음은
> 한여름 무더위를 그 절정까지 올려놓고는
> 이렇게 다시 조용할 수 있는가.
> 지금은 아무 기척도 없이
> 정적의 소리인 듯 쟁쟁쟁
> 천지(天地)가 하는 별의별
> 희한한 그늘의 소리에
> 멍청히 빨려 들게 하구나.
>
> 사랑도 어쩌면
> 그와 같은 것인가.
> 소나기처럼 숨이 차게
> 정수리부터 목물로 들이붓더니
> 얼마 후에는
> 그것이 아무 일도 없었던 양
> 맑은 구름만 눈이 부시게
> 하늘 위에 펼치기만 하노니.
>
> – 박재삼, 「매미 울음 끝에」 –

① 갑작스럽게 변화한 자연 현상을 감각적으로 제시하고 있다.
② 청각적 이미지와 시각적 이미지를 활용하여 시상을 전개하고 있다.
③ 소나기가 그치고 맑은 구름이 펼쳐진 것을 통해 사랑의 속성을 드러내고 있다.
④ 매미 울음소리가 절정에 이르렀다가 사라진 직후의 상황을 반어법으로 표현하고 있다.

18 다음 글을 이해한 내용으로 가장 적절한 것은?

> 루카치는 그리스 세계를 신과 인간의 결합 정도를 가리키는 '총체성' 개념을 기준으로 세 시대로 구분하였다. 첫 번째 시대에서 후대로 갈수록 총체성의 정도는 낮아진다. 첫째는 총체성이 완전히 구현되어 있는 '서사시의 시대'이다. 호메로스의 『일리아드』와 『오디세이아』에서는 신과 인간의 세계가 하나로 얽혀 있다. 인간들이 그리스와 트로이 두 패로 나뉘어 전쟁을 벌일 때 신들도 인간의 모습을 하고 두 패로 나뉘어 전쟁에 참여했다. 둘째는 '비극의 시대'이다. 소포클레스나 에우리피데스의 비극에서는 총체성이 흔들려 신과 인간의 세계가 분리된다. 하지만 두 세계가 완전히 분리되지는 않고 신탁이라는 약한 통로로 이어져 있다. 비극에서 신은 인간의 행위에 직접 개입하지 않고 신탁을 통해서 자신의 뜻을 그저 전달하는 존재로 바뀐다. 셋째는 플라톤으로 대표되는 '철학의 시대'이다. 이 시대는 이미 계몽된 세계여서 신탁 같은 것은 신뢰할 수 없게 되었다. 신과 인간의 세계가 완전히 분리됨으로써 신의 세계는 인격적 성격을 상실하여 '이데아'라는 추상성의 세계로 바뀐다. 신의 세계와 인간의 세계는 그 사이에 어떤 통로도 존재할 수 없는, 절대적으로 분리된 세계가 되었다.

① 계몽사상은 서사시의 시대에서 철학의 시대로의 전환을 이끌었다.
② 플라톤의 이데아는 신탁이 사라진 시대의 비극적 세계를 표현한다.
③ 루카치는 각기 다른 기준에 따라 그리스 세계를 세 시대로 구분하였다.
④ 에우리피데스의 비극에 비해 『오디세이아』에서는 신과 인간의 결합 정도가 높다.

19 다음 글의 내용과 부합하지 않는 것은?

> 몽유록(夢遊錄)은 '꿈에서 놀다 온 기록'이라는 뜻으로, 어떤 인물이 꿈에서 과거의 역사적 인물을 만나 특정 사건에 대한 견해를 듣고 현실로 돌아온다는 특징이 있다. 이때 꿈을 꾼 인물인 몽유자의 역할에 따라 몽유록을 참여자형과 방관자형으로 구분할 수 있다. 참여자형에서는 몽유자가 꿈에서 만난 인물들의 모임에 초대를 받고 토론과 시연에 직접 참여한다. 방관자형에서는 몽유자가 인물들의 모임을 엿볼 뿐 직접 그 모임에 참여하지는 않는다. 16~17세기에 창작되었던 몽유록에는 참여자형이 많다. 참여자형에서는 몽유자와 꿈속 인물들이 동질적인 이념을 공유하고 현실의 고통스러운 문제에 대해 의견을 나누며 비판적 목소리를 낸다. 그러나 주로 17세기 이후에 창작된 방관자형에서는 몽유자가 꿈속 인물들과 함께 현실을 비판하는 것이 아니라 구경꾼의 위치에 서 있다. 이 시기의 몽유록이 통속적이고 허구적인 성격으로 변모하는 것은 몽유자의 역할 변화와 무관하지 않다.

① 몽유자가 꿈속 인물들의 모임에 직접 참여하는지, 참여하지 않는지에 따라 몽유록의 유형을 나눌 수 있다.
② 17세기보다 나중 시기의 몽유록에서는 몽유자가 현실을 비판하는 경향이 강하게 나타난다.
③ 몽유자가 모임의 구경꾼 역할을 하는 몽유록은 통속적이고 허구적인 성격이 강하다.
④ 몽유자가 꿈속 인물들과 함께 현실을 비판하는 몽유록은 참여자형에 해당한다.

20 다음 글을 이해한 내용으로 적절한 것은?

> 디지털 트윈은 현실 세계와 똑같은 가상의 세계이다. 최근 주목받고 있는 메타버스와 개념은 유사하지만 활용 목적의 측면에서 구별된다. 메타버스는 가상 세계와 현실 세계가 융합된 플랫폼으로 이용자들에게 새로운 경제 · 사회 · 문화적 경험을 제공하는 데 목적을 둔다. 반면 디지털 트윈은 현실 세계에 존재하는 사물, 공간, 환경, 공정 등을 컴퓨터상에 디지털 데이터 모델로 표현하여 똑같이 복제하고 실시간으로 서로 반응할 수 있도록 한다. 그래서 디지털 트윈의 이용자는 가상 세계에서의 시뮬레이션을 통해 미래 상황을 예측할 수 있게 된다. 디지털 트윈에 대한 수요가 증가하면서 관련 시장도 확대되고 있으며, 국내외의 글로벌 기업들은 여러 산업 분야에서 디지털 트윈을 도입하여 사전에 위험 요소를 제거하고 수익 모델의 효율성을 높이고 있다. 디지털 트윈이 이렇게 주목받는 이유는 안정성과 경제성 때문인데 현실 세계를 그대로 옮겨 놓은 가상 세계에 데이터를 전송, 취합, 분석, 이해, 실행하는 과정은 실제 실험보다 매우 빠르고 정밀하며 안전할 뿐 아니라 비용도 적게 든다.

① 디지털 트윈을 활용함에 따라 글로벌 기업들의 고용률이 향상되었다.
② 디지털 트윈의 데이터 모델은 현실 세계의 각종 실험 모델보다 경제성이 낮다.
③ 디지털 트윈에서의 시뮬레이션으로 현실 세계의 위험 요소를 찾아내고 방지할 수 있다.
④ 디지털 트윈은 현실 세계의 이용자에게 새로운 문화적 경험을 제공하는 데 목적이 있다.

국어 | 2023년 지방직 9급

모바일 OMR

회독 CHECK 1 2 3

01 ㉠~㉣의 말하기 방식을 설명한 내용으로 가장 적절한 것은?

> 김 주무관: AI에 대한 국민 이해도를 높이기 위해 설명회를 개최할 필요가 있다고 생각해요.
> 최 주무관: ㉠ 저도 요즘 그 필요성을 절감하고 있어요.
> 김 주무관: ㉡ 그런데 어떻게 준비해야 효과적으로 전달할 수 있을지 고민이에요.
> 최 주무관: 설명회에 참여할 청중 분석이 먼저 되어야겠지요.
> 김 주무관: 청중이 주로 어떤 분야에 관심이 있는지 알면 준비할 때 유용하겠네요.
> 최 주무관: ㉢ 그럼 청중의 관심 분야를 파악하려면 청중의 특성 중에서 어떤 것들을 조사하면 좋을까요?
> 김 주무관: ㉣ 나이, 성별, 직업 등을 조사할까요?

① ㉠: 상대의 의견에 대해 공감을 표현하고 있다.
② ㉡: 정중한 표현을 사용하여 직접 질문하고 있다.
③ ㉢: 자신의 반대 의사를 우회적으로 드러내고 있다.
④ ㉣: 의문문을 통해 상대의 의견을 반박하고 있다.

02 (가)~(다)를 맥락에 따라 가장 자연스럽게 배열한 것은?

> 독서는 아이들의 전반적인 뇌 발달에 큰 영향을 미친다.
> (가) 그에 따르면 뇌의 전두엽은 상상력을 관장하는데, 책을 읽으면 상상력이 자극되어 전두엽을 많이 사용하게 된다.
> (나) A 교수는 책을 읽을 때와 읽지 않을 때의 뇌 변화를 연구해서 세계적인 명성을 얻었다.
> (다) 이처럼 책을 많이 읽으면 전두엽이 훈련되어 전반적인 뇌 발달의 가능성이 높아지는데, 그 결과는 교육 현장에서 실증된 바 있다.
> 독서를 많이 한 아이는 학교에서 더 좋은 성적을 낼 뿐 아니라 언어 능력도 발달한다는 사실이 밝혀진 것이다.

① (나) – (가) – (다)
② (나) – (다) – (가)
③ (다) – (가) – (나)
④ (다) – (나) – (가)

×
03 ㉠~㉣을 설명한 내용으로 적절하지 않은 것은?

> • ㉠ 지원은 자는 동생을 깨웠다.
> • 유선은 도자기를 ㉡ 만들었다.
> • 물이 ㉢ 얼음이 되었다.
> • ㉣ 어머나, 현지가 언제 이렇게 컸지?

① ㉠: 동작의 주체를 나타내는 주어이다.
② ㉡: 주어와 목적어를 요구하는 서술어이다.
③ ㉢: 서술어를 꾸며주는 부사어이다.
④ ㉣: 문장의 다른 성분과 직접적으로 관련을 맺지 않는 독립어이다.

04 ㉠~㉣과 바꿔 쓸 수 있는 유사한 표현으로 적절하지 않은 것은?

> • 서구의 문화를 ㉠ <u>맹종하는</u> 이들이 많다.
> • 안일한 생활에서 ㉡ <u>탈피하여</u> 어려운 일에 도전하고 싶다.
> • 회사의 생산성을 ㉢ <u>제고하기</u> 위해 노력하자.
> • 연못 위를 ㉣ <u>부유하는</u> 연잎을 바라보며 여유를 즐겼다.

① ㉠: 무분별하게 따르는
② ㉡: 벗어나
③ ㉢: 끌어올리기
④ ㉣: 헤엄치는

05 (가)와 (나)를 이해한 내용으로 적절하지 않은 것은?

> (가) 청산(青山)은 내 뜻이오 녹수(綠水)ᄂᆞᆫ 님의 정(情)이
> 녹수(綠水)ㅣ 흘너간들 청산(青山)이야 변(變)ᄒᆞᆯ손가
> 녹수(綠水)도 청산(青山)을 못 니저 우러 녜여 가ᄂᆞᆫ고.
>
> (나) 청산(青山)ᄂᆞᆫ 엇뎨ᄒᆞ야 만고(萬古)애 프르르며
> 유수(流水)ᄂᆞᆫ 엇뎨ᄒᆞ야 주야(晝夜)애 긋디 아니ᄂᆞᆫ고
> 우리도 그치디 마라 만고상청(萬古常青)호리라.

① (가)는 '청산'과 '녹수'의 대조를 활용하여 화자가 처한 상황을 제시하고 있다.
② (나)는 시각적 심상과 청각적 심상을 활용하여 주제를 강조하고 있다.
③ (가)와 (나) 모두 대구를 활용하여 시상을 전개하고 있다.
④ (가)와 (나) 모두 설의적 표현을 활용하여 화자의 정서를 드러내고 있다.

06 다음 글의 중심 내용으로 가장 적절한 것은?

> 교환가치는 거래를 통해 발생하는 가치이며, 사용가치는 어떤 상품을 사용할 때 느끼는 가치이다. 전자가 시장에서 결정된다는 점에서 객관적이라면, 후자는 개인에 따라 다르다는 점에서 주관적이다. 상품에는 사용가치와 교환가치가 섞여 있는데, 교환가치가 아무리 높아도 '나'에게 사용가치가 없다면 해당 상품을 구매하지 않을 것이다.
>
> 하지만 이 같은 상식이 통하지 않는 경우를 종종 볼 수 있다. 예를 들어 보자. 인터넷 커뮤니티에서 백만 원짜리 공연 티켓을 판매하는데, 어떤 사람이 "이 공연의 가치는 돈으로 환산할 수 없어요." 등의 댓글들을 보고서 애초에 관심도 없던 이 공연의 티켓을 샀다. 그에게 그 공연의 사용가치는 처음에는 없었으나 많은 댓글로 인해 사용가치가 있을 것으로 잘못 판단한 것이다. 안타깝게도, 그는 그 공연에서 조금도 만족하지 못했다.
>
> 이 사례에서 볼 때 건강한 소비를 위해서는 구매하려는 상품의 사용가치가 어떤 과정을 거쳐 결정된 것인지 곰곰이 생각해봐야 한다. '나'에게 얼마나 필요한가에 대한 고민 없이 다른 사람들의 말에 휩쓸려 어떤 상품의 사용가치가 결정될 때, 그 상품은 '나'에게 쓸모없는 골칫덩이가 될 수 있다.

① 사용가치보다 교환가치가 큰 상품을 구매해야 한다.
② 상품을 구매할 때 사용가치와 교환가치를 두루 고려해야 한다.
③ 상품에 대한 다른 사람들의 평가를 반영해서 상품을 구매해야 한다.
④ 상품을 구매할 때 사용가치가 자신의 필요에 의해 결정된 것인지 신중하게 따져야 한다.

07 ㉠~㉣ 중 어색한 곳을 찾아 수정하는 방안으로 가장 적절한 것은?

> 조선 후기에 서학으로 불린 천주학은 '학(學)'이라는 말에서도 짐작할 수 있듯이 ㉠ 종교적인 관점에서보다 학문적인 관점에서 받아들여졌다. 당시의 유학자 중 서학 수용에 적극적인 이들까지도 서학을 무조건 따르자고 ㉡ 주장하지는 않았는데, 서학은 신봉의 대상이 아니라 분석의 대상이었기 때문이다. 그들은 조선 사회를 바로잡고 발전시키기 위해 새로운 학문과 지식이 필요하다고 생각했지만, 외부에서 유입된 사유 체계에는 양명학이나 고증학 등도 있어서 서학이 ㉢ 유일한 대안은 아니었다. 그들은 서학을 검토하며 어떤 부분은 수용했지만, 반대로 어떤 부분은 ㉣ 지향했다.

① ㉠: '학문적인 관점에서보다 종교적인 관점에서'로 수정한다.
② ㉡: '주장하였는데'로 수정한다.
③ ㉢: '유일한 대안이었다'로 수정한다.
④ ㉣: '지양했다'로 수정한다.

08 나음 글의 맥락을 고려할 때 빈칸에 들어갈 말로 가장 적절한 것은?

> 능숙한 필자와 미숙한 필자는 글쓰기 과정 중 '계획하기'에서 뚜렷한 차이를 보인다. 전자는 이 과정에 오랜 시간 공을 들이는 반면, 후자는 그렇지 않다. 글쓰기에서 계획하기는 글쓰기의 목적 수립, 주제 선정, 예상 독자 분석 등을 포함한다. 이 중 예상 독자 분석이 중요한 이유는 [   ] 때문이다. 글을 쓸 때 독자의 수준에 비해 너무 어려운 개념과 전문용어를 사용한다면 독자가 글을 이해하기 어렵게 된다. 글쓰기는 필자가 글을 통해 자신의 메시지를 독자에게 전달하는 행위라는 점을 고려하면 계획하기 단계에서 반드시 예상 독자를 분석해야 한다.

① 계획하기 과정이 글쓰기 전체 과정의 첫 단계이기
② 글에 어려운 개념이나 전문용어를 어느 정도 포함해야 하기
③ 필자의 메시지를 독자에게 효과적으로 전달하는 데 도움이 되기
④ 독자의 배경지식 수준을 고려해야 글의 목적과 주제가 결정되기

×
09 다음 시를 이해한 내용으로 적절하지 않은 것은?

> 사랑을 잃고 나는 쓰네
>
> 잘 있거라, 짧았던 밤들아
> 창밖을 떠돌던 겨울 안개들아
> 아무것도 모르던 촛불들아, 잘 있거라
> 공포를 기다리던 흰 종이들아
> 망설임을 대신하던 눈물들아
> 잘 있거라, 더 이상 내 것이 아닌 열망들아
>
> 장님처럼 나 이제 더듬거리며 문을 잠그네
> 가엾은 내 사랑 빈집에 갇혔네
>
> – 기형도, 「빈집」 –

① 대상들을 호명하며 안타까운 심정을 표현하고 있다.
② '빈집'은 상실감으로 공허해진 내면을 상징하고 있다.
③ 영탄형 어조를 활용해 이별에 따른 정서를 부각하고 있다.
④ 글 쓰는 행위를 통해 잃어버린 사랑의 회복을 열망하고 있다.

×
10 다음 글을 이해한 내용으로 가장 적절한 것은?

> 반드시 갚는 조건임을 강조하면서 그는 마치 성경책 위에다 오른손을 얹고 말하듯이 엄숙한 표정을 했다. 하마터면 나는 잊을 뻔했다. 그가 적시에 일깨워 주었기 망정이지 안 그랬더라면 빌려주는 어려움에만 골똘한 나머지 빌려줬다 나중에 돌려받는 어려움이 더 클 거라는 사실은 생각도 못 할 뻔했다. 그렇다. 끼니조차 감당 못 하는 주제에 막벌이 아니면 어쩌다 간간이 얻어걸리는 출판사 싸구려 번역 일 가지고 어느 해가*에 빚을 갚을 것인가. 책임이 따르는 동정은 피하는 게 상책이었다. 그리고 기왕 피할 바엔 저쪽에서 감히 두말을 못 하도록 야멸치게 굴 필요가 있었다.
>
> "병원 이름이 뭐죠?" "원 산부인과입니다." "지금 내 형편에 현금은 어렵군요. 원장한테 바로 전화 걸어서 내가 보증을 서마고 약속할 테니까 권 선생도 다시 한번 매달려 보세요. 의사도 사람인데 설마 사람을 생으로 죽게야 하겠습니까. 달리 변통할 구멍이 없으시다면 그렇게 해 보세요."
>
> 내 대답이 지나치게 더디 나올 때 이미 눈치를 챈 모양이었다. 도전적이던 기색이 슬그머니 죽으면서 그의 착하디착한 눈에 다시 수줍음이 돌아왔다. 그는 고개를 좌우로 흔들어 보였다.
>
> "원장이 어리석은 사람이길 바라고 거기다 희망을 걸기엔 너무 늦었습니다. 그 사람은 나한테서 수술비용을 받아 내기가 수월치 않다는 걸 입원시키는 그 순간에 벌써 알아차렸어요."
>
> – 윤흥길, 「아홉 켤레의 구두로 남은 사내」에서 –
>
> * 해가(奚暇): 어느 겨를

① 서술자가 등장인물의 심리를 전지적 위치에서 전달하고 있다.
② 서술자가 등장인물이 되어 다른 등장인물의 행동을 진술하고 있다.
③ 서술자가 주인공으로서 유년 시절을 회상하며 갈등 원인을 해명하고 있다.
④ 서술자가 주관을 배제하고 외부 관찰자의 시선으로 사건을 이야기하고 있다.

11 다음 대화를 분석한 내용으로 적절하지 않은 것은?

> 은지: 최근 국민 건강 문제와 관련해 '설탕세' 부과 여부가 논란인데, 나는 설탕세를 부과해야 한다고 생각해. 그러면 당 함유 식품의 소비가 감소하게 되고, 비만이나 당뇨병 등의 질병이 예방되니까 국민 건강 증진에 도움이 되기 때문이야.
> 운용: 설탕세를 부과하면 당 소비가 감소한다고 믿을 만한 근거가 있니?
> 은지: 세계보건기구 보고서를 보면 당이 포함된 음료에 설탕세를 부과하면 이에 비례해 소비가 감소한다고 나와 있어.
> 재윤: 그건 나도 알아. 그런데 설탕세 부과가 질병을 예방한다는 것은 타당하지 않아. 여러 연구 결과를 보면 당 섭취와 질병 발생은 유의미한 상관관계가 없어.

① 은지는 첫 번째 발언에서 화제를 제시하고 있다.
② 운용은 은지의 주장에 반대하고 있다.
③ 은지는 두 번째 발언에서 자신의 주장에 대한 근거를 제시하고 있다.
④ 재윤은 은지가 제시한 주장의 근거를 부정하고 있다.

×
12 ㉠~㉣에 들어갈 단어로 적절하지 않은 것은?

> • 우리 회사는 올해 최고 수익을 창출해서 전성기를 [㉠]하고 있다.
> • 그는 오래 살아온 자기 명의의 집을 [㉡]하려 했는데 사려는 사람이 없다.
> • 그들 사이에 [㉢]이 심해서 중재자가 필요하다.
> • 제가 부족하니 앞으로 많은 [㉣]을 부탁드립니다.

① ㉠: 구가(謳歌)　　② ㉡: 매수(買受)
③ ㉢: 알력(軋轢)　　④ ㉣: 편달(鞭撻)

×
13 밑줄 친 단어의 쓰임이 올바르지 않은 것은?

① 이 일은 정말 힘에 <u>부치는</u> 일이다.
② 그와 나는 전부터 <u>알음</u>이 있던 사이였다.
③ 대문 앞에 서 있는데 대문이 저절로 <u>닫혔다</u>.
④ 경기장에는 <u>걷잡아서</u> 천 명이 넘게 온 듯하다.

×
14 ㉠~㉢의 한자 표기로 올바른 것은?

> • 복지부 ㉠ <u>장관</u>은 의료시설이 대도시에 편중된 문제에 대해 대책을 마련하라고 지시하였다.
> • 박 주무관은 사유지의 국유지 편입으로 발생한 주민들의 피해를 ㉡ <u>보상</u>하는 업무를 맡고 있다.
> • 김 주무관은 이 팀장에게 부서 운영비와 관련된 ㉢ <u>결재</u>를 올렸다.

	㉠	㉡	㉢
①	長官	補償	決裁
②	將官	報償	決裁
③	長官	報償	決濟
④	將官	補償	決濟

15 다음 글에서 추론한 내용으로 적절하지 않은 것은?

> 우리는 개별적으로 고립된 채 살아가는 존재일 수 없다. 사회 속에서 여럿이 모여 '복수(複數)'의 상태로 살아갈 수밖에 없는 존재라는 것이다. 복수의 상태로 살아가는 우리는 종(種)적인 차원에서 보면 보편적이고 동등한 존재이다. 그러나 우리는 각각 유일무이성을 지닌 '단수(單數)'이기도 하다. 즉 모든 인간은 개인으로서 고유한 인격체라는 특수성을 지닌다. 사회 속에서 우리는 보편적 복수성과 특수한 단수성을 겸비한 채 살아가고 있는 셈이다. 바로 이러한 이유로 우리는 다원적 존재이다. 이러한 존재들로 구성된 다원적 사회에서는 어떠한 획일화도 시도되어서는 안 된다. 우리가 이 같은 사회에서 살아가기 위해서는 타인을 포용하는 공존의 태도가 필요하다. 공동체 정화 등을 목적으로 개별적 유일무이성을 제거하는 것은 우리가 살아가는 사회의 다원성을 파괴하는 일이다.

① 우리는 고립된 상태에서 '단수'로 살아가는 존재가 아니다.

② 우리는 다원성을 지닌 존재로서 포용적으로 공존해야 한다.

③ 개인의 유일무이성을 보존하려는 제도는 개인의 보편적 복수성을 침해한다.

④ 개인의 특수한 단수성을 제거하려는 시도는 사회의 다원성을 파괴하는 결과로 이어질 수 있다.

×

16 다음 글을 이해한 내용으로 적절하지 않은 것은?

> 매우 치라 소리 맞춰, 넓은 골에 벼락치듯 후리쳐 딱 붙이니, 춘향이 정신이 아득하여, "애고 이것이 웬일인가?" 일자(一字)로 운을 달아 우는 말이, "일편단심 춘향이 일정지심 먹은 마음 일부종사 하겠더니 일신난처 이 몸인들 일각인들 변하리까? 일월 같은 맑은 절개 이리 힘들게 말으시오."
>
> "매우 치라." "꽤 때리오." 또 하나 딱 부치니, "애고." 이자(二字)로 우는구나. "이부불경 이내 마음 이군불사와 무엇이 다르리까? 이 몸이 죽더라도 이도령은 못 잊겠소. 이 몸이 이러한들 이 소식을 누가 전할까? 이왕 이리 되었으니 이 자리에서 죽여 주오."
>
> "매우 치라." "꽤 때리오." 또 하나 딱 부치니, "애고." 삼자(三字)로 우는구나. "삼청동 도련님과 삼생연분 맺었는데 삼강을 버리라 하소? 삼척동자 아는 일을 이내 몸이 조각조각 찢겨져도 삼종지도 중한 법을 삼생에 버리리까? 삼월삼일 제비같이 훨훨 날아 삼십삼천 올라가서 삼태성께 하소연할까? 애고애고 서러운지고."
>
> – 「춘향전」에서 –

① 동일한 글자를 반복함으로써 리듬감을 조성하고 있다.

② 숫자를 활용하여 주인공이 처한 상황을 제시하고 있다.

③ 등장인물 간의 대화를 통해 주인공의 내적 갈등이 해결되고 있다.

④ 유교적 가치를 담고 있는 말을 활용하여 주인공의 의지를 드러내고 있다.

17 다음 글을 이해한 내용으로 적절하지 않은 것은?

고소설의 유통 방식은 '구연에 의한 유통'과 '문헌에 의한 유통'으로 나눌 수 있다. 구연에 의한 유통은 구연자가 소설을 사람들에게 읽어 주는 방식으로, 글을 모르는 사람들과 글을 읽을 수 있지만 남이 읽어 주는 것을 선호하는 이들을 대상으로 이루어졌다. 구연자는 '전기수'로 불렸으며, 소설 구연을 통해 돈을 벌던 전문적 직업인이었다. 하지만 이 방식은 문헌에 의한 유통에 비해 시간과 공간의 제약이 많아서 유통 범위를 넓히는 데 뚜렷한 한계가 있었다.

문헌에 의한 유통은 차람, 구매, 상업적 대여로 나눌 수 있다. 차람은 소설을 소유하고 있는 사람에게 직접 빌려서 보는 것으로, 알고 지내던 개인들 사이에서 이루어졌다. 구매는 서적 중개인에게 돈을 지불하고 책을 사는 것인데, 책값이 상당히 비쌌기 때문에 소설을 구매할 수 있는 사람은 그리 많지 않았다. 상업적 대여는 세책가에 돈을 지불하고 일정 기간 동안 소설을 빌려 보는 것이다. 세책가에서는 소설을 구매하는 것보다 훨씬 적은 비용으로 빌려 볼 수 있었기 때문에 경제적으로 넉넉하지 않은 사람도 소설을 쉽게 접할 수 있었다. 이로 인해 조선 후기 사회에서 세책가가 성행하게 되었다.

① 전기수는 글을 모르는 사람들에게 소설을 구연하였다.
② 차람은 알고 지내던 사람에게 대가를 지불하고 책을 빌려 보는 방식이다.
③ 문헌에 의한 유통은 구연에 의한 유통에 비해 시간과 공간의 제약이 적었다.
④ 조선 후기에 세책가가 성행한 원인은 소설을 구매하는 비용보다 세책가에서 빌리는 비용이 적다는 데 있다.

18 다음 글을 이해한 내용으로 가장 적절한 것은?

『삼국사기』는 본기 28권, 지 9권, 표 3권, 열전 10권의 체제로 되어 있다. 이 중 열전은 전체 분량의 5분의 1을 차지하며, 수록된 인물은 86명으로, 신라인이 가장 많고, 백제인이 가장 적다. 수록 인물의 배치에는 원칙이 있는데, 앞부분에는 명장, 명신, 학자 등을 수록했고, 다음으로 관직에 있지는 않았으나 기릴 만한 사람을 실었다.

반신(叛臣)의 경우 열전의 끝부분에 배치되어 있다. 이들을 수록한 까닭은 왕을 죽인 부정적 행적을 드러내어 반면교사로 삼는 데에 있었으나, 그 목적에 부합하지 않는 내용이 있어 흥미롭다. 가령 고구려의 연개소문은 반신이지만, 당나라에 당당히 대적한 민족적 영웅의 모습도 포함되어 있다. 흔히 『삼국사기』에 대해, 신라 정통론에 기반해 있으며, 유교적 사관에 따라 당시의 지배 질서를 공고히 하고자 했다고 평가한다. 하지만 연개소문의 사례에서 볼 수 있듯 『삼국사기』는 기존 평가와 달리 다면적이고 중층적인 역사 텍스트라고 할 수 있다.

① 『삼국사기』 열전에 고구려인과 백제인도 수록되었다는 점은 이 책이 신라 정통론을 계승하지 않았다는 것을 보여준다.
② 『삼국사기』 열전에 수록된 반신 중에는 이 책에 대한 기존 평가를 다르게 할 수 있는 사례가 있다.
③ 『삼국사기』 열전에는 기릴 만한 업적이 있더라도 관직에 오르지 못한 사람은 수록되지 않았다.
④ 『삼국사기』의 체제 중에서 열전이 가장 많은 권수를 차지한다.

19 다음 글에서 추론한 내용으로 적절하지 않은 것은?

> 프랑스에서 의무교육 제도를 실시하면서 정규학교에 입학하기 어려운 지적장애아, 학습부진아를 가려내고자 하였다. 이에 기초 학습 능력 평가를 목적으로, 1905년 최초의 IQ 검사가 이루어졌다. 이 검사를 통해 비로소 인간의 지능을 구체적으로 수치화하고 객관적으로 비교할 수 있게 되었다.
>
> 이후 오랫동안 IQ가 높으면 똑똑한 사람, 그렇지 않으면 머리가 좋지 않고 학습에도 부진한 사람으로 판단했다. 물론 IQ가 높은 아이는 그렇지 않은 아이에 비해 읽기나 계산 등 사고 기능과 관련된 과목에서 높은 성취도를 보이는 경우가 많다. 이는 IQ 검사가 기초 학습에 필요한 최소 능력인 언어이해력, 어휘력, 수리력 등을 측정하기 때문이다. 학습의 기초 능력을 측정하는 IQ 검사에서 높은 점수를 받은 아이는 동일한 능력을 측정하는 학업 평가에서도 높은 점수를 받을 가능성이 크다. 하지만 문제는 IQ 검사가 인간의 지능 중 일부만을 측정한다는 점이다.

① 최초의 IQ 검사는 학습 능력이 우수한 아이를 고르기 위해 시행되었다.
② IQ 검사가 만들어지기 전에는 인간의 지능을 수치로 비교할 수 없었다.
③ IQ가 높은 아이라도 전체 지능은 높지 않을 수 있다.
④ IQ가 높은 아이가 읽기 능력이 좋을 확률이 높다.

20 다음 글에서 추론한 내용으로 적절하지 않은 것은?

> 한글은 소리를 나타내는 표음문자여서 한국어 문장을 읽는 데 학습해야 할 글자가 적지만, 한자는 음과 상관없이 일정한 뜻을 나타내는 표의문자여서 한문을 읽는 데 익혀야 할 글자 수가 훨씬 많다. 이러한 번거로움에도 한글과 달리 한자가 갖는 장점이 있다. 한글에서는 동음이의어, 즉 형태와 음이 같은데 뜻이 다른 단어가 많아 글자만으로 의미를 파악하지 못하는 경우가 많다. 하지만 한자는 그렇지 않다. 예컨대, 한글로 '사고'라고만 쓰면 '뜻밖에 발생한 사건'인지 '생각하고 궁리함'인지 구별할 수 없다. 한자로 전자는 '事故', 후자는 '思考'로 표기한다. 그런데 한자는 문맥에 따라 같은 글자가 다른 뜻으로 쓰이지는 않지만 다른 문장성분으로 사용되기도 해 혼란을 야기한다. 가령 '愛人'은 문맥에 따라 '愛'가 '人'을 수식하는 관형어일 때도, '人'을 목적어로 삼는 서술어일 때도 있는 것이다.

① 한문은 한국어 문장보다 문장성분이 복잡하다.
② '淨水'가 문맥상 '깨끗하게 한 물'일 때 '淨'은 '水'를 수식한다.
③ '愛人'에서 '愛'의 문장성분이 바뀌더라도 '愛'는 동음이의어가 아니다.
④ '의사'만으로는 '병을 고치는 사람'인지 '의로운 지사'인지 구별할 수 없다.

국어 | 2022년 국가직 9급

모바일 OMR

회독 CHECK 1 2 3

×
01 밑줄 친 말의 쓰임이 옳지 않은 것은?

① 그는 아까운 능력을 썩히고 있다.
② 음식물 쓰레기를 썩혀서 거름으로 만들었다.
③ 나는 이제까지 부모님 속을 썩혀 본 적이 없다.
④ 그들은 새로 구입한 기계를 창고에서 썩히고 있다.

×
02 (가)~(라)를 고쳐 쓴 것으로 옳지 않은 것은?

> (가) 오빠는 생김새가 나하고는 많이 틀려.
> (나) 좋은 결실이 맺어졌으면 하는 바람입니다.
> (다) 내가 오직 바라는 것은 네가 잘됐으면 좋겠어.
> (라) 신은 인간을 사랑하기도 하지만 시련을 주기도 한다.

① (가): 오빠는 생김새가 나하고는 많이 달라.
② (나): 좋은 결실을 맺었으면 하는 바램입니다.
③ (다): 내가 오직 바라는 것은 네가 잘됐으면 좋겠다는 거야.
④ (라): 신은 인간을 사랑하기도 하지만 인간에게 시련을 주기도 한다.

×
03 사자성어의 쓰임이 적절하지 않은 것은?

① 그는 구곡간장(九曲肝腸)이 끊어지는 듯한 슬픔에 빠졌다.
② 학문의 정도를 걷지 않고 곡학아세(曲學阿世)하는 이가 있다.
③ 이유 없이 친절한 사람은 구밀복검(口蜜腹劍)일 수 있으니 조심해야 한다.
④ 신중한 태도로 문제의 본질에 접근하는 당랑거철(螳螂拒轍)의 자세가 필요하다.

04 다음 대화에서 나타난 '지민'의 의사소통 방식으로 가장 적절한 것은?

> 정수: 지난번에 너랑 같이 들었던 면접 전략 강의가 정말 유익했어.
> 지민: 그랬어? 나도 그랬는데.
> 정수: 특히 아이스크림 회사의 면접 내용이 도움이 많이 됐어.
> 지민: 맞아. 그중에서도 두괄식으로 답변하라는 첫 번째 내용이 정말 인상적이더라. 핵심 내용을 먼저 말하는 전략이 면접에서 그렇게 효과적일 줄 몰랐어.
> 정수: 어! 그래? 나는 두 번째 내용이 훨씬 더 인상적이었는데.
> 지민: 그랬구나. 하긴 아이스크림 매출 증가에 관한 통계 자료를 인용해서 답변한 전략도 설득력이 있었어. 하지만 초두 효과의 효용성도 크지 않을까 해.
> 정수: 그렇긴 해.

① 자신의 면접 경험을 예로 들어 상대방을 설득하고 있다.
② 상대방의 약점을 공략하며 상대방의 이견을 반박하고 있다.
③ 상대방의 견해를 존중하면서 자신의 의견을 제시하고 있다.
④ 상대방과의 갈등 해소를 위해 자신의 감정을 표현하고 있다.

×
05 다음 글에 대한 이해로 적절하지 않은 것은?

> 승상이 말을 마치기도 전에 구름이 걷히더니 노승은 간 곳이 없고 좌우를 돌아보니 팔낭자도 간 곳이 없었다. 승상이 놀라 어찌할 바를 모르는 중에 높은 대와 많은 집들이 한순간에 사라지고 자기의 몸은 작은 암자의 포단 위에 앉아 있었는데, 향로의 불은 이미 꺼져 있었고 지는 달이 창가에 비치고 있었다.
>
> 자신의 몸을 보니 백팔염주가 걸려 있고 머리를 손으로 만져보니 갓 깎은 머리털이 까칠까칠하더라. 완연한 소화상의 몸이요, 전혀 대승상의 위의가 아니었으니, 이에 제 몸이 인간 세상의 승상 양소유가 아니라 연화도량의 행자 성진임을 비로소 깨달았다.
>
> 그리고 생각하기를, '처음에 스승에게 책망을 듣고 풍도옥으로 가서 인간 세상에 환도하여 양가의 아들이 되었지. 그리고 장원급제를 하여 한림학사가 된 후 출장입상하고 공명신퇴하여 두 공주와 여섯 낭자로 더불어 즐기던 것이 다 하룻밤 꿈이었구나. 이는 필시 사부가 나의 생각이 그릇됨을 알고 나로 하여금 이런 꿈을 꾸게 하시어 인간 부귀와 남녀 정욕이 다 허무한 일임을 알게 하신 것이로다.'
>
> – 김만중, 「구운몽」에서 –

① '양소유'는 장원급제를 하여 한림학사가 되었다.
② '양소유'는 인간 세상에 환멸을 느껴 스스로 '성진'의 모습으로 되돌아왔다.
③ '성진'이 있는 곳은 인간 세상이 아니다.
④ '성진'은 자신의 외양을 통해 꿈에서 돌아왔음을 인식한다.

×
06 (가)~(라)의 ㉠~㉣에 대한 설명으로 적절하지 않은 것은?

> (가) 간밤의 부던 ᄇᆞ람에 눈서리 치단 말가
> ㉠ 낙락장송(落落長松)이 다 기우러 가노ᄆᆡ라
> ᄒᆞ믈며 못다 핀 곳이야 닐러 무슴 ᄒᆞ리오.
> (나) 철령 노픈 봉에 쉬여 넘는 져 구룸아
> 고신원루(孤臣寃淚)를 비 사마 씌여다가
> ㉡ 님 계신 구중심처(九重深處)에 ᄲᅮ려 본들 엇ᄃᆞ리.
> (다) 이화우(梨花雨) ᄒᆞᆺᄲᅮ릴 제 울며 잡고 이별ᄒᆞᆫ 님
> 추풍낙엽(秋風落葉)에 ㉢ 저도 날 ᄉᆡᆼ각ᄂᆞᆫ가
> 천리(千里)에 외로온 ᄭᅮᆷ만 오락가락 ᄒᆞ노매.
> (라) 삼동(三冬)의 뵈옷 닙고 암혈(巖穴)의 눈비 마자
> 구롬 ᄭᅵᆫ 볏뉘도 ᄶᅬᆫ 적이 업건마는
> 서산의 ㉣ ᄒᆡ 디다 ᄒᆞ니 그를 셜워 ᄒᆞ노라.

① ㉠은 억울하게 해를 입은 충신을 가리킨다.
② ㉡은 궁궐에 계신 임금을 가리킨다.
③ ㉢은 헤어진 연인을 가리킨다.
④ ㉣은 오랜 세월을 함께한 벗을 가리킨다.

×
07 ㉠~㉢에 들어갈 말로 가장 적절한 것은?

> • 그들의 끈기가 이 경기의 승패를 [㉠]했다.
> • 올해 영화제 시상식은 11개 [㉡]으로 나뉜다.
> • 그 형제는 너무 닮아서 누가 동생이고 누가 형인지 [㉢]할 수 없다.

	㉠	㉡	㉢
①	가름	부문	구별
②	가름	부분	구분
③	갈음	부문	구별
④	갈음	부분	구분

08 다음 글의 '동기화 단계 조직'에 따라 (가)~(마)를 배열한 것으로 가장 적절한 것은?

설득하는 말하기의 메시지를 조직하는 방법으로 '동기화 단계 조직'이 있다. 이 방법의 세부 단계는 다음과 같다.

1단계: 주제에 대한 청자의 주의나 관심을 환기한다.
2단계: 특정 문제를 청자와 관련지어 설명함으로써 청자의 요구나 기대를 자극한다.
3단계: 해결 방안을 제시하여 청자의 이해와 만족을 유도한다.
4단계: 해결 방안이 청자에게 어떤 도움이 되는지 구체화한다.
5단계: 구체적인 행동의 내용과 방법을 제시하여 특정 행동을 요구한다.

(가) 지난주 제 친구는 일을 마친 후 자전거를 타고 집으로 돌아오다가 사고를 당해 머리를 다쳤습니다.
(나) 여러분이 자전거를 탈 때 헬멧을 착용하면 머리를 보호할 수 있습니다.
(다) 아마 여러분도 가끔 자전거를 타는 경우가 있을 것입니다. 그런데 매년 2천여 명이 자전거를 타다가 머리를 다쳐 고생한다고 합니다.
(라) 만약 자전거를 타는 모든 사람이 헬멧을 착용한다면 자전거 사고를 당해도 뇌손상을 비롯한 신체 피해를 75% 줄일 수 있습니다. 또 자전거 타기가 주는 즐거움과 편리함을 안전하게 누릴 수 있습니다.
(마) 자전거를 탈 때는 안전을 위해서 반드시 헬멧을 착용하시기 바랍니다.

① (가) – (나) – (다) – (라) – (마)
② (가) – (다) – (나) – (라) – (마)
③ (가) – (다) – (라) – (나) – (마)
④ (가) – (라) – (다) – (나) – (마)

09 다음 글에 대한 이해로 적절하지 않은 것은?

국가정보자원관리원과 ○○시는 빅데이터 기반의 맞춤형 복지 서비스 분석 사업을 수행했다. 국가정보자원관리원은 자체 확보한 공공 데이터와 ○○시로부터 받은 복지 사업 관련 데이터를 활용하여 '복지 공감 지도'를 제작하고, 복지 기관 접근성 분석을 통해 취약 지역 지원 방안을 제시했다.

복지 공감 지도는 공간 분석 시스템을 활용하여 ○○시에 소재한 복지 기관들의 다양한 지원 항목과 이를 필요로 하는 복지 대상자, 독거노인, 장애인 등의 수급자 현황을 한눈에 확인할 수 있도록 구현한 것이다. 이 지도를 활용하면 복지 혜택이 필요한 지역과 수급자를 빨리 찾아낼 수 있으며, 생필품 지원이나 방문 상담 등 복지 기관의 맞춤형 대응이 가능하고, 최적의 복지 기관 설립 위치를 선정할 수 있다.

이 사업을 통해 ○○시는 그동안 복지 기관으로부터 도보로 약 15분 내 위치한 수급자에게 복지 혜택이 집중되고 있는 것도 확인했다. 이에 교통이나 건강 등의 문제로 복지 기관 방문이 어려운 수급자를 위해 맞춤형 복지 서비스가 절실하게 필요한 상황임을 발견하고, 복지 셔틀버스 노선을 4개 증설할 계획을 수립했다.

① 빅데이터를 활용하여 복지 사각지대를 줄이는 방안을 마련할 수 있다.
② 복지 기관과 수급자 거주지 사이의 거리는 복지 혜택의 정도에 영향을 준다.
③ 복지 기관 접근성 분석 결과는 복지 셔틀버스 노선 증설의 근거가 된다.
④ 복지 공감 지도로 복지 혜택에 대한 수급자들의 개별 만족도를 파악할 수 있다.

10 ㉠~㉣의 사례로 적절하지 않은 것은?

단어의 의미가 변화하는 양상은 다양하다. 첫째, "아침 먹고 또 공부하자."에서 '아침'은 본래의 의미인 '하루 중의 이른 시간'을 가리키지 않고 '아침에 먹는 밥'이라는 의미로 쓰인다. '밥'의 의미가 '아침'에 포함되어서 '아침'만으로도 '아침밥'의 의미를 표현하게 된 것으로, ㉠ 두 개의 단어가 긴밀한 관계여서 한쪽이 다른 한쪽의 의미까지 포함하는 의미로 변화하게 된 경우이다. 둘째, '바가지'는 원래 박의 껍데기를 반으로 갈라 썼던 물건을 가리켰는데, 오늘날에는 흔히 플라스틱 바가지를 가리킨다. 이것은 ㉡ 언어 표현은 그대로인데 시대의 변화에 따라 지시 대상 자체가 바뀌어서 의미 변화가 발생한 경우이다. 셋째, '묘수'는 본래 바둑에서 만들어진 용어이지만 일상적인 언어생활에서도 '쉽게 생각해 내기 어려운 좋은 방안'이라는 의미로 사용된다. 이는 ㉢ 특수한 영역에서 사용되던 말이 일반화되면서 단어의 의미가 변화한 경우에 해당한다. 넷째, 호랑이를 두려워하던 시절에 사람들은 '호랑이'라는 이름을 직접 부르기 꺼려서 '산신령'이라고 부르기도 했는데, 이는 ㉣ 심리적인 이유로 특정 표현을 피하려다 보니 그것을 대신하는 단어의 의미에 변화가 생긴 경우이다.

① ㉠: '아이들의 코 묻은 돈'에서 '코'는 '콧물'의 의미로 쓰인다.
② ㉡: '수세미'는 원래 식물의 이름이었지만 오늘날에는 '그릇을 씻는 데 쓰는 물건'이라는 의미로 쓰인다.
③ ㉢: '배꼽'은 일반적으로 '탯줄이 떨어지면서 배의 한가운데에 생긴 자리'를 가리키지만 바둑에서는 '바둑판의 한가운데'라는 의미로 쓰인다.
④ ㉣: 무서운 전염병인 '천연두'를 꺼려서 '손님'이라고 불렀다.

11 다음 글에 대한 이해로 적절하지 않은 것은?

△△시 시장님께

안녕하십니까? 저는 △△시에서 농장을 운영하는 □□□입니다. 이렇게 글을 쓰게 된 것은 우리 농장 근처에 신축된 골프장의 빛 공해 문제에 대해 말씀드리기 위함입니다. 빛이 공해가 될 수 있다는 말이 다소 생소하실 수도 있습니다. 하지만 지나친 야간 조명이 식물의 성장에 부정적인 영향을 끼쳐 작물 수확량을 감소시킬 수 있음은 이미 여러 연구를 통해 입증된 바 있습니다. 좀 늦었지만 △△시에서도 이 문제에 대해 경각심을 가질 필요가 있습니다. 실제로 골프장이 야간 운영을 시작했을 때를 기점으로 우리 농장의 수확률이 현저히 낮아졌음을 제가 확인했습니다. 물론, 이윤을 추구하는 골프장의 야간 운영을 무조건 막는다면 골프장 측에서 반발할 것입니다. 그래서 계절에 따라 야간 운영 시간을 조정하거나 운영 제한에 따른 손실금을 보전해 주는 등의 보완책도 필요합니다. 또한 ○○군에서도 빛 공해 문제를 해결하기 위해 야간 조명의 조도를 조정하는 프로젝트를 진행한 바 있으니 참고해 보시기 바랍니다. 모쪼록 시장님께서 이 문제에 관심을 가지고 농장과 골프장이 상생할 수 있는 정책을 펼쳐 주시기를 부탁드립니다.

① 시장에게 빛 공해로 농장이 겪는 어려움에 대해 관심을 촉구하고 있다.
② 건의에 대한 신뢰성을 높이기 위해 인용한 자료의 출처를 밝히고 있다.
③ 다른 지역에서 야간 조명으로 인한 폐해를 해결하기 위해 노력한 사례를 언급하고 있다.
④ 골프장의 야간 운영을 제한할 때 예상되는 문제점과 그 해결 방안에 대해 제시하고 있다.

12 다음 대화의 ㉠~㉤에 대한 설명으로 적절하지 않은 것은?

> 이진: 태민아, ㉠ 이 책 읽어 봤니?
> 태민: 아니, ㉡ 그 책은 아직 읽어 보지 못했어.
> 이진: 그렇구나. 이 책은 작가의 문체가 독특해서 읽어 볼 만해.
> 태민: 응, 꼭 읽어 볼게. 한 권 더 추천해 줄래?
> 이진: 그럼 ㉢ 저 책은 어때? 한국 대중문화를 다양한 시각에서 다룬 재미있는 책이야.
> 태민: 그래, ㉣ 그 책도 함께 읽어 볼게.
> 이진: (두 책을 들고 계산대로 간다.) 읽어 보겠다고 하니, 생일 선물로 ㉤ 이 책 두 권 사 줄게.
> 태민: 고마워. 잘 읽을게.

① ㉠은 청자보다 화자에게, ㉡은 화자보다 청자에게 가까이 있는 대상을 가리킨다.
② ㉢은 화자보다 청자에게 멀리 있는 대상을 가리킨다.
③ ㉢과 ㉣은 같은 대상을 가리킨다.
④ ㉤은 ㉡과 ㉢ 모두를 가리킨다.

13 다음 글에 대한 이해로 적절하지 않은 것은?

> 아동이 부모의 소유물 또는 종족의 유지나 국가의 방위를 위한 수단으로 간주되었던 전근대사회에서는 아동의 권리에 대한 인식이 존재하지 않았다. 산업혁명으로 봉건제도가 붕괴되고 자본주의가 탄생한 근대사회에 이르러 구빈법에 따른 국가 개입과 민간단체의 자발적인 참여로 아동보호가 시작되었다.
>
> 1922년 잽 여사는 아동권리사상을 담아 아동권리에 대한 내용을 성문화하였다. 이를 기초로 1924년 국제연맹에서는 전문과 5개의 조항으로 된 「아동권리에 관한 제네바 선언」을 채택하였다. 여기에는 "아동은 물질적으로나 정신적으로 정상적인 발달을 위해 필요한 조건이 충족되어야 한다."라든지 "아동의 재능은 인류를 위해 쓰인다는 자각 속에서 양육되어야 한다." 등의 내용이 포함되었다.
>
> 그러나 여기에서도 아동은 보호의 객체로만 인식되었을 뿐 생존, 보호, 발달을 위한 적극적인 권리의 주체로 인식되지는 않았다. 최근에 와서야 국제사회의 노력에 힘입어 아동은 보호되어야 할 수동적인 존재에서 자신의 권리를 주장할 수 있는 능동적인 존재로 자리매김할 수 있게 되었다. 1989년 유엔총회에서 채택된 「아동권리협약」이 그것이다.
>
> 우리나라는 이를 토대로 2016년 「아동권리헌장」 9개 항을 만들었다. 이 헌장은 '생존과 발달의 권리', '아동이 최선의 이익을 보장 받을 권리', '차별 받지 않을 권리', '자신의 의견이 존중될 권리' 등 유엔의 「아동권리협약」의 네 가지 기본 원칙을 포함하고 있다. 또한 전문에는 아동의 권리와 더불어 "부모와 사회, 국가와 지방자치단체는 아동의 이익을 최우선으로 고려해야 하며, 다음과 같은 아동의 권리를 확인하고 실현할 책임이 있다."라고 명시하여 아동을 둘러싼 사회적 주체들의 책임을 명확히 하였다.

① 아동의 권리에 대한 인식은 근대 이후에 형성되었다.
② 「아동권리헌장」은 「아동권리협약」을 토대로 만들어졌다.
③ 「아동권리에 관한 제네바 선언」, 「아동권리협약」, 「아동권리헌장」에는 모두 아동의 발달에 대한 내용이 들어가 있다.
④ 「아동권리에 관한 제네바 선언」은 아동을 적극적인 권리의 주체로 인식함으로써 아동의 권리에 대한 진전된 성과를 이루었다.

×
14 다음 시에 대한 이해로 적절하지 않은 것은?

> 봄은
> 남해에서도 북녘에서도
> 오지 않는다.
>
> 너그럽고
> 빛나는
> 봄의 그 눈짓은,
> 제주에서 두만까지
> 우리가 디딘
> 아름다운 논밭에서 움튼다.
>
> 겨울은,
> 바다와 대륙 밖에서
> 그 매운 눈보라 몰고 왔지만
> 이제 올
> 너그러운 봄은, 삼천리 마을마다
> 우리들 가슴속에서
> 움트리라.
>
> 움터서,
> 강산을 덮은 그 미움의 쇠붙이들
> 눈 녹이듯 흐물흐물
> 녹여버리겠지.
>
> – 신동엽, 「봄은」 –

① 현실을 초월한 순수 자연의 세계를 노래하고 있다.
② 희망과 신념을 드러내는 단정적 어조로 표현하고 있다.
③ 시어들의 상징적인 의미를 통해 주제를 형성하고 있다.
④ '봄'과 '겨울'의 이원적 대립으로 시상을 전개하고 있다.

15 다음 글의 전개 순서로 가장 자연스러운 것은?

> (가) 이 기관을 잘 수리하여 정련하면 그 작동도 원활하게 될 것이요, 수리하지 아니하여 노둔해지면 그 작동도 막혀 버릴 것이니 이런 기관을 다스리지 아니하고야 어찌 그 사회를 고취하여 발달케 하리오.
> (나) 이러므로 말과 글은 한 사회가 조직되는 근본이요, 사회 경영의 목표와 지향을 발표하여 그 인민을 통합시키고 작동하게 하는 기관과 같다.
> (다) 말과 글이 없으면 어찌 그 뜻을 서로 통할 수 있으며, 그 뜻을 서로 통하지 못하면 어찌 그 인민들이 서로 이어져 번듯한 사회의 모습을 갖출 수 있으리오.
> (라) 그뿐 아니라 그 기관은 점점 녹슬고 상하여 필경은 쓸 수 없는 지경에 이를 것이니 그 사회가 어찌 유지될 수 있으리오. 반드시 패망을 면하지 못할지라.
> (마) 사회는 여러 사람이 그 뜻을 서로 통하고 그 힘을 서로 이어서 개인의 생활을 경영하고 보존하는 데에 서로 의지하는 인연의 한 단체라.
>
> – 주시경, 「대한국어문법 발문」에서 –

① (마) – (가) – (다) – (나) – (라)
② (마) – (가) – (라) – (다) – (나)
③ (마) – (다) – (가) – (라) – (나)
④ (마) – (다) – (나) – (가) – (라)

×
16 한자 표기가 옳지 않은 것은?

① 오늘 협상에서 만족(滿足)할 만한 성과를 거두었다.
② 김 위원의 주장을 듣고 그 의견에 동의하여 재청(再請)했다.
③ 우리 지자체의 해묵은 문제를 해결(解結)할 방안이 생각났다.
④ 다수가 그 의견에 동의하지 않았기에 재론(再論)이 필요하다.

17 다음 문장이 들어가기에 가장 적절한 곳을 ㉠~㉣에서 고르면?

> 신분에 따라 문체를 고착화하는 것을 인정하지 않았던 것이다.

> 유럽이 교회로부터 정신적으로 해방된 것은 그리스와 로마의 고대 작가들에 대한 재발견을 통해서였다. (㉠) 그 이후 고대 작가들의 문체는 귀족 중심의 유럽 문화에서 모범으로 여겨졌다. (㉡) 이러한 상황은 대략 1770년대에 시작되는 낭만주의에서부터 변화하기 시작했다. (㉢) 이 낭만주의 시기에 평등과 민주주의를 꿈꿨던 신흥 시민계급은 문학에서 운문과 영웅적 운명을 귀족에게만 전속시키고 하층민에게는 산문과 우스꽝스러운 상황을 배정하는 전통 시학을 거부했다. (㉣) 고전 문학은 더 이상 문학의 규범이 아니었으며, 문학을 현실의 모방으로 인식하는 태도도 포기되었다.

① ㉠　② ㉡
③ ㉢　④ ㉣

18 다음 글에 대한 이해로 적절하지 않은 것은?

> 정거장에 나온 박은 수염도 깎은 지 오래어 터부룩한 데다 버릇처럼 자주 찡그려지는 비웃는 웃음은 전에 못 보던 표정이었다. 그 다니는 학교에서만 지싯지싯* 붙어 있는 것이 아니라 이 시대 전체에서 긴치 않게 여기는, 지싯지싯 붙어 있는 존재 같았다. 현은 박의 그런 지싯지싯함에서 선뜻 자기를 느끼고 또 자기의 작품들을 느끼고 그만 더 울고 싶게 괴로워졌다.
>
> 한참이나 붙들고 섰던 손목을 놓고, 그들은 우선 대합실로 들어왔다. 할 말은 많은 듯하면서도 지껄여 보고 싶은 말은 골라낼 수가 없었다. 이내 다시 일어나 현은,
>
> "나 좀 혼자 걸어 보구 싶네."
>
> 하였다. 그래서 박은 저녁에 김을 만나 가지고 대동강가에 있는 동일관이란 요정으로 나오기로 하고 현만이 모란봉으로 온 것이다.
>
> 오면서 자동차에서 시가도 가끔 내다보았다. 전에 본 기억이 없는 새 빌딩들이 꽤 많이 늘어섰다. 그중에 한 가지 인상이 깊은 것은 어느 큰 거리 한 뿌다귀*에 벽돌 공장도 아닐 테요 감옥도 아닐 터인데 시뻘건 벽돌만으로, 무슨 큰 분묘와 같이 된 건축이 웅크리고 있는 것이다. 현은 운전사에게 물어보니, 경찰서라고 했다.
>
> – 이태준, 「패강랭」에서 –
>
> * 지싯지싯: 남이 싫어하는지는 아랑곳하지 아니하고 제가 좋아하는 것만 짓궂게 자꾸 요구하는 모양
> * 뿌다귀: '뿌다구니'의 준말로, 쑥 내밀어 구부러지거나 꺾어져 돌아간 자리

① '현'은 예전과 달라진 '박'의 태도가 자신의 작품 때문이라고 생각하고 있다.
② '현'은 자신과 비슷한 처지에 있는 '박'을 통해 자신을 연민하고 있다.
③ '현'은 새 빌딩들을 보고 도시가 많이 변화하고 있음을 인지하고 있다.
④ '현'은 시뻘건 벽돌로 만든 경찰서를 보고 암울한 분위기를 느끼고 있다.

×
19 다음 규정에 근거할 때 옳지 않은 것은?

> 한글 맞춤법 제30항
>
> 사이시옷은 다음과 같은 경우에 받치어 적는다.
>
> (가) 순우리말로 된 합성어로서 앞말이 모음으로 끝나면서 뒷말의 첫소리가 된소리로 나는 것
>
> (나) 순우리말과 한자어로 된 합성어로서 앞말이 모음으로 끝나면서 뒷말의 첫소리가 된소리로 나는 것

① (가)에 따라 '아래+집'은 '아랫집'으로 적는다.
② (가)에 따라 '쇠+조각'은 '쇳조각'으로 적는다.
③ (나)에 따라 '전세+방'은 '전셋방'으로 적는다.
④ (나)에 따라 '자리+세'는 '자릿세'로 적는다.

20 글쓴이의 견해에 부합하는 것은?

> 문화란 공동체의 구성원들이 공유하는 생각과 행동 양식의 총체라고 할 수 있다. 문화를 연구하는 사람들의 주된 관심사는 특정 생각과 행동 양식이 하나의 공동체 안에서 전파되는 기제이다.
>
> 이에 대한 견해 중 하나는 문화를 생각의 전염이라는 각도에서 바라보는 것이다. 예컨대, 리처드 도킨스는 '밈(meme)'이라는 개념을 통해 생각의 전염 과정을 설명하고자 했다. 그에 따르면 문화는 복수의 밈으로 이루어져 있는데, 유전자에 저장된 생명체의 주요 정보가 번식을 통해 복제되어 개체군 내에서 확산되듯이, 밈 역시 유전자와 마찬가지로 공동체 내에서 복제를 통해 확산된다.
>
> 그러나 문화 전파의 기제를 설명하는 이론으로는 밈 이론보다 의사소통 이론이 더 적절해 보인다. 일례로, 요크셔 지역에 내려오는 독특한 푸딩 요리법은 누군가가 푸딩 만드는 것을 지켜본 후 그것을 그대로 따라 하는 방식으로 전파되었다기보다는 요크셔 푸딩 요리법에 대한 부모와 친척, 친구들의 설명을 통해 입에서 입으로 전파되고 공유되었을 가능성이 크다.
>
> 생명체의 경우와 달리 문화는 완벽하게 동일한 형태로 전파되지 않는다. 전파된 문화와 그것을 수용한 결과는 큰 틀에서는 비슷하더라도 세부적으로는 다를 수밖에 없다. 다시 말해 요크셔 지방의 푸딩 요리법은 다른 지방의 푸딩 요리법과 변별되는 특색을 지니는 동시에 요크셔 지방 내부에서도 가정이나 개인에 따라 약간씩의 차이를 보인다. 이는 푸딩 요리법의 수신자가 발신자가 전해 준 정보에다 자신의 생각을 덧붙였기 때문인데, 복제의 관점에서 문화의 전파를 설명하는 이론으로는 이와 같은 현상을 설명하기 어렵다. 반면, 의사소통 이론으로는 설명 가능하다. 이에 따르면 사람들은 자신이 들은 이야기를 남에게 전달할 때 들은 이야기에다 자신의 생각을 더해서 그 이야기를 전달하기 때문이다.

① 문화의 전파 기제는 밈 이론보다는 의사소통 이론으로 설명하는 것이 적절하다.
② 의사소통 이론에 따르면 문화의 수용 과정에는 수용 주체의 주관이 개입하지 않는다.
③ 의사소통 이론에 따르면 특정 공동체의 문화는 다른 공동체로 복제를 통해 전파될 수 있다.
④ 요크셔 푸딩 요리법이 요크셔 지방의 가정이나 개인에 따라 세부적인 차이를 보이는 현상은 밈 이론에 의해 설명할 수 있다.

국어 | 2022년 지방직 9급

회독 CHECK 1 2 3

01 언어 예절로 가장 적절한 것은?

① 지금부터 회장님의 말씀이 계시겠습니다.
② (시누이에게) 고모, 오늘 참 예쁘게 차려 입으셨네요?
③ (처음 자신을 소개하면서) 처음 뵙겠습니다. 박혜정입니다.
④ (다른 사람에게 자기 아내를 가리키며) 이쪽은 제 부인입니다.

02 다음 글의 주된 서술 방식은?

> 이지러는 졌으나 보름을 가제 지난 달은 부드러운 빛을 흐붓이 흘리고 있다. 대화까지는 칠십 리의 밤길, 고개를 둘이나 넘고 개울을 하나 건너고, 벌판과 산길을 걸어야 된다. 길은 지금 긴 산허리에 걸려 있다. 밤중을 지난 무렵인지 죽은 듯이 고요한 속에서 짐승 같은 달의 숨소리가 손에 잡힐 듯이 들리며, 콩 포기와 옥수수 잎새가 한층 달에 푸르게 젖었다.

① 묘사
② 설명
③ 유추
④ 분석

03 다음 글에 대한 이해로 적절하지 않은 것은?

> 연출자가 자신의 저작권을 침해당했다고 주장하기 위해서는 우선 그가 유효한 저작권을 소유하고 있어야 한다. 즉 저작권 보호 가능성이 있는 창작물이 필요하다. 다음으로 창작적인 표현을 도용당했는지 밝혀야 하는데, 이것이 쉽지 않다. 왜냐하면 연출자가 주관적으로 창작성이 있다고 느끼는 부분일지라도 객관적인 시각에서는 이미 공연 예술 무대에서 흔히 사용되는 표현 기법일 수 있고, 저작권법상 보호 대상이 아닌 아이디어의 요소와 보호 가능한 요소인 표현이 얽혀 있는 경우가 있기 때문이다. 쉬운 예로 셰익스피어를 보자. 그의 명작 중에 선대에 있었던 작품에 의거하지 않고 탄생한 작품이 있는가. 대부분의 연출자는 선행 예술가로부터 영향을 받아 창작에 임하는 것이 너무도 당연하고 자연스럽다. 따라서 무대 연출 작업 중에서 독보적인 창작을 걸러내서 배타적인 권한인 저작권을 부여하는 것은 매우 흔치 않은 경우이고, 후발 창작을 방해하는 요소로 작용할 수도 있다. 저작권법은 창작자에게 개인적인 인센티브를 제공하여 창작을 장려함과 동시에 일반 공중이 저작물을 원활하게 이용할 수 있도록 해야 하는 두 가지 가치의 균형을 이루는 것이 목표다.

① 무대연출의 창작적인 표현의 도용 여부를 밝히기는 쉽지 않다.
② 저작권 침해를 당했다고 주장하려면 유효한 저작권을 소유하고 있어야 한다.
③ 독보적인 무대연출 작업에 저작권을 부여한다고 해서 후발 창작에 방해가 되지는 않는다.
④ 저작권법의 목표는 창작자의 창작을 장려하고 일반 공중의 저작물 이용을 원활하게 하는 것이다.

04 ㉠~㉣의 고쳐 쓰기로 적절하지 않은 것은?

> 파놉티콘(panopticon)은 원형 평면의 중심에 감시탑을 설치해 놓고, 주변으로 빙 둘러서 죄수들의 방이 배치된 감시 시스템이다. 감시탑의 내부는 어둡게 되어 있는 반면 죄수들의 방은 밝아 교도관은 죄수를 볼 수 있지만, 죄수는 교도관을 바라볼 수 없다. 죄수가 잘못했을 때 교도관은 잘 보이는 곳에서 처벌을 가한다. 그렇게 수차례의 처벌이 있게 되면 죄수들은 실제로 교도관이 자리에 ㉠ 있을 때조차도 언제 처벌을 받을지 모르는 공포감에 의해서 스스로를 감시하게 된다. 이렇게 권력자에 의한 정보 독점 아래 ㉡ 다수가 통제된다는 점에서 파놉티콘의 디자인은 과거 사회 구조와 본질적으로 같았다.
>
> 현대사회는 다수가 소수의 권력자를 동시에 감시할 수 있는 시놉티콘(synopticon)의 시대가 되었다. 시놉티콘에 가장 크게 기여한 것은 인터넷의 ㉢ 동시성이다. 권력자에 대한 비판을 신변 노출 없이 자유롭게 표현할 수 있게 되었기 때문이다. 정보화 시대가 오면서 언론과 통신이 발달했고, ㉣ 특정인이 정보를 수용하고 생산하게 되었다. 그로 인해 사회에서 일어나는 일에 대한 비판적 인식 교류와 부정적 현실 고발 등 네티즌의 활동으로 권력자들을 감시하는 전환이 일어났다.

① ㉠을 '없을'로 고친다.
② ㉡을 '소수'로 고친다.
③ ㉢을 '익명성'으로 고친다.
④ ㉣을 '누구나가'로 고친다.

05 ㉠~㉣에 대한 이해로 가장 적절한 것은?

> ㉠ 산(山)새도 오리나무
> 위에서 운다
> 산새는 왜 우노, 시메산골
> 영(嶺) 넘어가려고 그래서 울지
>
> 눈은 내리네, 와서 덮이네
> 오늘도 하룻길은
> ㉡ 칠팔십 리(七八十里)
> 돌아서서 육십 리는 가기도 했소
>
> ㉢ 불귀(不歸), 불귀, 다시 불귀
> 삼수갑산에 다시 불귀
> 사나이 속이라 잊으련만
> 십오 년 정분을 못 잊겠네
>
> 산에는 오는 눈, 들에는 녹는 눈
> 산새도 오리나무
> ㉣ 위에서 운다
> 삼수갑산 가는 길은 고개의 길
>
> – 김소월, 「산」 –

① ㉠은 시적 화자와 상반되는 처지에 놓여 있다.
② ㉡은 시적 화자에게 놓인 방랑길을 비유한다.
③ ㉢은 시적 화자의 이국 지향 의식을 강조한다.
④ ㉣은 시적 화자가 지닌 분노의 정서를 대변한다.

×
06 다음 글에 대한 감상으로 적절하지 않은 것은?

> "같이 가시지. 내 보기엔 좋은 여자 같군."
> "그런 거 같아요."
> "또 알우? 인연이 닿아서 말뚝 박구 살게 될지. 이런 때 아주 뜨내기 신셀 청산해야지."
> 영달이는 시무룩해져서 역사 밖을 멍하니 내다보았다. 백화는 뭔가 쑤군대고 있는 두 사내를 불안한 듯이 지켜보고 있었다. 영달이가 말했다.
> "어디 능력이 있어야죠."
> "삼포엘 같이 가실라우?"
> "어쨌든……."
> 영달이가 뒷주머니에서 꼬깃꼬깃한 오백 원짜리 두 장을 꺼냈다.
> "저 여잘 보냅시다."
> 영달이는 표를 사고 삼립빵 두 개와 찐 달걀을 샀다. 백화에게 그는 말했다.
> "우린 뒤차를 탈 텐데……. 잘 가슈."
> 영달이가 내민 것들을 받아 쥔 백화의 눈이 붉게 충혈되었다. 그 여자는 더듬거리며 물었다.
> "아무도…… 안 가나요?"
> "우린 삼포루 갑니다. 거긴 내 고향이오."
> 영달이 대신 정 씨가 말했다. 사람들이 개찰구로 나가고 있었다. 백화가 보퉁이를 들고 일어섰다.
> "정말, 잊어버리지…… 않을게요."
> 백화는 개찰구로 가다가 다시 돌아왔다. 돌아온 백화는 눈이 젖은 채로 웃고 있었다.
> "내 이름 백화가 아니에요. 본명은요…… 이점례예요."
> 여자는 개찰구로 뛰어나갔다. 잠시 후에 기차가 떠났다.
>
> – 황석영, 「삼포 가는 길」에서 –

① 정 씨는 영달이 백화와 함께 떠날 것을 권유했군.
② 백화는 영달의 선택이 어떤 것일지 몰라 불안했군.
③ 영달은 백화를 신뢰할 수 없었기 때문에 같이 떠나지 않았군.
④ 백화가 자신의 본명을 말한 것은 정 씨와 영달에 대한 고마움의 표현이었군.

07 다음 글의 전개 순서로 가장 자연스러운 것은?

> (가) 과거에는 고통만을 안겨 주었던 지정학적 조건이 이제는 희망의 조건이 되고 있습니다. 이제 한반도는 사람과 물자가 모여드는 동북아 물류와 금융, 비즈니스의 중심지가 될 것입니다. 우리가 주도해서 평화와 번영의 동북아 시대를 열어 나가야 합니다.
> (나) 100년 전 우리는 수난과 비극의 역사를 겪었습니다. 해양으로 나가려는 세력과 대륙으로 진출하려는 세력이 한반도를 가운데 놓고 싸움을 벌였습니다. 마침내 우리는 국권을 상실하는 아픔을 감수해야 했습니다.
> (다) 지금은 무력이 아니라 경제력이 국력을 좌우하는 시대입니다. 우리나라는 전쟁의 폐허를 극복하고 세계적인 경제 강국을 건설하고 있습니다. 우수한 인력과 세계 선두권의 정보화 기반을 갖추고 있습니다. 바다와 하늘과 땅을 연결하는 물류 기반도 손색이 없습니다.
> (라) 그 아픔은 분단으로 이어져서 오늘에 이르고 있습니다. 그 과정에서는 정의가 패배하고 기회주의가 득세하는 불행한 역사를 겪었습니다. 그러나 이제 우리에게도 새로운 희망의 시대가 열리고 있습니다. 세계의 변방으로 머물러 왔던 동북아시아가 북미 · 유럽 지역과 함께 세계 경제의 3대 축으로 떠오르고 있습니다.

① (가) – (나) – (다) – (라)
② (가) – (라) – (나) – (다)
③ (나) – (가) – (라) – (다)
④ (나) – (라) – (다) – (가)

08 다음 대화에 대한 설명으로 가장 적절한 것은?

A: 예은 씨, 오늘 회의 내용을 팀원들에게 공유해 주시면 좋겠네요.
B: 네, 알겠습니다. 팀장님, 오늘 회의 내용을 요약 정리해서 메일로 공유하면 되겠지요?
A: (고개를 끄덕이며) 맞습니다.
B: 네, 그럼 회의 내용은 개조식으로 요약하고, 팀장님을 포함해서 전체 팀원에게 메일로 보내도록 하겠습니다.
A: 예은 씨, 그런데 개조식으로 회의 내용을 요약하는 방식에는 문제가 있지 않을까요?
B: (고개를 끄덕이며) 그렇겠네요. 개조식으로 요약할 경우 회의 내용이 과도하게 생략되어 이해가 어려울 수 있겠네요.

① A는 B에게 내용 요약 방식을 제안하고 있다.
② A와 B는 대화 중에 공감의 표지를 드러내며 상대방의 말을 듣고 있다.
③ B는 회의 내용 요약 방식에 대한 A의 문제 제기에 대해 자신이 다른 입장임을 드러내고 있다.
④ A는 개조식 요약 방식이 회의 내용을 과도하게 생략하여 이해에 어려움을 줄 수 있다고 명시하고 있다.

09 다음 글에 대한 이해로 적절하지 않은 것은?

올해 A시는 '청소년 의회 교실' 운영에 관한 조례를 발표함으로써 청소년들이 지방의회의 역할과 기능을 이해하고 민주 시민으로서의 소양과 자질을 함양할 수 있는 근거를 마련하였다. 청소년 의회 교실이란 청소년을 대상으로 실시하는 의회 체험 프로그램을 의미한다. 여기에 참여할 수 있는 대상은 A시에 있는 학교에 재학 중인 만 19세 미만의 청소년이다. 이 조례에 따르면 시의회 의장은 의회 교실의 참가자 선정 및 운영 방안을 결정할 수 있다. 운영 방안에는 지방자치 및 의회의 기능과 역할, 민주 시민의 소양과 자질 등에 관한 교육 내용이 포함된다. 또한 시의회 의장은 고유 권한으로 본회의장 시설 사용이 가능하도록 지원할 수 있다. 최근 A시는 '수업 시간 스마트폰 사용 제한에 관한 조례안'을 주제로 본회의장에서 첫 번째 의회 교실을 운영하였다. 참석 학생들은 1일 시의원이 되어 의원 선서를 한 후 주제에 관한 자유 발언 시간을 가졌다. 이어서 관련 조례안을 상정한 후 찬반 토론을 거쳐 전자 투표로 표결 처리하였다. 학생들이 의회 과정 전반에 대해 체험할 수 있었던 뜻깊은 시간이었다.

① A시에 있는 학교의 만 19세 미만 재학생은 청소년 의회 교실에 참여할 수 있는 대상이다.
② A시의 시의회 의장은 청소년 의회 교실의 민주 시민 소양과 관련된 교육 내용을 결정할 수 있다.
③ A시에서 시행된 청소년 의회 교실에서 시의회 의장은 본회의장 시설을 사용하도록 지원해 주었다.
④ A시의 올해 청소년 의회 교실은 의원 선서, 조례안 상정, 자유 발언, 찬반 토론, 전자 투표의 순서로 진행되었다.

×
10 단어에 대한 설명으로 적절하지 않은 것은?

① 가난: 한자어 '간난'에서 'ㄴ'이 탈락하면서 된 말이다.
② 어리다: '어리석다'는 뜻에서 '나이가 적다'는 뜻으로 바뀐 말이다.
③ 수탉: 'ㅎ'을 종성으로 갖고 있던 '숳'에 '돍'이 합쳐져 이루어진 말이다.
④ 점잖다: '의젓함'을 나타내는 '점잖이'에 '하다'가 붙어 형성된 말이다.

11 다음 글의 주제로 가장 적절한 것은?

예전에 '혐오'는 대중에게 관심을 끄는 말이 아니었지만, 요즘에는 익숙하게 듣는 말이 되었다. 이는 과거에 혐오가 존재하지 않았다는 말이 아니다. 단지 최근 몇 년 사이에 이 문제가 폭발하듯 가시화되었다는 뜻이다. 혐오 현상은 외계에서 뚝 떨어진 괴물이 만들어 낸 것이 아니라, 거기엔 자체의 역사와 사회적 배경이 반드시 선행한다.

이 문제를 바라볼 때 주의 사항이 있다. 혐오나 증오라는 특정 감정에 집착해선 안 된다는 것이다. 혐오가 주제인데 거기에 집중하지 말라니, 얼핏 이율배반처럼 들리지만 이는 매우 중요한 포인트다. 왜 혐오가 나쁘냐고 물어보면 많은 사람들은 이렇게 답한다. "나쁜 감정이니까 나쁘다.", "약자와 소수자를 차별하게 만드니까 나쁘다." 이 대답들은 분명 선량한 마음에서 나온 것이다. 하지만 문제의 성격을 오인하게 만들 수 있다. 혐오나 증오라는 감정에 집중할수록 우린 '달을 가리키는 손가락만 바라보는' 잘못을 범하기 쉬워진다.

인과관계를 혼동하면 곤란하다. 우리가 문제시하고 있는 각종 혐오는 자연 발생한 게 아니라 사회적으로 형성된 감정이다. 사회문제의 기원이나 원인이 아니라, 발현이며 결과다. 더 정확히 말하자면 혐오는 증상이다. 증상을 관찰하는 일은 중요하지만 거기에만 매몰되면 곤란하다. 우리는 혐오나 증오 그 자체를 사회악으로 지목해 도덕적으로 지탄하는 데서 그치지 말아야 한다.

① 혐오 현상에는 인과관계가 존재하지 않는다.
② 혐오 현상은 선량한 마음으로 바라보아야 한다.
③ 혐오 현상을 만들어 내는 근본 원인을 찾아야 한다.
④ 혐오라는 감정에 집중할수록 사회문제는 잘 보인다.

×
12 ㉠~㉣에 대한 이해로 적절하지 않은 것은?

有此茅亭好	이 멋진 ㉠ <u>초가 정자</u> 있고
綠林細徑通	수풀 사이로 오솔길 나 있네
微吟一杯後	술 한 잔 하고 시를 읊조리면서
高座百花中	온갖 꽃 속에서 ㉡ <u>높다랗게</u> 앉아 있네
丘壑長看在	산과 계곡은 언제 봐도 그대로건만
樓臺盡覺空	㉢ <u>누대</u>는 하나같이 비어 있구나
莫吹紅一點	붉은 꽃잎 하나라도 흔들지 마라
老去惜春風	늙어갈수록 ㉣ <u>봄바람</u>이 안타깝구나

– 심환지, 「육각지하화원소정염운(六閣之下花園小亭拈韻)」 –

① ㉠: 시간적 흐름에 따른 시상 전개를 매개하고 있다.
② ㉡: 시적 화자의 초연한 태도를 드러내고 있다.
③ ㉢: 자연에 대비되는 쇠락한 인간사를 암시하고 있다.
④ ㉣: 꽃잎을 흔드는 부정적 이미지로 기능하고 있다.

×
13 밑줄 친 단어 중 사람의 몸을 지시하는 말이 포함되지 않은 것은?

① 선생님께서는 <u>슬하</u>에 세 명의 자녀를 두셨다고 한다.
② 그는 <u>수완</u>이 좋아서 사람들에게 인정을 받는다.
③ 여러 팀이 우승을 위해 긴 시간 동안 <u>각축</u>을 벌였다.
④ 사업단의 <u>발족</u>으로 미뤄 뒀던 일들이 진행되기 시작했다.

14 ㉠과 ㉡에 대한 설명으로 가장 적절한 것은?

(가) ㉠ 계월이 여자 옷을 벗고 갑옷과 투구를 갖춘 후 용봉황월(龍鳳黃鉞)과 수기를 잡아 행군해 별궁에 자리를 잡았다. 그리고 군사를 시켜 보국에게 명령을 전하니 보국이 전해져 온 명령을 보고 화가 머리끝까지 났다. 그러나 보국은 예전에 계월의 위엄을 보았으므로 명령을 거역하지 못해 갑옷과 투구를 갖추고 군문에 대령했다.

이때 계월이 좌우를 돌아보며 말했다.

"보국이 어찌 이다지도 거만한가? 어서 예를 갖추어 보이라."

호령이 추상과 같으니 군졸의 대답 소리로 장안이 울릴 정도였다. 보국이 그 위엄을 보고 겁을 내어 갑옷과 투구를 끌고 몸을 굽히고 들어가니 얼굴에서 땀이 줄줄 흘러내렸다.

– 작자 미상, 「홍계월전」에서 –

(나) 장끼 고집 끝끝내 굽히지 아니하여 ㉡ 까투리 홀로 경황없이 물러서니, 장끼란 놈 거동 보소. 콩 먹으러 들어갈 제 열두 장목 펼쳐 들고 꾸벅꾸벅 고개 조아 조츰조츰 들어가서 반달 같은 혀뿌리로 들입다 꽉 찍으니, 두 고패 둥그레지며 …(중략)… 까투리 하는 말이

"저런 광경 당할 줄 몰랐던가. 남자라고 여자의 말 잘 들어도 패가하고, 계집의 말 안 들어도 망신하네."

까투리 거동 볼작시면, 상하평전 자갈밭에 자락머리 풀어 놓고 당굴당굴 뒹굴면서 가슴치고 일어앉아 잔디풀을 쥐어뜯어 애통하며, 두 발로 땅땅 구르면서 붕성지통(崩城之痛) 극진하니, 아홉 아들 열두 딸과 친구 벗님네들도 불쌍타 의논하며 조문 애곡하니 가련 공산 낙망천에 울음소리뿐이로다.

– 작자 미상, 「장끼전」에서 –

① ㉠과 ㉡은 모두 상대에 비해 우월한 지위를 가지고 있다.
② ㉠이 상대의 행동을 비판하는 반면, ㉡은 옹호하고 있다.
③ ㉠이 갈등 상황을 타개하는 데 적극적인 반면, ㉡은 소극적이다.
④ ㉠이 주변으로부터 호의적인 반응을 얻은 반면, ㉡은 적대적인 반응을 얻는다.

15 밑줄 친 말의 쓰임이 올바른 것은?

① 습관처럼 중요한 말을 되뇌이는 버릇이 있다.
② 나는 친구 집을 찾아 골목을 헤매이고 다녔다.
③ 너무 급하게 밥을 먹으면 목이 메이기 마련이다.
④ 그는 어린 시절 기계에 손가락이 끼이는 사고를 당했다.

16 밑줄 친 부분의 한자 표기가 옳지 않은 것은?

① 우리 시대 영웅으로 소방관(消防官)이 있다.
② 과학자(科學者)는 청소년들이 선망하는 직업이다.
③ 그는 인공지능 연구소의 연구원(研究員)이 되었다.
④ 그는 법원의 명령에 따라 변호사(辯護事)로 선임되었다.

17 다음 글에 대한 이해로 적절하지 않은 것은?

르네상스가 일어나게 된 요인으로 많은 것들이 거론되어 왔지만, 의학사의 관점에서 볼 때 흥미롭고 논쟁적인 원인은 페스트이다. 페스트가 유럽의 인구를 격감시킴으로써 사회 경제 구조가 급변하게 되었고, 사람들은 재래의 전통이 지니고 있던 강력한 권위에 의문을 품기 시작했다. 예컨대 사람들은 이 무시무시한 질병을 예측하지 못한 기존의 의학적 전통을 불신하게 되었으며, 페스트로 인해 '사악한 자'들만이 아니라 '선량한 자'들까지 무차별적으로 죽는 것을 보고 이전까지 의심하지 않았던 신과 교회의 막강한 권위에 대해서도 회의하게 되었다.

속수무책으로 당할 수밖에 없었던 죽음에 대한 경험은 사람들을 여러 방향에서 변화시켰다. 사람들은 거리에 시체가 널려 있는 광경에 익숙해졌고, 인간의 유해에 대한 두려움 또한 점차 옅어졌다. 교회에서 제시한 세계관 및 사후관에 대한 신뢰가 떨어지고, 삶과 죽음 같은 인간의 본질적인 문제에 대해 새롭게 사유하기 시작했다. 중세의 지적 전통에 대한 의구심은 고대의 학문과 예술, 언어에 대한 재평가로 이어졌으며, 이에 따라 신에 대한 무조건적 찬양과 복종 대신 인간에 대한 새로운 관심과 사유가 활발해졌다.

이러한 움직임은 미술사에서 두드러지게 포착된다. 인간에 대한 관심의 증대에 따라 인체의 아름다움이 재발견되었고, 인체를 묘사하는 다양한 화법도 등장했다. 인체에 대한 관심은 보이는 부분뿐만 아니라 보이지 않는 부분에 대한 관심으로 이어졌다. 기존의 의학적 전통을 여전히 신봉하던 의사들에게 해부학적 지식은 불필요한 것으로 인식되었던 반면, 당시의 미술가들은 예술가이면서 동시에 해부학자이기도 할 만큼 인체의 내부 구조를 탐색하는 데 골몰했다.

① 전염병의 창궐은 르네상스의 발생을 설명하는 다양한 요인 가운데 하나이다.
② 페스트로 인한 선인과 악인의 무차별적인 죽음은 교회가 유지하던 막강한 권위를 약화시켰다.
③ 예술가들이 인체의 아름다움을 재발견함으로써 고대의 학문과 언어에 대한 재평가도 이루어졌다.
④ 르네상스 시기에 해부학은 의사들보다도 미술가들의 관심을 끌었다.

× **18** 밑줄 친 부분에 어울리는 한자성어로 가장 적절한 것은?

추사 김정희의 '세한도'는 글씨를 쓰다 남은 먹을 버리기 아까워 그린 듯이 갈필(渴筆)의 거친 선 몇 개로 이루어져 있다. 정말 큰 기교는 겉으로 보기에는 언제나 서툴러 보이는 법이다. 그러나 대가의 덤덤한 듯, 툭 던지는 한마디는 <u>예리한 비수가 되어 독자의 의식을 헤집는다</u>.

① 巧言令色
② 寸鐵殺人
③ 言行一致
④ 街談巷說

19 다음 글에서 추론한 내용으로 가장 적절한 것은?

> 논리실증주의자들에 따르면, 만약 어떤 것이 과학일 경우 거기에서 사용되는 문장은 유의미하다. 그들은 유의미한 문장의 기준으로 소위 '검증 원리'라고 불리는 것을 제안했다. 검증 원리란, 경험을 통해 참이나 거짓을 검증할 수 있는 문장은 유의미하고 그렇지 않은 문장은 유의미하지 않다는 것이다. 다음 두 문장을 예로 생각해 보자.
>
> (가) 달의 다른 쪽 표면에 산이 있다.
>
> (나) 절대자는 진화와 진보에 관계하지만, 그 자체는 진화하거나 진보하지 않는다.
>
> 위 두 문장 중 경험을 통해 검증할 수 있는 것은 무엇인가? 비록 현실적으로 큰 비용이 들기는 하지만 (가)는 분명히 경험을 통해 진위를 밝힐 수 있다. 즉 우리는 (가)의 진위를 확정하기 위해서 무엇을 경험해야 하는지 알고 있다는 것이다. 이런 점에 근거하여 논리실증주의자들은 (가)는 검증할 수 있고, 유의미한 문장이라고 판단한다. 그럼 (나)는 어떠한가? 우리는 무엇을 경험해야 (나)의 진위를 확정할 수 있는가? 논리실증주의자들은 그런 것은 없다고 주장하고, 이에 (나)는 검증할 수 없고 과학에서 사용될 수 없는 무의미한 문장이라고 말한다.

① 논리실증주의자들에 따르면 무의미한 문장을 사용하는 것은 과학이 아니다.

② 논리실증주의자들에 따르면 과학의 문장들만이 유의미하다.

③ 검증 원리에 따르면 아직까지 경험되지 않은 것을 언급한 문장은 무의미하다.

④ 검증 원리에 따르면 거짓인 문장은 무의미하다.

20 다음 글에서 추론할 수 있는 것만을 〈보기〉에서 모두 고르면?

> 컴퓨터에는 자유의지가 있을까? 나아가 컴퓨터에 도덕적 의무를 귀속시킬 수 있을까? 컴퓨터는 다양한 전기회로로 구성되어 있고, 물리법칙, 프로그래밍 방식, 하드웨어의 속성 등에 따라 필연적으로 특정한 초기 상태로부터 다음 상태로 넘어간다. 마찬가지로 두 번째 상태에서 세 번째 상태로 이동하고, 이러한 과정이 계속해서 이어진다. 즉 컴퓨터는 결정론적 법칙의 지배를 받는 시스템이라는 것이다. 그럼 이러한 시스템에는 자유의지가 있을까?
>
> 결정론적 법칙의 지배를 받는 시스템의 중요한 특징은 주어진 조건에 따라 결과가 하나로 고정된다는 점이다. 다시 말해, 이러한 시스템에는 항상 하나의 선택지만 있을 뿐이다. 그런 뜻에서 결정론적 지배를 받는다는 것과 자유의지를 가진다는 것은 양립할 수 없음이 분명하다. 어떤 선택을 할 때 그것과 다른 선택을 할 수도 있다는 것은 자유의지의 필요조건이기 때문이다. 결국 결정론적 법칙의 지배를 받는 시스템은 자유의지를 가지지 않는다. 또한 자유의지를 가지지 않는 시스템에 도덕적 의무를 귀속시킬 수 없음은 당연하다.

〈보 기〉

ㄱ. 컴퓨터는 자유의지를 가지지 않으며 도덕적 의무의 귀속 대상일 수도 없다.

ㄴ. 도덕적 의무를 귀속시킬 수 있는 시스템은 결정론적 법칙의 지배를 받지 않는다.

ㄷ. 어떤 선택을 할 때 그것과 다른 선택을 할 수 없는 시스템은 자유의지를 가지지 않는다.

① ㄱ, ㄴ ② ㄱ, ㄷ

③ ㄴ, ㄷ ④ ㄱ, ㄴ, ㄷ

인생의 실패는 성공이 얼마나 가까이 있는지도 모르고 포기했을 때 생긴다.

– 토마스 에디슨 –

PART 2

영어

- 2024년 국가직 9급
- 2024년 지방직 9급
- 2023년 국가직 9급
- 2023년 지방직 9급
- 2022년 국가직 9급
- 2022년 지방직 9급

꼭 읽어보세요!

2025년 영어 과목 출제기조 변화

인사혁신처에서 출제하는 2025년 9급 공무원 시험부터는 문법(어법)이나 어휘 등 암기 영역의 문제가 줄어들고 이해력과 추론력을 평가하는 독해 문제의 비중이 커질 예정입니다. 또한, 실생활에서 많이 사용하는 어휘, 그리고 이메일이나 안내문 등으로 구성된 독해 지문이 많이 출제될 것으로 보입니다.

기출문제 학습 시 유의사항

본서는 2025년 영어 과목 출제기조 변화에 따라 **출제 유형에서 벗어나거나 달라지는 문항에 ×표시**를 하였습니다. 이는 인사혁신처가 공개한 2025년 출제기조 전환 예시문제를 기준으로 한 것이며, **실제 출제 방향과 다를 수 있다는 점에 유의하시기 바랍니다.**

×표시를 한 문항은 출제되지 않는 영역이라는 의미가 아닌, 출제기조 변화에 따라 유형이 바뀔 수 있는 문항임을 표시한 것입니다. 어휘 영역은 문맥에 따라 밑줄에 들어갈 단어를 추론하는 유형으로 전환되며, 문법(어법) 영역은 밑줄이나 빈칸이 주어지고 문맥 속에서 묻는 부분이 무엇인지 명확하게 제시하는 방향으로 전환됩니다. 독해도 전자메일이나 안내문 등 업무현장에서 접할 수 있는 소재와 형식을 활용한 지문이 출제됩니다.

출제경향

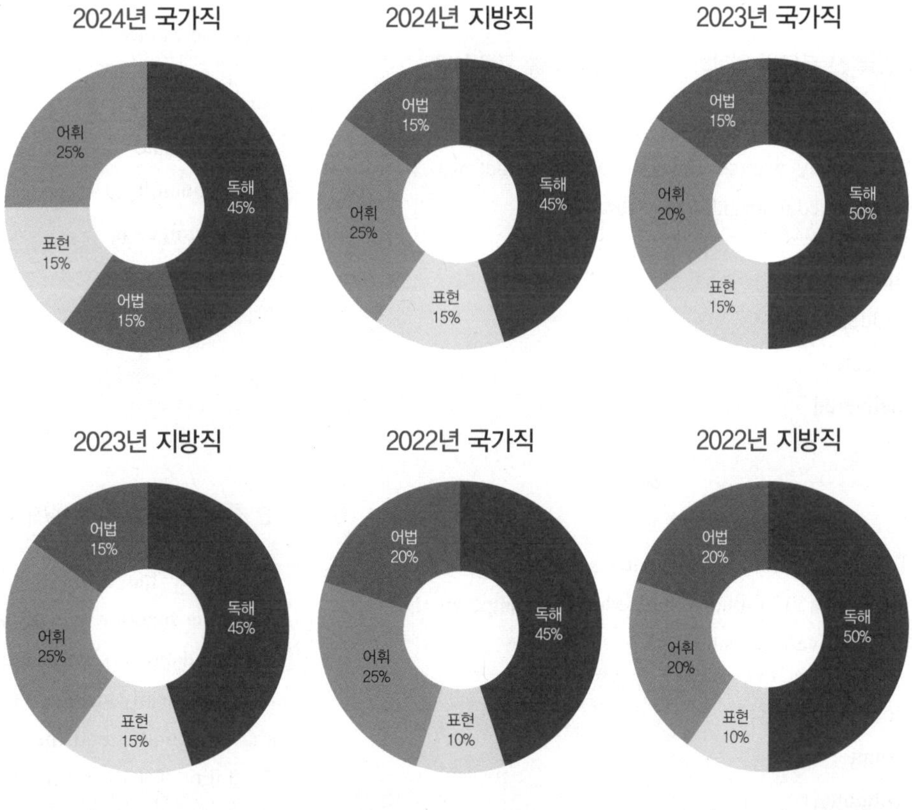

영어 | 2024년 국가직 9급

모바일 OMR

회독 CHECK 1 2 3

01 밑줄 친 부분에 들어갈 말로 적절한 것은?

> Obviously, no aspect of the language arts stands alone either in learning or in teaching. Listening, speaking, reading, writing, viewing, and visually representing are ____________.

① distinct
② distorted
③ interrelated
④ independent

[02~05] 밑줄 친 부분의 의미와 가장 가까운 것을 고르시오.

02

> The money was so cleverly concealed that we were forced to abandon our search for it.

① spent
② hidden
③ invested
④ delivered

03

> To appease critics, the wireless industry has launched a $12 million public-education campaign on the drive-time radio.

① soothe
② counter
③ enlighten
④ assimilate

04

> Center officials play down the troubles, saying they are typical of any start-up operation.

① discern
② dissatisfy
③ underline
④ underestimate

05

> She worked diligently and had the guts to go for what she wanted.

① was anxious
② was fortunate
③ was reputable
④ was courageous

06 밑줄 친 부분 중 어법상 옳지 않은 것은?

> ① Despite the belief that the quality of older houses is superior to ② those of modern houses, the foundations of most pre-20th-century houses are dramatically shallow ③ compared to today's, and have only stood the test of time due to the flexibility of ④ their timber framework or the lime mortar between bricks and stones.

07 밑줄 친 부분이 어법상 옳지 않은 것은?

① They are not interested in reading poetry, still more in writing.

② Once confirmed, the order will be sent for delivery to your address.

③ Provided that the ferry leaves on time, we should arrive at the harbor by morning.

④ Foreign journalists hope to cover as much news as possible during their short stay in the capital.

08 우리말을 영어로 바르게 옮긴 것은?

① 지원자 수가 증가하고 있어서 우리는 기쁘다.
→ We are glad that the number of applicants is increasing.

② 나는 2년 전에 그에게서 마지막 이메일을 받았다.
→ I've received the last e-mail from him two years ago.

③ 어젯밤에 그가 잔 침대는 꽤 편안했다.
→ The bed which he slept last night was quite comfortable.

④ 그들은 영상으로 새해 인사를 교환했다.
→ They exchanged New Year's greetings each other on screen.

[09~11] 밑줄 친 부분에 들어갈 말로 적절한 것을 고르시오.

09

Brian
Hi, can I get some information on your city tour?
11:21

Ace Tour
Thank you for contacting us. Do you have any specific questions?
11:22

Brian
____
11:22

Ace Tour
It'll take you to all the major points of interest in the city.
11:23

Brian
How much is it?
11:24

Ace Tour
It's 50 dollars per person for a four-hour tour.
11:24

Brian
OK. Can I book four tickets for Friday afternoon?
11:25

Ace Tour
Certainly. I will send you the payment information shortly.
11:25

① How long is the tour?

② What does the city tour include?

③ Do you have a list of tour packages?

④ Can you recommend a good tour guide book?

10

A: Thank you. We appreciate your order.
B: You are welcome. Could you send the goods by air freight? We need them fast.
A: Sure. We'll send them to your department right away.
B: Okay. I hope we can get the goods early next week.
A: If everything goes as planned, you'll get them by Monday.
B: Monday sounds good.
A: Please pay within 2 weeks. Air freight costs will be added on the invoice.
B: ______________________
A: I am afraid the free delivery service is no longer available.

① I see. When will we be getting the invoice from you?
② Our department may not be able to pay within two weeks.
③ Can we send the payment to your business account on Monday?
④ Wait a minute. I thought the delivery costs were at your expense.

11

A: Have you found your phone?
B: Unfortunately, no. I'm still looking for it.
A: Have you contacted the subway's lost and found office?
B: ______________________.
A: If I were you, I would do that first.
B: Yeah, you are right. I'll check with the lost and found before buying a new phone.

① I went there to ask about the phone
② I stopped by the office this morning
③ I haven't done that yet, actually
④ I tried searching everywhere

12 Northeastern Wildlife Exposition에 관한 다음 글의 내용과 일치하는 것은?

newe
https://www.newe.org/saturday-admission-ticket/
HOME ABOUT US CONTACT US SEARCH

NORTHEASTERN WILDLIFE EXPOSITION(NEWE)

Admission ticket for Saturday, March 30th, 2024
- Price: $40.00
- Opening hours: 10:00 a.m. – 6:00 p.m.

Kids 10 and under are free. Entry to shows and lectures are first-come, first-served. All venues open rain or shine.

March 20th is the last day to buy tickets online for the 2024 Northeastern Wildlife Exposition.

Please note: Purchasing NEWE tickets in advance is the best way to guarantee entry into all exhibits. NEWE organizers may discontinue in-person ticket sales should any venue reach capacity.

① 10세 어린이는 입장료 40불을 지불해야 한다.
② 공연과 강연의 입장은 선착순이다.
③ 비가 올 경우에는 행사장을 닫는다.
④ 입장권은 온라인으로만 구매할 수 있다.

13 다음 글의 내용과 일치하지 않는 것은?

The tragedies of the Greek dramatist Sophocles have come to be regarded as the high point of classical Greek drama. Sadly, only seven of the 123 tragedies he wrote have survived, but of these perhaps the finest is *Oedipus the King*. The play was one of three written by Sophocles about Oedipus, the mythical king of Thebes (the others being *Antigone* and *Oedipus at Colonus*), known collectively as the Theban plays. Sophocles conceived each of these as a separate entity, and they were written and produced several years apart and out of chronological order. *Oedipus the King* follows the established formal structure and it is regarded as the best example of classical Athenian tragedy.

① A total of 123 tragedies were written by Sophocles.
② *Antigone* is also about the king Oedipus.
③ The Theban plays were created in time order.
④ *Oedipus the King* represents the classical Athenian tragedy.

14 다음 글의 주제로 적절한 것은?

It seems incredible that one man could be responsible for opening our eyes to an entire culture, but until British archaeologist Arthur Evans successfully excavated the ruins of the palace of Knossos on the island of Crete, the great Minoan culture of the Mediterranean was more legend than fact. Indeed its most famed resident was a creature of mythology: the half-man, half-bull Minotaur, said to have lived under the palace of mythical King Minos. But as Evans proved, this realm was no myth. In a series of excavations in the early years of the 20th century, Evans found a trove of artifacts from the Minoan age, which reached its height from 1900 to 1450 B.C.: jewelry, carvings, pottery, altars shaped like bull's horns, and wall paintings showing Minoan life.

① King Minos' successful excavations
② Appreciating artifacts from the Minoan age
③ Magnificence of the palace on the island of Crete
④ Bringing the Minoan culture to the realm of reality

15 다음 글의 제목으로 적절한 것은?

Currency debasement of a good money by a bad money version occurred via coins of a high percentage of precious metal, reissued at lower percentages of gold or silver diluted with a lower value metal. This adulteration drove out the good coin for the bad coin. No one spent the good coin, they kept it, hence the good coin was driven out of circulation and into a hoard. Meanwhile the issuer, normally a king who had lost his treasure on interminable warfare and other such dissolute living, was behind the move. They collected all the good old coins they could, melted them down and reissued them at lower purity and pocketed the balance. It was often illegal to keep the old stuff back but people did, while the king replenished his treasury, at least for a time.

① How Bad Money Replaces Good
② Elements of Good Coins
③ Why Not Melt Coins?
④ What Is Bad Money?

16 다음 글의 흐름상 어색한 문장은?

In spite of all evidence to the contrary, there are people who seriously believe that NASA's Apollo space program never really landed men on the moon. These people claim that the moon landings were nothing more than a huge conspiracy, perpetuated by a government desperately in competition with the Russians and fearful of losing face. ① These conspiracy theorists claim that the United States knew it couldn't compete with the Russians in the space race and was therefore forced to fake a series of successful moon landings. ② Advocates of a conspiracy cite several pieces of what they consider evidence. ③ Crucial to their case is the claim that astronauts never could have safely passed through the Van Allen belt, a region of radiation trapped in Earth's magnetic field. ④ They also point to the fact that the metal coverings of the spaceship were designed to block radiation. If the astronauts had truly gone through the belt, say conspiracy theorists, they would have died.

17 주어진 문장이 들어갈 위치로 적절한 것은?

> Tribal oral history and archaeological evidence suggest that sometime between 1500 and 1700 a mudslide destroyed part of the village, covering several longhouses and sealing in their contents.

From the village of Ozette on the westernmost point of Washington's Olympic Peninsula, members of the Makah tribe hunted whales. (①) They smoked their catch on racks and in smokehouses and traded with neighboring groups from around the Puget Sound and nearby Vancouver Island. (②) Ozette was one of five main villages inhabited by the Makah, an Indigenous people who have been based in the region for millennia. (③) Thousands of artifacts that would not otherwise have survived, including baskets, clothing, sleeping mats, and whaling tools, were preserved under the mud. (④) In 1970, a storm caused coastal erosion that revealed the remains of these longhouses and artifacts.

18 주어진 글 다음에 이어질 글의 순서로 적절한 것은?

> Interest in movie and sports stars goes beyond their performances on the screen and in the arena.

(A) The doings of skilled baseball, football, and basketball players out of uniform similarly attract public attention.

(B) Newspaper columns, specialized magazines, television programs, and Web sites record the personal lives of celebrated Hollywood actors, sometimes accurately.

(C) Both industries actively promote such attention, which expands audiences and thus increases revenues. But a fundamental difference divides them: What sports stars do for a living is authentic in a way that what movie stars do is not.

① (A) - (C) - (B)
② (B) - (A) - (C)
③ (B) - (C) - (A)
④ (C) - (A) - (B)

[19~20] 밑줄 친 부분에 들어갈 말로 적절한 것을 고르시오.

19

____________________. Nearly every major politician hires media consultants and political experts to provide advice on how to appeal to the public. Virtually every major business and special-interest group has hired a lobbyist to take its concerns to Congress or to state and local governments. In nearly every community, activists try to persuade their fellow citizens on important policy issues. The workplace, too, has always been fertile ground for office politics and persuasion. One study estimates that general managers spend upwards of 80 % of their time in verbal communication—most of it with the intent of persuading their fellow employees. With the advent of the photocopying machine, a whole new medium for office persuasion was invented—the photocopied memo. The Pentagon alone copies an average of 350,000 pages a day, the equivalent of 1,000 novels.

① Business people should have good persuasion skills
② Persuasion shows up in almost every walk of life
③ You will encounter countless billboards and posters
④ Mass media campaigns are useful for the government

20

It is important to note that for adults, social interaction mainly occurs through the medium of language. Few native-speaker adults are willing to devote time to interacting with someone who does not speak the language, with the result that the adult foreigner will have little opportunity to engage in meaningful and extended language exchanges. In contrast, the young child is often readily accepted by other children, and even adults. For young children, language is not as essential to social interaction. So-called 'parallel play', for example, is common among young children. They can be content just to sit in each other's company speaking only occasionally and playing on their own. Adults rarely find themselves in situations where ____________________.

① language does not play a crucial role in social interaction
② their opinions are readily accepted by their colleagues
③ they are asked to speak another language
④ communication skills are highly required

영어 | 2024년 지방직 9급

모바일 OMR

회독 CHECK 1 2 3

[01~04] 밑줄 친 부분의 의미와 가장 가까운 것을 고르시오.

01

While Shakespeare's comedies share many similarities, they also differ <u>markedly</u> from one another.

① softly
② obviously
③ marginally
④ indiscernibly

02

Jane poured out the strong, dark tea and <u>diluted</u> it with milk.

① washed
② weakened
③ connected
④ fermented

03

The Prime Minister is believed to have <u>ruled out</u> cuts in child benefit or pensions.

① excluded
② supported
③ submitted
④ authorized

04

If you <u>let on</u> that we are planning a surprise party, Dad will never stop asking you questions.

① reveal
② observe
③ believe
④ possess

05 밑줄 친 부분에 들어갈 말로 가장 적절한 것은?

Automatic doors in supermarkets ________ the entry and exit of customers with bags or shopping carts.

① ignore
② forgive
③ facilitate
④ exaggerate

06 밑줄 친 부분 중 어법상 옳지 않은 것은?

One of the many ① <u>virtues</u> of the book you are reading ② <u>is</u> that it provides an entry point into *Maps of Meaning*, ③ <u>which</u> is a highly complex work ④ <u>because of</u> the author was working out his approach to psychology as he wrote it.

영어

교육행정직

×
07 밑줄 친 부분이 어법상 옳지 않은 것은?

① You must plan <u>not to spend</u> too much on the project.

② My dog <u>disappeared</u> last month and hasn't been seen since.

③ I'm sad that the people <u>who</u> daughter I look after are moving away.

④ I bought a book on my trip, and it was <u>twice as expensive as</u> it was at home.

×
08 우리말을 영어로 잘못 옮긴 것은?

① 그는 이곳에서 일하는 것이 흥미롭다는 것을 알았다.
→ He found it exciting to work here.

② 그녀는 나에게 일찍 떠날 것이라고 언급했다.
→ She mentioned me that she would be leaving early.

③ 나는 그가 오는 것을 원하지 않았다.
→ I didn't want him to come.

④ 좀 더 능숙하고 경험 많은 선생님이었다면 그를 달리 대했을 것이다.
→ A more skillful and experienced teacher would have treated him otherwise.

[09~11] 밑줄 친 부분에 들어갈 말로 가장 적절한 것을 고르시오.

09

A: Charles, I think we need more chairs for our upcoming event.
B: Really? I thought we already had enough chairs.
A: My manager told me that more than 350 people are coming.
B: ______________________
A: I agree. I am also a bit surprised.
B: Looks like I'll have to order more then. Thanks.

① I wonder if the manager is going to attend the event.

② I thought more than 350 people would be coming.

③ That's actually not a large number.

④ That's a lot more than I expected.

10

A: Can I get the document you referred to at the meeting yesterday?
B: Sure. What's the title of the document?
A: I can't remember its title, but it was about the community festival.
B: Oh, I know what you're talking about.
A: Great. Can you send it to me via email?
B: I don't have it with me. Mr. Park is in charge of the project, so he should have it.
A: ______________________
B: Good luck. Hope you get the document you want.

① Can you check if he is in the office?

② Mr. Park has sent the email to you again.

③ Are you coming to the community festival?

④ Thank you for letting me know. I'll contact him.

11

A: Hello, can I ask you a question about the presentation next Tuesday?
B: Do you mean the presentation about promoting the volunteer program?
A: Yes. Where is the presentation going to be?
B: Let me check. It is room 201.
A: I see. Can I use my laptop in the room?
B: Sure. We have a PC in the room, but you can use yours if you want.
A: ______________________
B: We can meet in the room two hours before the presentation. Would that work for you?
A: Yes. Thank you very much!

① A computer technician was here an hour ago.
② When can I have a rehearsal for my presentation?
③ Should we recruit more volunteers for our program?
④ I don't feel comfortable leaving my laptop in the room.

12 다음 이메일의 내용과 일치하지 않는 것은?

Send Preview Save

To: reserve@metropolitan.com
From: BruceTaylor@westcity.com
Date: June 22, 2024
Subject: Venue facilities

My PC Browse

Dear Sir,

I am writing to ask for information about Metropolitan Conference Center.

We are looking for a venue for a three-day conference in September this year. We need to have enough room for over 200 delegates in your main conference room, and we would also like three small conference rooms for meetings. Each conference room needs wi-fi as well. We need to have coffee available mid-morning and mid-afternoon, and we would also like to book your restaurant for lunch on all three days.

In addition, could you please let me know if there are any local hotels with discount rates for Metropolitan clients or large groups? We will need accommodations for over 100 delegates each night.

I look forward to hearing from you.

Best regards,

Bruce Taylor, Event Manager

① 주 회의실은 200명 이상의 대표자를 수용할 수 있어야 한다.
② wi-fi가 있는 작은 회의실 3개가 필요하다.
③ 3일간의 저녁 식사를 위한 식당 예약이 필요하다.
④ 매일 밤 100명 이상의 대표자를 위한 숙박시설이 필요하다.

13 다음 글의 내용과 일치하지 않는 것은?

According to the historians, neckties date back to 1660. In that year, a group of soldiers from Croatia visited Paris. These soldiers were war heroes whom King Louis XIV admired very much. Impressed with the colored scarves that they wore around their necks, the king decided to honor the Croats by creating a military regiment called the Royal Cravattes. The word *cravat* comes from the word *Croat*. All the soldiers in this regiment wore colorful scarves or cravats around their necks. This new style of neckwear traveled to England. Soon all upper class men were wearing cravats. Some cravats were quite extreme. At times, they were so high that a man could not move his head without turning his whole body. The cravats were made of many different materials from plaid to lace, which made them suitable for any occasion.

① A group of Croatian soldiers visited Paris in 1660.
② The Royal Cravattes was created in honor of the Croatian soldiers wearing scarves.
③ Some cravats were too uncomfortable for a man to move his head freely.
④ The materials used to make the cravats were limited.

14 다음 글의 주제로 적절한 것은?

In recent years Latin America has made huge strides in exploiting its incredible wind, solar, geothermal and biofuel energy resources. Latin America's electricity sector has already begun to gradually decrease its dependence on oil. Latin America is expected to almost double its electricity output between 2015 and 2040. Practically none of Latin America's new large-scale power plants will be oil-fueled, which opens up the field for different technologies. Countries in Central America and the Caribbean, which traditionally imported oil, were the first to move away from oil-based power plants, after suffering a decade of high and volatile prices at the start of the century.

① booming oil industry in Latin America
② declining electricity business in Latin America
③ advancement of renewable energy in Latin America
④ aggressive exploitation of oil-based resources in Latin America

15 다음 글의 제목으로 적절한 것은?

> Every organization has resources that it can use to perform its mission. How well your organization does its job is partly a function of how many of those resources you have, but mostly it is a function of how well you use the resources you have, such as people and money. You as the organization's leader can always make the use of those resources more efficient and effective, provided that you have control of the organization's personnel and agenda, a condition that does not occur automatically. By managing your people and your money carefully, by treating the most important things as the most important, by making good decisions, and by solving the problems that you encounter, you can get the most out of what you have available to you.

① Exchanging Resources in an Organization
② Leaders' Ability to Set up External Control
③ Making the Most of the Resources: A Leader's Way
④ Technical Capacity of an Organization: A Barrier to Its Success

16 다음 글의 흐름상 어색한 문장은?

> Critical thinking sounds like an unemotional process but it can engage emotions and even passionate responses. In particular, we may not like evidence that contradicts our own opinions or beliefs. ① If the evidence points in a direction that is challenging, that can rouse unexpected feelings of anger, frustration or anxiety. ② The academic world traditionally likes to consider itself as logical and free of emotions, so if feelings do emerge, this can be especially difficult. ③ For example, looking at the same information from several points of view is not important. ④ Being able to manage your emotions under such circumstances is a useful skill. If you can remain calm, and present your reasons logically, you will be better able to argue your point of view in a convincing way.

17 주어진 글 다음에 이어질 글의 순서로 적절한 것은?

> Computer assisted language learning(CALL) is both exciting and frustrating as a field of research and practice.

> (A) Yet the technology changes so rapidly that CALL knowledge and skills must be constantly renewed to stay apace of the field.
> (B) It is exciting because it is complex, dynamic and quickly changing—and it is frustrating for the same reasons.
> (C) Technology adds dimensions to the domain of language learning, requiring new knowledge and skills for those who wish to apply it into their professional practice.

① (A) - (C) - (B)　② (B) - (A) - (C)
③ (B) - (C) - (A)　④ (C) - (B) - (A)

18 주어진 문장이 들어갈 위치로 적절한 것은?

> But she quickly popped her head out again.

The little mermaid swam right up to the small window of the cabin, and every time a wave lifted her up, she could see a crowd of well-dressed people through the clear glass. Among them was a young prince, the handsomest person there, with large dark eyes. (①) It was his birthday, and that's why there was so much excitement. (②) When the young prince came out on the deck, where the sailors were dancing, more than a hundred rockets went up into the sky and broke into a glitter, making the sky as bright as day. (③) The little mermaid was so startled that she dove down under the water. (④) And look! It was just as if all the stars up in heaven were falling down on her. Never had she seen such fireworks.

[19~20] 밑줄 친 부분에 들어갈 말로 적절한 것을 고르시오.

19

Javelin Research noticed that not all Millennials are currently in the same stage of life. While all Millennials were born around the turn of the century, some of them are still in early adulthood, wrestling with new careers and settling down. On the other hand, the older Millennials have a home and are building a family. You can imagine how having a child might change your interests and priorities, so for marketing purposes, it's useful to split this generation into Gen Y.1 and Gen Y.2. Not only are the two groups culturally different, but they're in vastly different phases of their financial life. The younger group is financial beginners, just starting to show their buying power. The latter group has a credit history, may have their first mortgage and is raising young children. The __________ in priorities and needs between Gen Y.1 and Gen Y.2 is vast.

① contrast
② reduction
③ repetition
④ ability

20

Cost pressures in liberalized markets have different effects on existing and future hydropower schemes. Because of the cost structure, existing hydropower plants will always be able to earn a profit. Because the planning and construction of future hydropower schemes is not a short-term process, it is not a popular investment, in spite of low electricity generation costs. Most private investors would prefer to finance ______________________, leading to the paradoxical situation that although an existing hydropower plant seems to be a cash cow, nobody wants to invest in a new one. Where public shareholders/owners (states, cities, municipalities) are involved, the situation looks very different because they can see the importance of the security of supply and also appreciate long-term investments.

① more short-term technologies
② all high technology industries
③ the promotion of the public interest
④ the enhancement of electricity supply

영어 | 2023년 국가직 9급

모바일 OMR

회독 CHECK 1 2 3

[01~04] 밑줄 친 부분의 의미와 가장 가까운 것을 고르시오.

×
01

Jane wanted to have a small wedding rather than a fancy one. Thus, she planned to invite her family and a few of her intimate friends to eat delicious food and have some pleasant moments.

① nosy
② close
③ outgoing
④ considerate

×
02

The incessant public curiosity and consumer demand due to the health benefits with lesser cost has increased the interest in functional foods.

① rapid
② constant
③ significant
④ intermittent

×
03

Because of the pandemic, the company had to hold off the plan to provide the workers with various training programs.

① elaborate
② release
③ modify
④ suspend

×
04

The new Regional Governor said he would abide by the decision of the High Court to release the prisoner.

① accept
② report
③ postpone
④ announce

05 밑줄 친 부분 중 어법상 옳지 않은 것은?

While advances in transplant technology have made ① it possible to extend the life of individuals with end-stage organ disease, it is argued ② that the biomedical view of organ transplantation as a bounded event, which ends once a heart or kidney is successfully replaced, ③ conceal the complex and dynamic process that more ④ accurately represents the experience of receiving an organ.

×
06 어법상 옳지 않은 것은?

① All assignments are expected to be turned in on time.

② Hardly had I closed my eyes when I began to think of her.

③ The broker recommended that she buy the stocks immediately.

④ A woman with the tip of a pencil stuck in her head has finally had it remove.

×
07 우리말을 영어로 잘못 옮긴 것은?

① 내 고양이 나이는 그의 고양이 나이의 세 배이다.
→ My cat is three times as old as his.

② 우리는 그 일을 이번 달 말까지 끝내야 한다.
→ We have to finish the work until the end of this month.

③ 그녀는 이틀에 한 번 머리를 감는다.
→ She washes her hair every other day.

④ 너는 비가 올 경우에 대비하여 우산을 갖고 가는 게 낫겠다.
→ You had better take an umbrella in case it rains.

08 다음 글의 내용과 일치하지 않는 것은?

> Are you getting enough choline? Chances are, this nutrient isn't even on your radar. It's time choline gets the attention it deserves. A shocking 90 percent of Americans aren't getting enough choline, according to a recent study. Choline is essential to health at all ages and stages, and is especially critical for brain development. Why aren't we getting enough? Choline is found in many different foods but in small amounts. Plus, the foods that are rich in choline aren't the most popular: think liver, egg yolks and lima beans. Taylor Wallace, who worked on a recent analysis of choline intake in the United States, says, "There isn't enough awareness about choline even among health-care professionals because our government hasn't reviewed the data or set policies around choline since the late '90s."

① A majority of Americans are not getting enough choline.

② Choline is an essential nutrient required for brain development.

③ Foods such as liver and lima beans are good sources of choline.

④ The importance of choline has been stressed since the late '90s in the U.S.

09 다음 글의 내용과 일치하는 것은?

Around 1700 there were, by some accounts, more than 2,000 London coffeehouses, occupying more premises and paying more rent than any other trade. They came to be known as penny universities, because for that price one could purchase a cup of coffee and sit for hours listening to extraordinary conversations. Each coffeehouse specialized in a different type of clientele. In one, physicians could be consulted. Others served Protestants, Puritans, Catholics, Jews, literati, merchants, traders, Whigs, Tories, army officers, actors, lawyers, or clergy. The coffeehouses provided England's first egalitarian meeting place, where a man chatted with his tablemates whether he knew them or not.

① The number of coffeehouses was smaller than that of any other business.
② Customers were not allowed to stay for more than an hour in a coffeehouse.
③ Religious people didn't get together in a coffeehouse to chat.
④ One could converse even with unknown tablemates in a coffeehouse.

[10~11] 밑줄 친 부분에 들어갈 말로 알맞은 것을 고르시오.

10

A: I got this new skin cream from a drugstore yesterday. It is supposed to remove all wrinkles and make your skin look much younger.
B: ____________________
A: Why don't you believe it? I've read in a few blogs that the cream really works.
B: I assume that the cream is good for your skin, but I don't think that it is possible to get rid of wrinkles or magically look younger by using a cream.
A: You are so pessimistic.
B: No, I'm just being realistic. I think you are being gullible.

① I don't buy it.
② It's too pricey.
③ I can't help you out.
④ Believe it or not, it's true.

11

A: I'd like to go sightseeing downtown. Where do you think I should go?
B: I strongly suggest you visit the national art gallery.
A: Oh, that's a great idea. What else should I check out?
B: ______________________
A: I don't have time for that. I need to meet a client at three.
B: Oh, I see. Why don't you visit the national park, then?
A: That sounds good. Thank you!

① This is the map that your client needs. Here you go.
② A guided tour to the river park. It takes all afternoon.
③ You should check it out as soon as possible.
④ The checkout time is three o'clock.

×
12 두 사람의 대화 중 자연스럽지 않은 것은?

① A: He's finally in a hit movie!
B: Well, he's got it made.
② A: I'm getting a little tired now.
B: Let's call it a day.
③ A: The kids are going to a birthday party.
B: So, it was a piece of cake.
④ A: I wonder why he went home early yesterday.
B: I think he was under the weather.

13 다음 글의 제목으로 알맞은 것은?

The feeling of being loved and the biological response it stimulates is triggered by nonverbal cues: the tone in a voice, the expression on a face, or the touch that feels just right. Nonverbal cues—rather than spoken words—make us feel that the person we are with is interested in, understands, and values us. When we're with them, we feel safe. We even see the power of nonverbal cues in the wild. After evading the chase of predators, animals often nuzzle each other as a means of stress relief. This bodily contact provides reassurance of safety and relieves stress.

① How Do Wild Animals Think and Feel?
② Communicating Effectively Is the Secret to Success
③ Nonverbal Communication Speaks Louder than Words
④ Verbal Cues: The Primary Tools for Expressing Feelings

14 다음 글의 주제로 알맞은 것은?

There are times, like holidays and birthdays, when toys and gifts accumulate in a child's life. You can use these times to teach a healthy nondependency on things. Don't surround your child with toys. Instead, arrange them in baskets, have one basket out at a time, and rotate baskets occasionally. If a cherished object is put away for a time, bringing it out creates a delightful remembering and freshness of outlook. Suppose your child asks for a toy that has been put away for a while. You can direct attention toward an object or experience that is already in the environment. If you lose or break a possession, try to model a good attitude ("I appreciated it while I had it!") so that your child can begin to develop an attitude of nonattachment. If a toy of hers is broken or lost, help her to say, "I had fun with that."

① building a healthy attitude toward possessions
② learning the value of sharing toys with others
③ teaching how to arrange toys in an orderly manner
④ accepting responsibility for behaving in undesirable ways

15 다음 글의 요지로 알맞은 것은?

Many parents have been misguided by the "self-esteem movement," which has told them that the way to build their children's self-esteem is to tell them how good they are at things. Unfortunately, trying to convince your children of their competence will likely fail because life has a way of telling them unequivocally how capable or incapable they really are through success and failure. Research has shown that how you praise your children has a powerful influence on their development. Some researchers found that children who were praised for their intelligence, as compared to their effort, became overly focused on results. Following a failure, these same children persisted less, showed less enjoyment, attributed their failure to a lack of ability, and performed poorly in future achievement efforts. Praising children for intelligence made them fear difficulty because they began to equate failure with stupidity.

① Frequent praises increase self-esteem of children.
② Compliments on intelligence bring about negative effect.
③ A child should overcome fear of failure through success.
④ Parents should focus on the outcome rather than the process.

16 밑줄 친 부분에 들어갈 말로 알맞은 것은?

In recent years, the increased popularity of online marketing and social media sharing has boosted the need for advertising standardization for global brands. Most big marketing and advertising campaigns include a large online presence. Connected consumers can now zip easily across borders via the internet and social media, making it difficult for advertisers to roll out adapted campaigns in a controlled, orderly fashion. As a result, most global consumer brands coordinate their digital sites internationally. For example, Coca-Cola web and social media sites around the world, from Australia and Argentina to France, Romania, and Russia, are surprisingly ____________. All feature splashes of familiar Coke red, iconic Coke bottle shapes, and Coca-Cola's music and "Taste the Feeling" themes.

① experimental
② uniform
③ localized
④ diverse

17 다음 글의 흐름상 어색한 문장은?

In our monthly surveys of 5,000 American workers and 500 U.S. employers, a huge shift to hybrid work is abundantly clear for office and knowledge workers. ① An emerging norm is three days a week in the office and two at home, cutting days on site by 30% or more. You might think this cutback would bring a huge drop in the demand for office space. ② But our survey data suggests cuts in office space of 1% to 2% on average, implying big reductions in density not space. We can understand why. High density at the office is uncomfortable and many workers dislike crowds around their desks. ③ Most employees want to work from home on Mondays and Fridays. Discomfort with density extends to lobbies, kitchens, and especially elevators. ④ The only sure-fire way to reduce density is to cut days on site without cutting square footage as much. Discomfort with density is here to stay according to our survey evidence.

18 주어진 문장이 들어갈 위치로 알맞은 것은?

> They installed video cameras at places known for illegal crossings, and put live video feeds from the cameras on a Web site.

> Immigration reform is a political minefield. (①) About the only aspect of immigration policy that commands broad political support is the resolve to secure the U.S. border with Mexico to limit the flow of illegal immigrants. (②) Texas sheriffs recently developed a novel use of the Internet to help them keep watch on the border. (③) Citizens who want to help monitor the border can go online and serve as "virtual Texas deputies." (④) If they see anyone trying to cross the border, they send a report to the sheriff's office, which follows up, sometimes with the help of the U.S. Border Patrol.

19 주어진 글 다음에 이어질 글의 순서로 알맞은 것은?

> All civilizations rely on government administration. Perhaps no civilization better exemplifies this than ancient Rome.

> (A) To rule an area that large, the Romans, based in what is now central Italy, needed an effective system of government administration.
> (B) Actually, the word "civilization" itself comes from the Latin word *civis*, meaning "citizen."
> (C) Latin was the language of ancient Rome, whose territory stretched from the Mediterranean basin all the way to parts of Great Britain in the north and the Black Sea to the east.

① (A) - (B) - (C)
② (B) - (A) - (C)
③ (B) - (C) - (A)
④ (C) - (A) - (B)

20 밑줄 친 부분에 들어갈 말로 알맞은 것은?

Over the last fifty years, all major subdisciplines in psychology have become more and more isolated from each other as training becomes increasingly specialized and narrow in focus. As some psychologists have long argued, if the field of psychology is to mature and advance scientifically, its disparate parts (for example, neuroscience, developmental, cognitive, personality, and social) must become whole and integrated again. Science advances when distinct topics become theoretically and empirically integrated under simplifying theoretical frameworks. Psychology of science will encourage collaboration among psychologists from various sub-areas, helping the field achieve coherence rather than continued fragmentation. In this way, psychology of science might act as a template for psychology as a whole by integrating under one discipline all of the major fractions/factions within the field. It would be no small feat and of no small import if the psychology of science could become a model for the parent discipline on how to combine resources and study science ________________.

① from a unified perspective
② in dynamic aspects
③ throughout history
④ with accurate evidence

영어 | 2023년 지방직 9급

모바일 OMR

회독 CHECK 1 2 3

[01~04] 밑줄 친 부분의 의미와 가장 가까운 것을 고르시오.

×
01

> Further explanations on our project will be given in <u>subsequent</u> presentations.

① required
② following
③ advanced
④ supplementary

×
02

> Folkways are customs that members of a group are expected to follow to show <u>courtesy</u> to others. For example, saying "excuse me" when you sneeze is an American folkway.

① charity
② humility
③ boldness
④ politeness

×
03

> These children have been <u>brought up</u> on a diet of healthy food.

① raised
② advised
③ observed
④ controlled

×
04

> Slavery was not <u>done away with</u> until the nineteenth century in the U.S.

① abolished
② consented
③ criticized
④ justified

05 밑줄 친 부분에 들어갈 말로 가장 적절한 것은?

> Voters demanded that there should be greater __________ in the election process so that they could see and understand it clearly.

① deception
② flexibility
③ competition
④ transparency

06 밑줄 친 부분 중 어법상 옳지 않은 것은?

> One reason for upsets in sports—① <u>in which</u> the team ② <u>predicted</u> to win and supposedly superior to their opponents surprisingly loses the contest—is ③ <u>what</u> the superior team may not have perceived their opponents as ④ <u>threatening</u> to their continued success.

영어
교육행정직

×
07 밑줄 친 부분이 어법상 옳지 않은 것은?

① I should have gone this morning, but I was feeling a bit ill.

② These days we do not save as much money as we used to.

③ The rescue squad was happy to discover an alive man.

④ The picture was looked at carefully by the art critic.

×
08 우리말을 영어로 잘못 옮긴 것은?

① 우리는 그의 연설에 감동하게 되었다.
→ We were made touching with his speech.

② 비용은 차치하고 그 계획은 훌륭한 것이었다.
→ Apart from its cost, the plan was a good one.

③ 그들은 뜨거운 차를 마시는 동안에 일몰을 보았다.
→ They watched the sunset while drinking hot tea.

④ 과거 경력 덕분에 그는 그 프로젝트에 적합하였다.
→ His past experience made him suited for the project.

[09~10] 밑줄 친 부분에 들어갈 말로 가장 적절한 것을 고르시오.

09

A: Pardon me, but could you give me a hand, please?
B: ______________________
A: I'm trying to find the Personnel Department. I have an appointment at 10.
B: It's on the third floor.
A: How can I get up there?
B: Take the elevator around the corner.

① We have no idea how to handle this situation.

② Would you mind telling us who is in charge?

③ Yes. I could use some help around here.

④ Sure. Can I help you with anything?

10

A: You were the last one who left the office, weren't you?
B: Yes. Is there any problem?
A: I found the office lights and air conditioners on this morning.
B: Really? Oh, no. Maybe I forgot to turn them off last night.
A: Probably they were on all night.
B: ______________________

① Don't worry. This machine is working fine.

② That's right. Everyone likes to work with you.

③ I'm sorry. I promise I'll be more careful from now on.

④ Too bad. You must be tired because you get off work too late.

×
11 두 사람의 대화 중 자연스럽지 않은 것은?

① A: How would you like your hair done?
B: I'm a little tired of my hair color. I'd like to dye it.

② A: What can we do to slow down global warming?
B: First of all, we can use more public transportation.

③ A: Anna, is that you? Long time no see! How long has it been?
B: It took me about an hour and a half by car.

④ A: I'm worried about Paul. He looks unhappy. What should I do?
B: If I were you, I'd wait until he talks about his troubles.

12 다음 글의 제목으로 가장 적절한 것은?

Well-known author Daniel Goleman has dedicated his life to the science of human relationships. In his book *Social Intelligence* he discusses results from neuro-sociology to explain how sociable our brains are. According to Goleman, we are drawn to other people's brains whenever we engage with another person. The human need for meaningful connectivity with others, in order to deepen our relationships, is what we all crave, and yet there are countless articles and studies suggesting that we are lonelier than we ever have been and loneliness is now a world health epidemic. Specifically, in Australia, according to a national Lifeline survey, more than 80% of those surveyed believe our society is becoming a lonelier place. Yet, our brains crave human interaction.

① Lonely People
② Sociable Brains
③ Need for Mental Health Survey
④ Dangers of Human Connectivity

13 다음 글의 주제로 가장 적절한 것은?

Certainly some people are born with advantages (e.g., physical size for jockeys, height for basketball players, an "ear" for music for musicians). Yet only dedication to mindful, deliberate practice over many years can turn those advantages into talents and those talents into successes. Through the same kind of dedicated practice, people who are not born with such advantages can develop talents that nature put a little farther from their reach. For example, even though you may feel that you weren't born with a talent for math, you can significantly increase your mathematical abilities through mindful, deliberate practice. Or, if you consider yourself "naturally" shy, putting in the time and effort to develop your social skills can enable you to interact with people at social occasions with energy, grace, and ease.

① advantages some people have over others
② importance of constant efforts to cultivate talents
③ difficulties shy people have in social interactions
④ need to understand one's own strengths and weaknesses

14 다음 글의 요지로 가장 적절한 것은?

Dr. Roossinck and her colleagues found by chance that a virus increased resistance to drought on a plant that is widely used in botanical experiments. Their further experiments with a related virus showed that was true of 15 other plant species, too. Dr. Roossinck is now doing experiments to study another type of virus that increases heat tolerance in a range of plants. She hopes to extend her research to have a deeper understanding of the advantages that different sorts of viruses give to their hosts. That would help to support a view which is held by an increasing number of biologists, that many creatures rely on symbiosis, rather than being self-sufficient.

① Viruses demonstrate self-sufficiency of biological beings.
② Biologists should do everything to keep plants virus-free.
③ The principle of symbiosis cannot be applied to infected plants.
④ Viruses sometimes do their hosts good, rather than harming them.

15 다음 글의 내용과 일치하지 않는 것은?

The traditional way of making maple syrup is interesting. A sugar maple tree produces a watery sap each spring, when there is still lots of snow on the ground. To take the sap out of the sugar maple tree, a farmer makes a slit in the bark with a special knife, and puts a "tap" on the tree. Then the farmer hangs a bucket from the tap, and the sap drips into it. That sap is collected and boiled until a sweet syrup remains—forty gallons of sugar maple tree "water" make one gallon of syrup. That's a lot of buckets, a lot of steam, and a lot of work. Even so, most of maple syrup producers are family farmers who collect the buckets by hand and boil the sap into syrup themselves.

① 사탕단풍나무에서는 매년 봄에 수액이 생긴다.
② 사탕단풍나무의 수액을 얻기 위해 나무껍질에 틈새를 만든다.
③ 단풍나무시럽 1갤론을 만들려면 수액 40갤론이 필요하다.
④ 단풍나무시럽을 만들기 위해 기계로 수액 통을 수거한다.

16 다음 글의 흐름상 어색한 문장은?

I once took a course in short-story writing and during that course a renowned editor of a leading magazine talked to our class. ① He said he could pick up any one of the dozens of stories that came to his desk every day and after reading a few paragraphs he could feel whether or not the author liked people. ② "If the author doesn't like people," he said, "people won't like his or her stories." ③ The editor kept stressing the importance of being interested in people during his talk on fiction writing. ④ Thurston, a great magician, said that every time he went on stage he said to himself, "I am grateful because I'm successful." At the end of the talk, he concluded, "Let me tell you again. You have to be interested in people if you want to be a successful writer of stories."

17 주어진 글 다음에 이어질 글의 순서로 가장 적절한 것은?

Just a few years ago, every conversation about artificial intelligence (AI) seemed to end with an apocalyptic prediction.

(A) More recently, however, things have begun to change. AI has gone from being a scary black box to something people can use for a variety of use cases.

(B) In 2014, an expert in the field said that, with AI, we are summoning the demon, while a Nobel Prize winning physicist said that AI could spell the end of the human race.

(C) This shift is because these technologies are finally being explored at scale in the industry, particularly for market opportunities.

① (A) - (B) - (C)
② (B) - (A) - (C)
③ (B) - (C) - (A)
④ (C) - (A) - (B)

18 주어진 문장이 들어갈 위치로 가장 적절한 것은?

Yet, requests for such self-assessments are pervasive throughout one's career.

The fiscal quarter just ended. Your boss comes by to ask you how well you performed in terms of sales this quarter. How do you describe your performance? As excellent? Good? Terrible? (①) Unlike when someone asks you about an objective performance metric (e.g., how many dollars in sales you brought in this quarter), how to subjectively describe your performance is often unclear. There is no right answer. (②) You are asked to subjectively describe your own performance in school applications, in job applications, in interviews, in performance reviews, in meetings—the list goes on. (③) How you describe your performance is what we call your level of self-promotion. (④) Since self-promotion is a pervasive part of work, people who do more self-promotion may have better chances of being hired, being promoted, and getting a raise or a bonus.

[19~20] 밑줄 친 부분에 들어갈 말로 가장 적절한 것을 고르시오.

19

We live in the age of anxiety. Because being anxious can be an uncomfortable and scary experience, we resort to conscious or unconscious strategies that help reduce anxiety in the moment—watching a movie or TV show, eating, video-game playing, and overworking. In addition, smartphones also provide a distraction any time of the day or night. Psychological research has shown that distractions serve as a common anxiety avoidance strategy. ____________, however, these avoidance strategies make anxiety worse in the long run. Being anxious is like getting into quicksand-the more you fight it, the deeper you sink. Indeed, research strongly supports a well-known phrase that "What you resist, persists."

① Paradoxically
② Fortunately
③ Neutrally
④ Creatively

20

How many different ways do you get information? Some people might have six different kinds of communications to answer—text messages, voice mails, paper documents, regular mail, blog posts, messages on different online services. Each of these is a type of in-box, and each must be processed on a continuous basis. It's an endless process, but it doesn't have to be exhausting or stressful. Getting your information management down to a more manageable level and into a productive zone starts by ____________________. Every place you have to go to check your messages or to read your incoming information is an in-box, and the more you have, the harder it is to manage everything. Cut the number of in-boxes you have down to the smallest number possible for you still to function in the ways you need to.

① setting several goals at once
② immersing yourself in incoming information
③ minimizing the number of in-boxes you have
④ choosing information you are passionate about

영어 | 2022년 국가직 9급

모바일 OMR

회독 CHECK 1 2 3

[01~03] 밑줄 친 부분의 의미와 가장 가까운 것을 고르시오.

×

01

For years, detectives have been trying to <u>unravel</u> the mystery of the sudden disappearance of the twin brothers.

① solve
② create
③ imitate
④ publicize

×

02

Before the couple experienced parenthood, their four-bedroom house seemed unnecessarily <u>opulent</u>.

① hidden
② luxurious
③ empty
④ solid

×

03

The boss <u>hit the roof</u> when he saw that we had already spent the entire budget in such a short period of time.

① was very satisfied
② was very surprised
③ became extremely calm
④ became extremely angry

[04~05] 밑줄 친 부분에 들어갈 말로 가장 적절한 것을 고르시오.

04

A mouse potato is the computer __________ of television's couch potato: someone who tends to spend a great deal of leisure time in front of the computer in much the same way the couch potato does in front of the television.

① technician
② equivalent
③ network
④ simulation

05

Mary decided to __________ her Spanish before going to South America.

① brush up on
② hear out
③ stick up for
④ lay off

×

06 어법상 옳은 것은?

① A horse should be fed according to its individual needs and the nature of its work.

② My hat was blown off by the wind while walking down a narrow street.

③ She has known primarily as a political cartoonist throughout her career.

④ Even young children like to be complimented for a job done good.

07 다음 글의 내용과 일치하지 않는 것은?

Umberto Eco was an Italian novelist, cultural critic and philosopher. He is widely known for his 1980 novel *The Name of the Rose*, a historical mystery combining semiotics in fiction with biblical analysis, medieval studies and literary theory. He later wrote other novels, including *Foucault's Pendulum* and *The Island of the Day Before*. Eco was also a translator: he translated Raymond Queneau's book *Exercices de style* into Italian. He was the founder of the Department of Media Studies at the University of the Republic of San Marino. He died at his Milanese home of pancreatic cancer, from which he had been suffering for two years, on the night of February 19, 2016.

① *The Name of the Rose* is a historical novel.

② Eco translated a book into Italian.

③ Eco founded a university department.

④ Eco died in a hospital of cancer.

08 밑줄 친 부분 중 어법상 옳지 않은 것은?

To find a good starting point, one must return to the year 1800 during ① <u>which</u> the first modern electric battery was developed. Italian Alessandro Volta found that a combination of silver, copper, and zinc ② <u>were</u> ideal for producing an electrical current. The enhanced design, ③ <u>called</u> a Voltaic pile, was made by stacking some discs made from these metals between discs made of cardboard soaked in sea water. There was ④ <u>such</u> talk about Volta's work that he was requested to conduct a demonstration before the Emperor Napoleon himself.

09 다음 글의 제목으로 가장 적절한 것은?

Lasers are possible because of the way light interacts with electrons. Electrons exist at specific energy levels or states characteristic of that particular atom or molecule. The energy levels can be imagined as rings or orbits around a nucleus. Electrons in outer rings are at higher energy levels than those in inner rings. Electrons can be bumped up to higher energy levels by the injection of energy—for example, by a flash of light. When an electron drops from an outer to an inner level, "excess" energy is given off as light. The wavelength or color of the emitted light is precisely related to the amount of energy released. Depending on the particular lasing material being used, specific wavelengths of light are absorbed (to energize or excite the electrons) and specific wavelengths are emitted (when the electrons fall back to their initial level).

① How Is Laser Produced?

② When Was Laser Invented?

③ What Electrons Does Laser Emit?

④ Why Do Electrons Reflect Light?

10 다음 글의 흐름상 가장 어색한 문장은?

Markets in water rights are likely to evolve as a rising population leads to shortages and climate change causes drought and famine. ① But they will be based on regional and ethical trading practices and will differ from the bulk of commodity trade. ② Detractors argue trading water is unethical or even a breach of human rights, but already water rights are bought and sold in arid areas of the globe from Oman to Australia. ③ Drinking distilled water can be beneficial, but may not be the best choice for everyone, especially if the minerals are not supplemented by another source. ④ "We strongly believe that water is in fact turning into the new gold for this decade and beyond," said Ziad Abdelnour. "No wonder smart money is aggressively moving in this direction."

[11~12] 밑줄 친 부분에 들어갈 말로 가장 적절한 것을 고르시오.

11

A: I heard that the university cafeteria changed their menu.
B: Yeah, I just checked it out.
A: And they got a new caterer.
B: Yes. Sam's Catering.
A: ______________________?
B: There are more dessert choices. Also, some sandwich choices were removed.

① What is your favorite dessert
② Do you know where their office is
③ Do you need my help with the menu
④ What's the difference from the last menu

12

A: Hi there. May I help you?
B: Yes, I'm looking for a sweater.
A: Well, this one is the latest style from the fall collection. What do you think?
B: It's gorgeous. How much is it?
A: Let me check the price for you. It's $120.
B: ______________________.
A: Then how about this sweater? It's from the last season, but it's on sale for $50.
B: Perfect! Let me try it on.

① I also need a pair of pants to go with it
② That jacket is the perfect gift for me
③ It's a little out of my price range
④ We are open until 7 p.m. on Saturdays

[13~14] 우리말을 영어로 잘못 옮긴 것을 고르시오.

13 ① 우리가 영어를 단시간에 배우는 것은 결코 쉬운 일이 아니다.
→ It is by no means easy for us to learn English in a short time.

② 우리 인생에서 시간보다 더 소중한 것은 없다.
→ Nothing is more precious as time in our life.

③ 아이들은 길을 건널 때 아무리 조심해도 지나치지 않다.
→ Children cannot be too careful when crossing the street.

④ 그녀는 남들이 말하는 것을 쉽게 믿는다.
→ She easily believes what others say.

×

14 ① 커피 세 잔을 마셨기 때문에, 그녀는 잠을 이룰 수 없다.

→ Having drunk three cups of coffee, she can't fall asleep.

② 친절한 사람이어서, 그녀는 모든 이에게 사랑받는다.

→ Being a kind person, she is loved by everyone.

③ 모든 점이 고려된다면, 그녀가 그 직위에 가장 적임인 사람이다.

→ All things considered, she is the best-qualified person for the position.

④ 다리를 꼰 채로 오랫동안 앉아 있는 것은 혈압을 상승시킬 수 있다.

→ Sitting with the legs crossing for a long period can raise blood pressure.

15 밑줄 친 (A), (B)에 들어갈 말로 가장 적절한 것은?

Beliefs about maintaining ties with those who have died vary from culture to culture. For example, maintaining ties with the deceased is accepted and sustained in the religious rituals of Japan. Yet among the Hopi Indians of Arizona, the deceased are forgotten as quickly as possible and life goes on as usual. ___(A)___, the Hopi funeral ritual concludes with a break-off between mortals and spirits. The diversity of grieving is nowhere clearer than in two Muslim societies—one in Egypt, the other in Bali. Among Muslims in Egypt, the bereaved are encouraged to dwell at length on their grief, surrounded by others who relate to similarly tragic accounts and express their sorrow. ___(B)___, in Bali, bereaved Muslims are encouraged to laugh and be joyful rather than be sad.

	(A)	(B)
①	However	Similarly
②	In fact	By contrast
③	Therefore	For example
④	Likewise	Consequently

16 밑줄 친 부분에 들어갈 말로 가장 적절한 것은?

Scientists have long known that higher air temperatures are contributing to the surface melting on Greenland's ice sheet. But a new study has found another threat that has begun attacking the ice from below: Warm ocean water moving underneath the vast glaciers is causing them to melt even more quickly. The findings were published in the journal *Nature Geoscience* by researchers who studied one of the many "ice tongues" of the Nioghalvfjerdsfjorden Glacier in northeast Greenland. An ice tongue is a strip of ice that floats on the water without breaking off from the ice on land. The massive one these scientists studied is nearly 50 miles long. The survey revealed an underwater current more than a mile wide where warm water from the Atlantic Ocean is able to flow directly towards the glacier, bringing large amounts of heat into contact with the ice and ______________ the glacier's melting.

① separating
② delaying
③ preventing
④ accelerating

영어 교육행정직

17 다음 글의 제목으로 가장 적절한 것은?

Do people from different cultures view the world differently? A psychologist presented realistic animated scenes of fish and other underwater objects to Japanese and American students and asked them to report what they had seen. Americans and Japanese made about an equal number of references to the focal fish, but the Japanese made more than 60 percent more references to background elements, including the water, rocks, bubbles, and inert plants and animals. In addition, whereas Japanese and American participants made about equal numbers of references to movement involving active animals, the Japanese participants made almost twice as many references to relationships involving inert, background objects. Perhaps most tellingly, the very first sentence from the Japanese participants was likely to be one referring to the environment, whereas the first sentence from Americans was three times as likely to be one referring to the focal fish.

① Language Barrier Between Japanese and Americans
② Associations of Objects and Backgrounds in the Brain
③ Cultural Differences in Perception
④ Superiority of Detail-oriented People

18 주어진 문장이 들어갈 위치로 가장 적절한 곳은?

Thus, blood, and life-giving oxygen, are easier for the heart to circulate to the brain.

People can be exposed to gravitational force, or g-force, in different ways. It can be localized, affecting only a portion of the body, as in getting slapped on the back. It can also be momentary, such as hard forces endured in a car crash. A third type of g-force is sustained, or lasting for at least several seconds. (①) Sustained, body-wide g-forces are the most dangerous to people. (②) The body usually withstands localized or momentary g-force better than sustained g-force, which can be deadly because blood is forced into the legs, depriving the rest of the body of oxygen. (③) Sustained g-force applied while the body is horizontal, or lying down, instead of sitting or standing tends to be more tolerable to people, because blood pools in the back and not the legs. (④) Some people, such as astronauts and fighter jet pilots, undergo special training exercises to increase their bodies' resistance to g-force.

19 다음 글의 요지로 가장 적절한 것은?

If someone makes you an offer and you're legitimately concerned about parts of it, you're usually better off proposing all your changes at once. Don't say, "The salary is a bit low. Could you do something about it?" and then, once she's worked on it, come back with "Thanks. Now here are two other things I'd like..." If you ask for only one thing initially, she may assume that getting it will make you ready to accept the offer (or at least to make a decision). If you keep saying "and one more thing...," she is unlikely to remain in a generous or understanding mood. Furthermore, if you have more than one request, don't simply mention all the things you want—A, B, C, and D; also signal the relative importance of each to you. Otherwise, she may pick the two things you value least, because they're pretty easy to give you, and feel she's met you halfway.

① Negotiate multiple issues simultaneously, not serially.
② Avoid sensitive topics for a successful negotiation.
③ Choose the right time for your negotiation.
④ Don't be too direct when negotiating salary.

20 주어진 글 다음에 이어질 글의 순서로 가장 적절한 것은?

Today, Lamarck is unfairly remembered in large part for his mistaken explanation of how adaptations evolve. He proposed that by using or not using certain body parts, an organism develops certain characteristics.

(A) There is no evidence that this happens. Still, it is important to note that Lamarck proposed that evolution occurs when organisms adapt to their environments. This idea helped set the stage for Darwin.

(B) Lamarck thought that these characteristics would be passed on to the offspring. Lamarck called this idea *inheritance of acquired characteristics*.

(C) For example, Lamarck might explain that a kangaroo's powerful hind legs were the result of ancestors strengthening their legs by jumping and then passing that acquired leg strength on to the offspring. However, an acquired characteristic would have to somehow modify the DNA of specific genes in order to be inherited.

① (A) - (C) - (B)
② (B) - (A) - (C)
③ (B) - (C) - (A)
④ (C) - (A) - (B)

영어 | 2022년 지방직 9급

모바일 OMR

회독 CHECK 1 2 3

[01~03] 밑줄 친 부분의 의미와 가장 가까운 것을 고르시오.

×
01

> School teachers have to be <u>flexible</u> to cope with different ability levels of the students.

① strong ② adaptable
③ honest ④ passionate

×
02

> Crop yields <u>vary</u>, improving in some areas and falling in others.

① change ② decline
③ expand ④ include

×
03

> I don't feel inferior to anyone <u>with respect to</u> my education.

① in danger of ② in spite of
③ in favor of ④ in terms of

04 밑줄 친 부분에 들어갈 말로 가장 적절한 것은?

> Sometimes we ________ money long before the next payday.

① turn into
② start over
③ put up with
④ run out of

[05~06] 어법상 옳지 않은 것을 고르시오.

×
05 ① He asked me why I kept coming back day after day.
② Toys children wanted all year long has recently discarded.
③ She is someone who is always ready to lend a helping hand.
④ Insects are often attracted by scents that aren't obvious to us.

×
06 ① You can write on both sides of the paper.
② My home offers me a feeling of security, warm, and love.
③ The number of car accidents is on the rise.
④ Had I realized what you were intending to do, I would have stopped you.

[07~08] 우리말을 영어로 잘못 옮긴 것을 고르시오.

×
07 ① 나는 단 한 푼의 돈도 낭비할 수 없다.
→ I can afford to waste even one cent.
② 그녀의 얼굴에서 미소가 곧 사라졌다.
→ The smile soon faded from her face.
③ 그녀는 사임하는 것 외에는 대안이 없었다.
→ She had no alternative but to resign.
④ 나는 5년 후에 내 사업을 시작할 작정이다.
→ I'm aiming to start my own business in five years.

×
08 ① 식사를 마치자마자 나는 다시 배고프기 시작했다.
→ No sooner I have finishing the meal than I started feeling hungry again.
② 그녀는 조만간 요금을 내야만 할 것이다.
→ She will have to pay the bill sooner or later.
③ 독서와 정신의 관계는 운동과 신체의 관계와 같다.
→ Reading is to the mind what exercise is to the body.
④ 그는 대학에서 의학을 공부했으나 결국 회계 회사에서 일하게 되었다.
→ He studied medicine at university but ended up working for an accounting firm.

×
09 두 사람의 대화 중 가장 어색한 것은?

① A: I like this newspaper because it's not opinionated.
B: That's why it has the largest circulation.
② A: Do you have a good reason for being all dressed up?
B: Yeah, I have an important job interview today.
③ A: I can hit the ball straight during the practice but not during the game.
B: That happens to me all the time, too.
④ A: Is there any particular subject you want to paint on canvas?
B: I didn't do good in history when I was in high school.

10 밑줄 친 부분에 들어갈 말로 가장 적절한 것은?

> A: Hey! How did your geography test go?
> B: Not bad, thanks. I'm just glad that it's over! How about you? How did your science exam go?
> A: Oh, it went really well. ________________. I owe you a treat for that.
> B: It's my pleasure. So, do you feel like preparing for the math exam scheduled for next week?
> A: Sure. Let's study together.
> B: It sounds good. See you later.

① There's no sense in beating yourself up over this
② I never thought I would see you here
③ Actually, we were very disappointed
④ I can't thank you enough for helping me with it

11 주어진 글 다음에 이어질 글의 순서로 가장 적절한 것은?

For people who are blind, everyday tasks such as sorting through the mail or doing a load of laundry present a challenge.

(A) That's the thinking behind Aira, a new service that enables its thousands of users to stream live video of their surroundings to an on-demand agent, using either a smartphone or Aira's proprietary glasses.
(B) But what if they could "borrow" the eyes of someone who could see?
(C) The Aira agents, who are available 24/7, can then answer questions, describe objects or guide users through a location.

① (A) - (B) - (C)
② (A) - (C) - (B)
③ (B) - (A) - (C)
④ (C) - (A) - (B)

12 주어진 문장이 들어갈 위치로 가장 적절한 곳은?

The comparison of the heart to a pump, however, is a genuine analogy.

An analogy is a figure of speech in which two things are asserted to be alike in many respects that are quite fundamental. Their structure, the relationships of their parts, or the essential purposes they serve are similar, although the two things are also greatly dissimilar. Roses and carnations are not analogous. (①) They both have stems and leaves and may both be red in color. (②) But they exhibit these qualities in the same way; they are of the same genus. (③) These are disparate things, but they share important qualities: mechanical apparatus, possession of valves, ability to increase and decrease pressures, and capacity to move fluids. (④) And the heart and the pump exhibit these qualities in different ways and in different contexts.

13 다음 글의 제목으로 가장 적절한 것은?

One of the areas where efficiency can be optimized is the work force, through increasing individual productivity—defined as the amount of work (products produced, customers served) an employee handles in a given time. In addition to making sure you have invested in the right equipment, environment, and training to ensure optimal performance, you can increase productivity by encouraging staffers to put an end to a modern-day energy drain: multitasking. Studies show it takes 25 to 40 percent longer to get a job done when you're simultaneously trying to work on other projects. To be more productive, says Andrew Deutscher, vice president of business development at consulting firm The Energy Project, "do one thing, uninterrupted, for a sustained period of time."

① How to Create More Options in Life
② How to Enhance Daily Physical Performance
③ Multitasking is the Answer for Better Efficiency
④ Do One Thing at a Time for Greater Efficiency

14 글의 흐름상 가장 어색한 문장은?

The skill to have a good argument is critical in life. But it's one that few parents teach to their children. ① We want to give kids a stable home, so we stop siblings from quarreling and we have our own arguments behind closed doors. ② Yet if kids never get exposed to disagreement, we may eventually limit their creativity. ③ Children are most creative when they are free to brainstorm with lots of praise and encouragement in a peaceful environment. ④ It turns out that highly creative people often grow up in families full of tension. They are not surrounded by fistfights or personal insults, but real disagreements. When adults in their early 30s were asked to write imaginative stories, the most creative ones came from those whose parents had the most conflict a quarter-century earlier.

[15~16] 다음 글의 내용과 일치하지 않는 것을 고르시오.

15

Christopher Nolan is an Irish writer of some renown in the English language. Brain damaged since birth, Nolan has had little control over the muscles of his body, even to the extent of having difficulty in swallowing food. He must be strapped to his wheelchair because he cannot sit up by himself. Nolan cannot utter recognizable speech sounds. Fortunately, though, his brain damage was such that Nolan's intelligence was undamaged and his hearing was normal; as a result, he learned to understand speech as a young child. It was only many years later, though, after he had reached 10 years, and after he had learned to read, that he was given a means to express his first words. He did this by using a stick which was attached to his head to point to letters. It was in this 'unicorn' manner, letter-by-letter, that he produced an entire book of poems and short stories, *Dam-Burst of Dreams*, while still a teenager.

① Christopher Nolan은 뇌 손상을 갖고 태어났다.
② Christopher Nolan은 음식을 삼키는 것도 어려웠다.
③ Christopher Nolan은 청각 장애로 인해 들을 수 없었다.
④ Christopher Nolan은 10대일 때 책을 썼다.

16

In many Catholic countries, children are often named after saints; in fact, some priests will not allow parents to name their children after soap opera stars or football players. Protestant countries tend to be more free about this; however, in Norway, certain names such as Adolf are banned completely. In countries where infant mortality is very high, such as in Africa, tribes only name their children when they reach five years old, the age in which their chances of survival begin to increase. Until that time, they are referred to by the number of years they are. Many nations in the Far East give their children a unique name which in some way describes the circumstances of the child's birth or the parents' expectations and hopes for the child. Some Australian aborigines can keep changing their name throughout their life as the result of some important experience which has in some way proved their wisdom, creativity or determination. For example, if one day, one of them dances extremely well, he or she may decide to re-name him/herself 'supreme dancer' or 'light feet'.

① Children are frequently named after saints in many Catholic countries.
② Some African children are not named until they turn five years old.
③ Changing one's name is totally unacceptable in the culture of Australian aborigines.
④ Various cultures name their children in different ways.

17 다음 글의 요지로 가장 적절한 것은?

In one study, done in the early 1970s when young people tended to dress in either "hippie" or "straight" fashion, experimenters donned hippie or straight attire and asked college students on campus for a dime to make a phone call. When the experimenter was dressed in the same way as the student, the request was granted in more than two-thirds of the instances; when the student and requester were dissimilarly dressed, the dime was provided less than half the time. Another experiment showed how automatic our positive response to similar others can be. Marchers in an antiwar demonstration were found to be more likely to sign the petition of a similarly dressed requester and to do so without bothering to read it first.

① People are more likely to help those who dress like themselves.
② Dressing up formally increases the chance of signing the petition.
③ Making a phone call is an efficient way to socialize with other students.
④ Some college students in the early 1970s were admired for their unique fashion.

18 (A)와 (B)에 들어갈 말로 가장 적절한 것은?

Duration shares an inverse relationship with frequency. If you see a friend frequently, then the duration of the encounter will be shorter. Conversely, if you don't see your friend very often, the duration of your visit will typically increase significantly. (A), if you see a friend every day, the duration of your visits can be low because you can keep up with what's going on as events unfold. If, however, you only see your friend twice a year, the duration of your visits will be greater. Think back to a time when you had dinner in a restaurant with a friend you hadn't seen for a long period of time. You probably spent several hours catching up on each other's lives. The duration of the same dinner would be considerably shorter if you saw the person on a regular basis. (B), in romantic relationships the frequency and duration are very high because couples, especially newly minted ones, want to spend as much time with each other as possible. The intensity of the relationship will also be very high.

	(A)	(B)
①	For example	Conversely
②	Nonetheless	Furthermore
③	Therefore	As a result
④	In the same way	Thus

영어
교육행정직

[19~20] 밑줄 친 부분에 들어갈 말로 가장 적절한 것을 고르시오.

19

One of the most frequently used propaganda techniques is to convince the public that the propagandist's views reflect those of the common person and that he or she is working in their best interests. A politician speaking to a blue-collar audience may roll up his sleeves, undo his tie, and attempt to use the specific idioms of the crowd. He may even use language incorrectly on purpose to give the impression that he is "just one of the folks." This technique usually also employs the use of glittering generalities to give the impression that the politician's views are the same as those of the crowd being addressed. Labor leaders, businesspeople, ministers, educators, and advertisers have used this technique to win our confidence by appearing to be ____________ ____________.

① beyond glittering generalities
② just plain folks like ourselves
③ something different from others
④ better educated than the crowd

20

As a roller coaster climbs the first lift hill of its track, it is building potential energy—the higher it gets above the earth, the stronger the pull of gravity will be. When the coaster crests the lift hill and begins its descent, its potential energy becomes kinetic energy, or the energy of movement. A common misperception is that a coaster loses energy along the track. An important law of physics, however, called the law of conservation of energy, is that energy can never be created nor destroyed. It simply changes from one form to another. Whenever a track rises back uphill, the cars' momentum—their kinetic energy—will carry them upward, which builds potential energy, and roller coasters repeatedly convert potential energy to kinetic energy and back again. At the end of a ride, coaster cars are slowed down by brake mechanisms that create ____________ between two surfaces. This motion makes them hot, meaning kinetic energy is changed to heat energy during braking. Riders may mistakenly think coasters lose energy at the end of the track, but the energy just changes to and from different forms.

① gravity
② friction
③ vacuum
④ acceleration

목적과 그에 따른 계획이 없으면 목적지 없이 항해하는 배와 같다.

– 피츠휴 닷슨 –

PART 3

한국사

- 2024년 국가직 9급
- 2024년 지방직 9급
- 2023년 국가직 9급
- 2023년 지방직 9급
- 2022년 국가직 9급
- 2022년 지방직 9급

출제경향

2024년 **국가직**

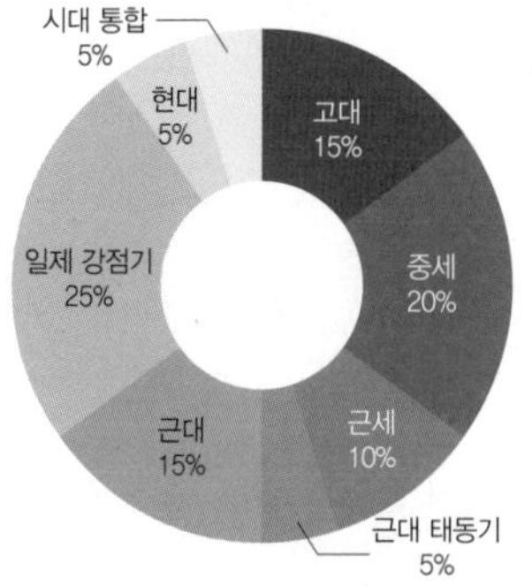

2024년 **지방직**

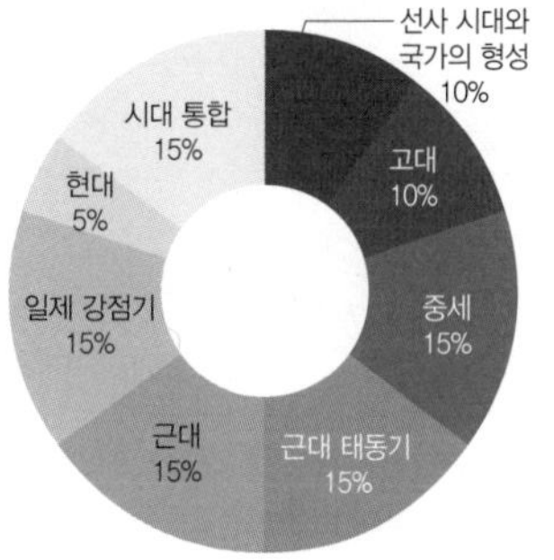

2023년 **국가직**

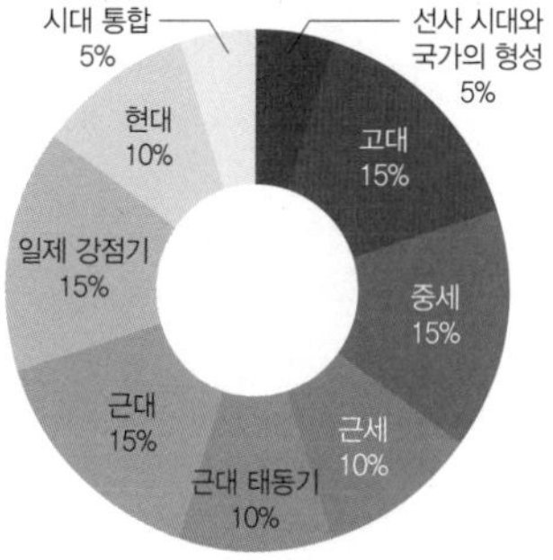

2023년 **지방직**

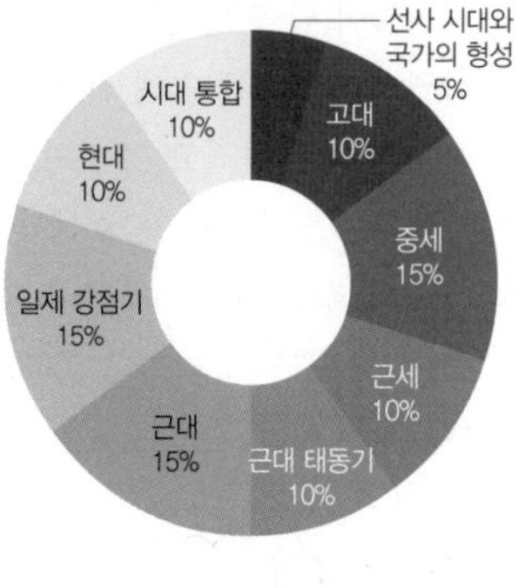

2022년 **국가직**

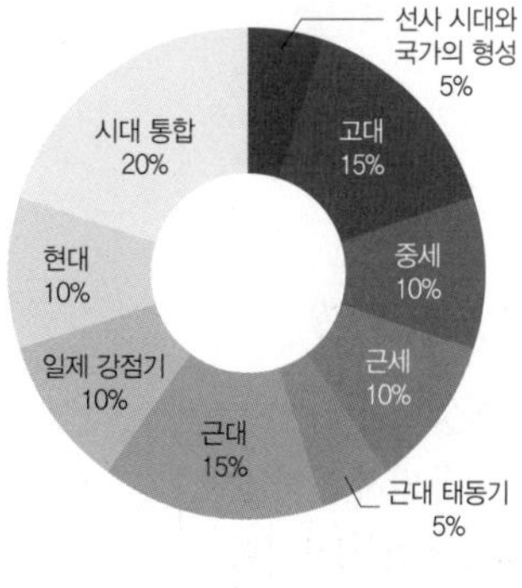

2022년 **지방직**

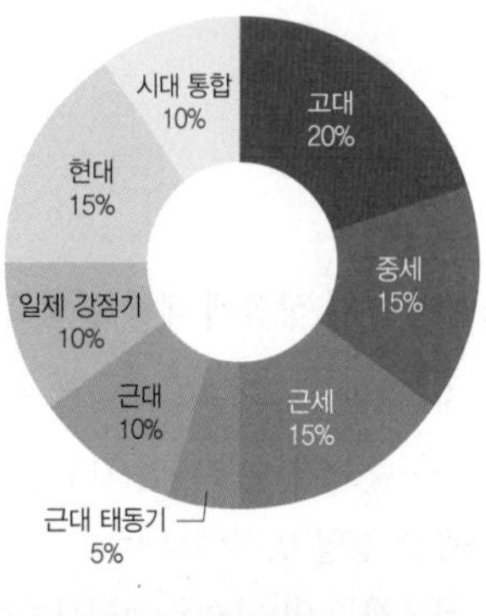

한국사 | 2024년 국가직 9급

모바일 OMR

회독 CHECK 1 2 3

01 밑줄 친 '이 나라'에 대한 설명으로 옳은 것은?

> 5세기 후반 가야의 주도 세력으로 성장한 이 나라는 낙동강 유역이라는 지리적 이점과 풍부한 철을 활용하여 후기 가야 연맹의 맹주가 되었다.

① 진흥왕에 의해 멸망하였다.
② 사비로 천도하고 국호를 남부여로 하였다.
③ 지방 행정 구역을 5경 15부 62주로 나누었다.
④ 평양으로 수도를 옮기고 남진 정책을 추진하였다.

02 고려의 경제 상황에 대한 설명으로 옳은 것은?

① 진대법이라는 구휼 제도를 시행하였다.
② 건원중보가 발행되었으나 널리 이용되지 못하였다.
③ 광산 경영 방식에서 덕대제가 유행하기 시작하였다.
④ 전통적 농업 기술을 정리한 『농사직설』이 편찬되었다.

03 다음 자료에 대한 설명으로 옳은 것은?

> 조선이라는 땅덩어리는 실로 아시아의 요충을 차지하고 있어 그 형세가 반드시 다툼을 불러올 것이다. 조선이 위태로우면 중동(中東)의 형세도 위급해진다. 따라서 러시아가 강토를 공략하려 한다면 반드시 조선이 첫 번째 대상이 될 것이다. …(중략)… 러시아를 막을 수 있는 조선의 책략은 무엇인가? 오직 중국과 친하며, 일본과 맺고, 미국과 연합함으로써 자강을 도모하는 길뿐이다.

① 강화도 조약 체결 이전 조선에 널리 퍼졌다.
② 흥선대원군이 척화비를 세우는 계기가 되었다.
③ 이만손 등 영남 유생들의 반발을 불러일으켰다.
④ 청에 영선사로 파견된 김윤식에 의해 소개되었다.

04 (가)에 들어갈 말로 옳은 것은?

> 정부의 개화 정책이 추진되면서 구식 군인과 도시 하층민이 반발하였다. 제대로 봉급을 받지 못한 구식 군인들이 난을 일으키고 도시 하층민이 여기에 합세하였으나 청군에 의해 진압되었다. 이후 청은 조선에 군대를 주둔시키고 조선의 내정에 개입하였다. 또 (가) 을 체결하여 조선이 청의 속방임을 명문화하고 청 상인의 내륙 진출을 인정받았다.

① 한성 조약
② 톈진 조약
③ 제물포 조약
④ 조청상민수륙무역장정

05 위화도 회군 이후에 있었던 사실로 옳지 않은 것은?

① 과전법이 실시되었다.
② 정몽주가 살해되었다.
③ 한양으로 도읍을 이전하였다.
④ 황산 대첩에서 왜구를 토벌하였다.

06 다음의 논설을 작성한 인물에 대한 설명으로 옳은 것은?

> 이 날을 목 놓아 우노라[是日也放聲大哭]. …(중략)… 천하만사가 예측하기 어려운 것도 많지만, 천만 뜻밖에 5개조가 어떻게 제출되었는가. 이 조건은 비단 우리 한국뿐 아니라 동양 삼국이 분열할 조짐을 점차 만들어 낼 것이니 이토[伊藤] 후작의 본의는 어디에 있는가?

①『한성순보』를 창간하였다.
②『한국통사』를 저술하였다.
③「독사신론」을 발표하였다.
④『황성신문』의 주필을 역임하였다.

07 밑줄 친 '왕'의 재위 기간에 편찬된 서적으로 옳은 것은?

> • 왕은 집현전을 계승한 홍문관을 설치하고 중단되었던 경연을 다시 열었다.
> • 왕은 훈구 세력을 견제하기 위해 사림 세력을 등용하였다.

① 대전통편
② 동사강목
③ 동국여지승람
④ 훈민정음운해

08 밑줄 친 '반란'에 대한 설명으로 옳은 것만을 모두 고르면?

> 웅천주 도독 헌창이 반란을 일으켜, 무진주 · 완산주 · 청주 · 사벌주 네 주의 도독과 국원경 · 서원경 · 금관경의 사신 및 여러 군현의 수령들을 위협하여 자신의 아래에 예속시키려 하였다.

> ㉠ 천민이 중심이 된 신분 해방 운동 성격을 가졌다.
> ㉡ 반란 세력은 국호를 '장안', 연호를 '경운'이라 하였다.
> ㉢ 주동자의 아버지가 왕이 되지 못한 것에 대한 불만으로 일어났다.
> ㉣ 무열왕 직계가 단절되고 내물왕계가 다시 왕위를 차지하는 결과를 가져왔다.

① ㉠, ㉡
② ㉠, ㉣
③ ㉡, ㉢
④ ㉢, ㉣

09 다음 사건 이후에 있었던 사실로 옳은 것은?

> 홍서봉 등이 한(汗)의 글을 받아 되돌아왔는데, 그 글에, "대청국의 황제는 조선의 관리와 백성들에게 알린다. 짐이 이번에 정벌하러 온 것은 원래 죽이기를 좋아하고 얻기를 탐해서가 아니다. 본래는 늘 서로 화친하려고 했는데, 그대 나라의 군신이 먼저 불화의 단서를 야기시켰다."라고 하였다.

① 삼전도비가 세워졌다.
② 이괄이 난을 일으켰다.
③ 인조가 강화도로 피난하였다.
④ 정봉수가 용골산성에서 항전하였다.

10 (가)~(라)를 시기순으로 바르게 나열한 것은?

> (가) 13도 창의군이 결성되었다.
> (나) 지방군은 10정으로 조직하였다.
> (다) 친위 부대인 장용영을 설치하였다.
> (라) 중앙군은 2군 6위제로 운영하였다.

① (나) → (라) → (가) → (다)
② (나) → (라) → (다) → (가)
③ (라) → (나) → (가) → (다)
④ (라) → (나) → (다) → (가)

11 밑줄 친 '이 회의' 이후에 있었던 사실로 옳지 않은 것은?

> 미국, 영국, 소련 3국의 외무 장관이 모인 이 회의에서는 한국의 민주주의적 임시 정부 수립과 이를 위한 미 · 소공동위원회의 설치, 최대 5년간의 신탁통치 방안 등이 결정되었다.

① 5 · 10 총선거가 실시되었다.
② 좌우 합작 7원칙이 발표되었다.
③ 조선 건국 준비 위원회가 결성되었다.
④ 반민족 행위 특별 조사위원회가 구성되었다.

12 밑줄 친 '가람'에 대한 설명으로 옳은 것은?

> 우리 왕후께서는 좌평 사택적덕의 따님으로 지극히 오랜 세월에 선인(善因)을 심어 이번 생에 뛰어난 과보를 받아 만민을 어루만져 기르시고 삼보(三寶)의 동량(棟梁)이 되셨기에 능히 가람을 세우시고, 기해년 정월 29일에 사리를 받들어 맞이하셨다. 원하옵나니, 영원토록 공양하고 다함이 없이 이 선(善)의 근원을 배양하여, 대왕 폐하의 수명은 산악과 같이 견고하고 치세는 천지와 함께 영구하며, 위로는 정법을 넓히고 아래로는 창생을 교화하게 하소서.

① 목탑의 양식을 간직한 석탑이 있다.
② 대리석으로 만든 10층 석탑이 있다.
③ 성주산문을 개창한 낭혜 화상의 탑비가 있다.
④ 돌을 벽돌 모양으로 만들어 쌓은 모전석탑이 있다.

13 조선 세조 대에 있었던 사실로 옳은 것만을 모두 고르면?

> ㉠ 사병을 혁파하였다.
> ㉡ 집현전을 폐지하였다.
> ㉢ 『경국대전』을 완성하였다.
> ㉣ 6조 직계제를 시행하였다.

① ㉠, ㉢
② ㉠, ㉣
③ ㉡, ㉢
④ ㉡, ㉣

14 (가)~(라)는 대한민국 임시정부와 관련한 사실이다. 이를 시기순으로 바르게 나열한 것은?

> (가) 한인애국단 창설
> (나) 한국광복군 창설
> (다) 국민대표회의 개최
> (라) 주석 · 부주석제로 개헌

① (가) → (다) → (나) → (라)
② (가) → (라) → (다) → (나)
③ (다) → (가) → (나) → (라)
④ (다) → (나) → (가) → (라)

15 (가) 시기에 있었던 사실로 옳은 것은?

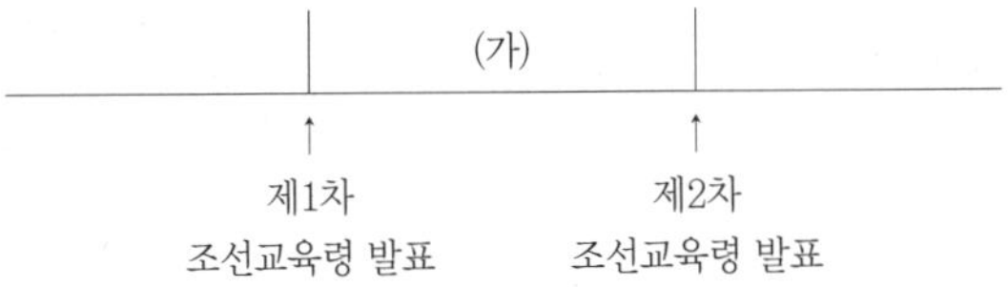

① 경성제국대학이 설립되었다.
② 근대 교육기관인 육영공원이 설립되었다.
③ 일본에서 2 · 8 독립선언서가 발표되었다.
④ 보안회의 주도로 일본의 황무지 개간권 반대 운동이 일어났다.

16 (가)의 재위 기간에 있었던 사실로 옳은 것은?

> 강조의 군사들이 궁문으로 마구 들어오자, 목종이 모면할 수 없음을 깨닫고 태후와 함께 목 놓아 울며 법왕사로 옮겼다. 잠시 후 황보유의 등이 (가) 을/를 받들어 왕위에 올렸다. 강조가 목종을 폐위하여 양국공으로 삼고, 군사를 보내 김치양 부자와 유행간 등 7인을 죽였다.

① 윤관이 별무반 편성을 건의하였다.
② 외적이 침입하여 국왕이 복주(안동)로 피난하였다.
③ 서희의 외교 담판으로 강동 6주 지역을 획득하였다.
④ 불교 경전을 집대성한 초조대장경 조판이 시작되었다.

17 (가)와 (나) 사이의 시기에 있었던 사실로 옳은 것은?

> (가) 순종의 인산일을 기하여 '동양 척식 주식회사를 철폐하라!', '일본인 지주에게 소작료를 바치지 말자!' 등의 격문을 내건 운동이 일어났다.
> (나) 광주에서 한국인 학생과 일본인 학생 사이에 일어난 충돌을 계기로 학생들이 총궐기하는 운동이 일어났다.

① 신간회가 창설되었다.
② 진단학회가 설립되었다.
③ 진주에서 조선 형평사가 창립되었다.
④ 대구에서 국채보상운동이 시작되었다.

18 1930년대에 있었던 사실로 옳은 것은?

① 비밀결사인 조선건국동맹이 결성되었다.
② 중국 관내에서 조선의용대가 창설되었다.
③ 연해주 지역에 대한광복군 정부가 설립되었다.
④ 서일을 총재로 하는 대한독립군단이 조직되었다.

19 밑줄 친 '이 나라'의 문화유산으로 옳지 않은 것은?

> 송나라 사신 서긍은 그의 저술에서 이 나라 자기의 빛깔과 모양에 대해, "도자기의 빛깔이 푸른 것을 사람들은 비색이라고 부른다. 근래에 와서 만드는 솜씨가 교묘하고 빛깔도 더욱 예뻐졌다. 술그릇의 모양은 오이와 같은데, 위에 작은 뚜껑이 있고 연꽃이나 엎드린 오리 모양을 하고 있다. 또, 주발, 접시, 사발, 꽃병 등도 있었다."라고 하였다.

① 안동 봉정사 극락전
② 구례 화엄사 각황전
③ 예산 수덕사 대웅전
④ 영주 부석사 무량수전

20 다음에서 설명하는 단체는?

> • '가갸날'을 제정하였다.
> • 기관지인 『한글』을 창간하였다.

① 국문연구소
② 조선광문회
③ 대한자강회
④ 조선어연구회

한국사 | 2024년 지방직 9급

모바일 OMR

회독 CHECK 1 2 3

01 신석기 시대에 대한 설명으로 옳지 않은 것은?

① 가락바퀴와 뼈바늘로 옷이나 그물을 만들었다.
② 군장이 죽으면 그의 권력을 상징하는 고인돌을 만들었다.
③ 동물 뼈나 조개껍데기로 된 목걸이나 팔찌를 만들어 착용하였다.
④ 일부 지역에서는 농경이 시작되어 조, 피, 수수 등을 재배하였다.

02 다음과 같은 법이 있었던 국가에 대한 설명으로 옳지 않은 것은?

> • 사람을 죽이면 즉시 사형에 처한다.
> • 남에게 상처를 입히면 곡식으로 배상한다.
> • 남의 물건을 훔친 자는 그 집의 노비로 삼는데, 스스로 죄를 면제받고자 하는 자는 50만을 내야 한다.

① 동맹이라는 제천 행사가 있었다.
② 상, 대부, 장군 등의 관직을 두었다.
③ 위만이 준왕을 몰아내고 왕이 되었다.
④ 중국의 한과 한반도 남부 사이에서 중계무역을 하였다.

03 (가) 국가에 대한 설명으로 옳은 것은?

> (가) 의 호암사에는 정사암이란 바위가 있다. 나라에서 장차 재상을 의논할 때에 뽑을 후보 서너 명의 이름을 써서 상자에 넣고 봉해서 바위 위에 두었다. 얼마 후에 열어 보고 이름 위에 도장이 찍힌 자국이 있는 사람을 재상으로 삼았다. 이런 까닭에 정사암이라 했다.
>
> –『삼국유사』–

① 6좌평과 16관등제를 마련하였다.
② 태학이라는 교육기관을 설립하였다.
③ 인안이라는 독자적인 연호를 사용하였다.
④ 골품에 따라 관등이나 관직 승진에 제한이 있었다.

04 (가)에 해당하는 인물로 옳은 것은?

> (가) 은/는 중앙아시아와 인도지역의 다섯 천축국을 순례하고 각국의 지리, 풍속, 산물 등에 관한 기행문을 남겼다. 이 기행문은 중국의 둔황 막고굴에서 발견되었으며 현재 프랑스 국립도서관에 있다.

① 원광
② 원효
③ 의상
④ 혜초

05 (가)에 해당하는 기구로 옳은 것은?

> 비로소 (가) 을 설치했다. 판사 최무선의 말을 따른 것이다. 이때에 원나라의 염초 장인 이원이 최무선과 같은 동네 사람이었다. 최무선이 몰래 그 기술을 물어서 집의 하인들에게 은밀하게 배워서 시험하게 하고 조정에 건의했다.
>
> -『고려사절요』-

① 교정도감
② 대장도감
③ 식목도감
④ 화통도감

06 (가) 문화유산에 대한 설명으로 옳은 것은?

> (가) 은/는 1377년 청주 흥덕사에서 인쇄한 것이다. 독일 구텐베르크가 인쇄한 책보다 70여 년 앞서 간행된 것으로 밝혀졌다. 현재 유네스코 세계 기록 유산으로 등재되어 있다.

① 최윤의 등이 지은 의례서를 인쇄한 것이다.
② 몽골의 침략을 물리치려는 염원을 담고 있다.
③ 현존하는 금속활자본 중에서 가장 오래된 것이다.
④ 우리나라 풍토에 맞는 처방과 약재 등이 기록되어 있다.

07 병인양요에 대한 설명으로 옳지 않은 것은?

① 프랑스 함대가 강화부를 점령하였다.
② 외규장각이 소실되었고 의궤 등을 약탈당했다.
③ 어재연이 강화도 광성보 전투에서 전사하였다.
④ 프랑스 선교사와 천주교도가 처형당한 것이 원인이 되었다.

08 밑줄 친 '이 의거'를 일으킨 단체에 대한 설명으로 옳은 것은?

> 김구는 상하이 각 신문사에 편지를 보내 자신이 이 의거의 주모자임을 스스로 밝혔다. 이 편지에서 김구는 윤봉길이 휴대한 폭탄 두 개는 자신이 특수 제작하여 직접 건넨 것이며, 일본 민간인을 포함하여 다른 나라 사람이 무고한 피해를 입지 않도록 신중을 기하라고 당부하였음을 강조하였다.

① 이봉창이 단원으로 활동하였다.
② 고종의 밀명을 받아 결성되었다.
③ 「조선 혁명 선언」을 활동 지침으로 삼았다.
④ 일제가 날조한 105인 사건으로 와해되었다.

09 다음 주장을 내세운 민족 운동은?

> 1. 오늘날 우리의 이 행동은 정의와 인도 그리고 생존과 존엄함을 지키기 위한 민족적 요구에서 나온 것이니, 오직 자유로운 정신을 발휘할 것이며 결코 배타적 감정으로 치닫지 말라.
> 1. 마지막 한 사람까지 마지막 한순간까지 민족의 정당한 의사를 마음껏 발표하라.
> 1. 일체의 행동은 무엇보다 질서를 존중하며, 우리의 주장과 태도를 어디까지나 떳떳하고 정당하게 하라.

① 3·1운동
② 6·10 만세 운동
③ 물산 장려 운동
④ 민립 대학 설립 운동

10 다음 결의 사항을 실현하기 위해 일어난 사건에 대한 설명으로 옳은 것은?

> 1. 고부성을 격파하고 군수 조병갑의 목을 베어 매달 것
> 1. 군기창과 화약고를 점령할 것
> 1. 군수에게 아첨하여 백성을 침탈한 탐욕스러운 아전을 쳐서 징벌할 것
> 1. 전주 감영을 함락하고 서울로 곧바로 향할 것

① 혜상공국 폐지 등의 정강을 발표하였다.
② 집강소를 설치하고 폐정개혁을 시도하였다.
③ 별기군에 비해 차별을 받던 구식 군인들이 일으켰다.
④ 13도 창의군을 조직하고 서울 진공 작전을 추진하였다.

11 다음 상소문이 올라간 국왕 대에 있었던 사실로 옳은 것은?

> 불교는 몸을 닦는 근본이며 유교는 나라를 다스리는 근원입니다. 몸을 닦는 것은 내생을 위한 것이며 나라를 다스리는 일은 곧 오늘의 할 일입니다. 오늘은 극히 가깝고 내생은 지극히 먼 것이니, 가까운 것을 버리고 먼 것을 구하는 일이 그릇된 일이 아니겠습니까.

① 개경에 나성을 쌓았다.
② 전시과 제도를 처음 실시하였다.
③ 전국의 주요 지역에 12목을 설치하였다.
④ 「노비안검법」을 실시하여 호족 세력을 약화시켰다.

12 밑줄 친 '왕'의 재위 기간에 있었던 사실로 옳은 것은?

> 당초에 강홍립 등이 압록강을 건너게 된 것은 <u>왕</u>이 명 조정의 지원군 요청을 거부하기 어려워 출사시킨 것이었다. 우리나라는 애초부터 그들을 원수로 대하지 않아 싸울 뜻이 없었다. 그래서 <u>왕</u>이 강홍립에게 비밀리에 명령을 내려 오랑캐와 몰래 통하게 하였던 것이다.

① 전국에 「대동법」을 실시하였다.
② 허준이 『동의보감』을 편찬하였다.
③ 자의 대비의 복상 문제로 예송이 일어났다.
④ 청과 국경을 정하기 위해 백두산정계비를 세웠다.

13 (가), (나)에 해당하는 건축물을 옳게 짝지은 것은?

> (가) 은 고려시대 건축물이며 배흘림기둥과 주심포양식으로 단아하면서도 세련된 아름다움을 담고 있다.
> (나) 은 우리나라에 남아 있는 조선 시대 건축물 중 유일한 5층 목탑이다.

	(가)	(나)
①	영주 부석사 무량수전	김제 금산사 미륵전
②	영주 부석사 무량수전	보은 법주사 팔상전
③	합천 해인사 장경판전	김제 금산사 미륵전
④	합천 해인사 장경판전	보은 법주사 팔상전

14 (가)~(라)를 시기 순으로 바르게 나열한 것은?

> (가) 지주에게 결작이라 하여 토지 1결당 미곡 2두씩 을 부담시켰다.
> (나) 전세를 풍흉에 관계없이 토지 1결당 미곡 4~6 두로 고정시켰다.
> (다) 조세는 토지 1결당 수확량 300두의 10분의 1 수취를 원칙으로 삼았다.
> (라) 조세를 토지 비옥도와 풍흉의 정도에 따라 1결 당 최고 20두에서 최하 4두로 하였다.

① (다) → (라) → (가) → (나)
② (다) → (라) → (나) → (가)
③ (라) → (다) → (가) → (나)
④ (라) → (다) → (나) → (가)

15 다음과 같이 주장한 인물에 대한 설명으로 옳은 것은?

> 이용할 줄 모르니 생산할 줄 모르고, 생산할 줄 모르니 백성은 나날이 궁핍해지는 것이다. 비유하건대, 대체로 재물은 우물과 같다. 퍼내면 가득 차고, 버려두면 말라 버린다. 그러므로 비단을 입지 않아서 나라에 비단 짜는 사람이 없게 되면, 여공이 쇠퇴한다. 쭈그러진 그릇을 싫어하지 않고 기교를 숭상하지 않아서 공장이 숙련되지 못하면 기예가 망하게 된다.

① 청과의 통상과 수레의 이용을 주장하였다.
② 양명학을 연구하여 강화학파를 형성하였다.
③ 토지의 매매를 제한하는 한전론을 주장하였다.
④ 지전설을 주장하여 중국 중심의 세계관을 비판하였다.

16 다음 창립 취지문을 발표한 단체에 대한 설명으로 옳은 것은?

> 우리 사회에서도 여성운동이 제기된 것은 또한 이미 오래되었다. 그러나 회고하여 보면 여성운동은 거의 분산되어 있었다. 그것에는 통일된 조직이 없었고 통일된 목표와 정신도 없었다. …(중략)… 우리가 실제로 우리 자체를 위해, 우리 사회를 위해 분투하려면 우선 조선 자매 전체의 역량을 공고히 단결하여 운동을 전반적으로 전개하지 않으면 아니 된다.

① 호주제 폐지 운동을 전개하였다.
② 여학교 설립을 주장하는「여권통문」을 발표하였다.
③ 어린이날을 제정하고 잡지『어린이』를 창간하였다.
④ 봉건적 인습 타파, 여성 노동자의 임금 차별 철폐 등을 주장했다.

17 다음 법령이 반포된 시기는?

> 제1조 대한국은 세계 만국에 공인된 자주 독립한 제국이다.
> 제2조 대한 제국의 정치는 이전으로부터 500년이 내려왔고 이후로도 만세에 걸쳐 변치 않을 전제 정치이다.
> 제3조 대한국 대황제는 무한한 군권을 향유하니 공법에서 말한바 자립 정체이다.
> 제4조 대한국 신민이 대황제가 향유하는 군권을 침해할 행위가 있으면 신민의 도리를 잃은 자로 인정할 것이다.

	(가)		(나)		(다)		(라)	
갑신정변 발생		갑오개혁 실시		독립협회 해산		러·일전쟁 발발		을사늑약 체결

① (가) ② (나)
③ (다) ④ (라)

18 (가)~(라)의 사건을 시기 순으로 바르게 나열한 것은?

(가) 남쪽 지방에서 반란군이 봉기하였다. 가장 심한 자들은 운문을 거점으로 한 김사미와 초전의 효심이었다. 이들은 유랑민을 불러 모아 주현을 습격하여 노략질하였다.
(나) 진주의 난민들이 소동을 일으킨 것은 오로지 전 우병사 백낙신이 탐욕을 부려 수탈하였기 때문입니다. …(중략)… 이에 민심이 들끓고 노여움이 일제히 폭발해서 전에 듣지 못하던 변란으로 나타난 것입니다.
(다) 여러 주·군에서 공물과 조세를 보내지 않아 나라의 씀씀이가 궁핍하게 되었으므로 왕이 사자를 보내 독촉하였다. 이로 인해 도적들이 곳곳에서 벌떼처럼 일어났다. 원종과 애노 등이 사벌주를 근거지로 반란을 일으켰다.
(라) 평서 대원수는 급히 격문을 띄우노라. …(중략)… 조정에서는 서쪽 땅을 더러운 흙처럼 버렸다. 심지어 권세 있는 집의 노비들도 서쪽 사람을 보면 반드시 평안도 놈이라 일컫는다. 서쪽 땅에 있는 자로서 어찌 억울하고 원통하지 않겠는가.

① (가) → (다) → (나) → (라)
② (가) → (다) → (라) → (나)
③ (다) → (가) → (나) → (라)
④ (다) → (가) → (라) → (나)

19 (가), (나) 사이에 있었던 사실로 옳지 않은 것은?

(가) 조선은 오랫동안 제후국으로서 중국에 대해 정해진 전례가 있다는 것은 다시 의논할 여지가 없다. …(중략)… 이번에 제정한 수륙 무역 장정은 중국이 속방을 우대하는 뜻이니만큼, 다른 조약 체결국들이 모두 똑같은 이익을 균점하도록 하는 데 있지 않다.
(나) 제1조 청국은 조선국이 완전무결한 독립 자주국임을 확인한다. 아울러 조선의 청에 대한 공물 헌납 등은 장래에 완전히 폐지한다.
제4조 청국은 군비 배상금으로 은 2억 냥을 일본국에 지불할 것을 약정한다.

① 영국이 거문도를 점령하였다.
② 한·청 통상조약이 체결되었다.
③ 김옥균 등이 갑신정변을 일으켰다.
④ 청과 일본 사이에 전쟁이 발발하였다.

20 다음 법령에 의해 실시된 정책에 대한 설명으로 옳은 것은?

제1조 본법은 헌법에 의거하여 농지를 농민에게 적정히 분배함으로써 …(중략)… 농민 생활의 향상 내지 국민 경제의 균형과 발전을 기함을 목적으로 한다.
제12조 농지의 분배는 농지의 종목, 등급 및 농가의 능력 기타에 기준한 점수제에 의거하되 1가당 총경영면적 3정보를 초과하지 못한다.

① 한국민주당과 지주층의 반발로 중단되었다.
② 주택 개량, 도로 및 전기 확충 등도 추진하였다.
③ 유상 매수, 유상 분배의 방식으로 시행되었다.
④ 자작농이 감소하고 소작농이 증가하는 결과를 낳았다.

한국사 | 2023년 국가직 9급

모바일 OMR

회독 CHECK 1 2 3

01 다음 유물이 사용된 시대에 대한 설명으로 옳은 것은?

> 미송리식 토기, 팽이형 토기, 붉은 간 토기

① 비파형 동검이 사용되었다.
② 오수전 등의 화폐가 사용되었다.
③ 아슐리안형 주먹도끼가 사용되었다.
④ 철이 많이 생산되어 낙랑과 왜에 수출되었다.

02 밑줄 친 '왕'에 대한 설명으로 옳은 것은?

> 16년 겨울 10월, 왕이 질양(質陽)으로 사냥을 갔다가 길에 앉아 우는 자를 보았다. 왕이 말하기를 "아! 내가 백성의 부모가 되어 백성들이 이 지경에 이르게 하였으니 나의 죄로다." …(중략)… 그리고 관리들에게 명하여 매년 봄 3월부터 가을 7월까지 관청의 곡식을 내어 백성들의 식구 수에 따라 차등 있게 빌려주었다가, 10월에 이르러 상환하게 하는 것을 법규로 정하였다.
>
> -『삼국사기』-

① 낙랑군을 축출하였다.
② 진대법을 시행하였다.
③ 백제의 침입으로 전사하였다.
④ 영락이라는 독자적인 연호를 사용하였다.

03 (가)에 대한 설명으로 옳은 것은?

> 신돈이 (가) 을/를 설치하자고 요청하자, …(중략)… 이제 도감이 설치되었다. …(중략)… 명령이 나가자 권세가 중에 전민을 빼앗은 자들이 그 주인에게 많이 돌려주었으며, 전국에서 기뻐하였다.
>
> -『고려사』-

① 시전의 물가를 감독하는 임무를 담당하였다.
② 국가재정의 출납과 회계 업무를 총괄하였다.
③ 불법적으로 점유된 토지와 노비를 조사하였다.
④ 부족한 녹봉을 보충하고자 관료에게 녹과전을 지급하였다.

04 다음과 같이 말한 인물에 대한 설명으로 옳은 것은?

> 우리나라가 곧 고구려의 옛 땅이다. 그리고 압록강의 안팎 또한 우리의 지역인데 지금 여진이 그 사이에 몰래 점거하여 저항하고 교활하게 대처하고 있어서 …(중략)… 만일 여진을 내쫓고 우리 옛 땅을 되찾아서 성보(城堡)를 쌓고 도로를 통하도록 하면 우리가 어찌 사신을 보내지 않겠는가?
>
> -『고려사』-

① 목종을 폐위하였다.
② 귀주에서 거란군을 물리쳤다.
③ 여진을 몰아내고 동북 9성을 쌓았다.
④ 소손녕과 담판하여 강동 6주를 획득하였다.

05 밑줄 친 '이곳'에 대한 설명으로 옳은 것은?

> • 장수왕은 남진정책의 일환으로 수도를 이곳으로 천도하였다.
> • 묘청은 이곳으로 수도를 옮길 것을 주장하였다.

① 쌍성총관부가 설치되었다.
② 망이 · 망소이가 반란을 일으켰다.
③ 제너럴 셔먼호 사건이 발생하였다.
④ 1923년 조선 형평사가 결성되었다.

06 다음 전투 이후에 일어난 사건으로 옳은 것만을 모두 고르면?

> 이근행이 군사 20만 명의 대군을 이끌고 매소성(買肖城)에 머물렀다. 우리 군사가 공격하여 달아나게 하고 전마 30,380필을 얻었는데, 남겨놓은 병장기도 그 정도 되었다.
>
> –『삼국사기』–

> ㉠ 웅진도독부가 설치되었다.
> ㉡ 김흠돌이 반란을 일으켰다.
> ㉢ 교육 기관인 국학이 설립되었다.
> ㉣ 복신과 도침이 부여풍과 함께 백제 부흥 운동을 일으켰다.

① ㉠, ㉡ ② ㉠, ㉣
③ ㉡, ㉢ ④ ㉢, ㉣

07 다음 사건을 시기순으로 바르게 나열한 것은?

> (가) 신라의 우산국 복속
> (나) 고구려의 서안평 점령
> (다) 백제의 대야성 점령
> (라) 신라의 금관가야 병합

① (가) → (나) → (다) → (라)
② (가) → (라) → (나) → (다)
③ (나) → (가) → (라) → (다)
④ (나) → (다) → (가) → (라)

08 고려 시대 문화유산에 대한 설명으로 옳지 않은 것은? 〈변형〉

① 황해도 사리원 성불사 응진전은 다포 양식의 건물이다.
② 월정사 팔각 9층 석탑은 원의 석탑을 모방하여 제작하였다.
③ 여주 고달사지 승탑은 통일 신라의 팔각원당형 양식을 계승하였다.
④『직지심체요절』은 세계기록유산으로 등재된 현존하는 가장 오래된 금속활자본이다.

09 조선 시대 지도와 천문도에 대한 설명으로 옳지 않은 것은?

① 대동여지도는 거리를 알 수 있도록 10리마다 눈금을 표시하였다.
② 혼일강리역대국도지도는 중국에서 들여온 곤여만국전도를 참고하였다.
③ 천상열차분야지도는 하늘을 여러 구역으로 나누고 별자리를 표시한 그림이다.
④ 동국지도는 정상기가 실제 거리 100리를 1척으로 줄인 백리척을 적용하여 제작하였다.

10 (가)에 대한 설명으로 옳지 않은 것은?

> 임진왜란 이후에 우의정 유성룡도 역시 미곡을 거두는 것이 편리하다고 주장하였으나, 일이 성취되지 못하였다. 1608년에 이르러 좌의정 이원익의 건의로 (가) 을/를 비로소 시행하여, 민결(民結)에서 미곡을 거두어 서울로 옮기게 하였다.
> –『만기요람』–

① 장시의 확대에 기여하였다.
② 지주에게 결작을 부과하였다.
③ 공납의 폐단을 막기 위해 실시하였다.
④ 공인에게 비용을 지급하고 필요 물품을 조달하였다.

11 (가) 인물이 추진한 정책으로 옳지 않은 것은?

> 선비들 수만 명이 대궐 앞에 모여 만동묘와 서원을 다시 설립할 것을 청하니, (가) 이/가 크게 노하여 한성부의 조례(皂隷)와 병졸로 하여금 한강 밖으로 몰아내게 하고 드디어 천여 곳의 서원을 철폐하고 그 토지를 몰수하여 관에 속하게 하였다.
> –『대한계년사』–

① 사창제를 실시하였다.
②『대전회통』을 편찬하였다.
③ 비변사의 기능을 강화하였다.
④ 통상 수교 거부 정책을 추진하였다.

12 다음과 같은 선포문을 발표하면서 성립한 정부의 정책으로 옳지 않은 것은?

> 제1조 대한민국은 민주공화제로 함
> …(중략)…
> 민국 원년 3월 1일 우리 대한민족이 독립을 선언한 뒤 …(중략)… 이제 본 정부가 전 국민의 위임을 받아 조직되었으니 전 국민과 더불어 전심(專心)으로 힘을 모아 국토 광복의 대사명을 이룰 것을 선서한다.

① 독립 공채를 발행하였다.
② 기관지로 독립신문을 발간하였다.
③ 비밀 행정 조직인 연통부를 설치하였다.
④ 재정 확보를 위하여 전환국을 설립하였다.

13 밑줄 친 '나'가 집권하여 추진한 사실로 옳은 것은?

> 나는 우리 국민이 선천적으로 타고난 재질을 최대한으로 활용하여 다각적인 생산 활동을 더욱 활발하게 하고, …(중략)… 공산품 수출을 진흥시키는 데 가일층 노력할 것을 요망합니다. 끝으로 나는 오늘 제1회 「수출의 날」 기념식에 즈음하여 …(중략)… 이 뜻깊은 날이 자립경제를 앞당기는 또 하나의 계기가 될 것을 기원합니다.

① 대통령 직선제 개헌을 추진하였다.
② 3 · 1 민주 구국 선언을 발표하였다.
③ 반민족 행위 특별 조사 위원회를 구성하였다.
④ 베트남 파병에 필요한 조건을 명시한 브라운 각서를 체결하였다.

14 다음과 같이 상소한 인물이 속한 붕당에 대한 설명으로 옳은 것만을 모두 고르면?

> 상소하여 아뢰기를, "신이 좌참찬 송준길이 올린 차자를 보았는데, 상복(喪服) 절차에 대하여 논한 것이 신과는 큰 차이가 있었습니다. 장자를 위하여 3년을 입는 까닭은 위로 '정체(正體)'가 되기 때문이고 또 전중(傳重: 조상의 제사나 가문의 법통을 전함)하기 때문입니다. …(중략)… 무엇보다 중요한 것은 할아버지와 아버지의 뒤를 이은 '정체'이지, 꼭 첫째이기 때문에 참최 3년복을 입는 것은 아닙니다."라고 하였다.
> – 『현종실록』 –

> ㉠ 기사환국으로 정권을 장악하였다.
> ㉡ 인조반정을 주도하여 집권세력이 되었다.
> ㉢ 정조 시기에 탕평정치의 한 축을 이루었다.
> ㉣ 이이와 성혼의 문인을 중심으로 형성되었다.

① ㉠, ㉡　② ㉠, ㉢
③ ㉡, ㉣　④ ㉢, ㉣

15 (나) 시기에 일어난 사실로 옳은 것은?

> (가) 삼포왜란이 발발하였다.
> ↓
> (나)
> ↓
> (다) 임진왜란이 발발하였다.

① 을사사화가 일어났다.
② 『경국대전』이 반포되었다.
③ 『향약집성방』이 편찬되었다.
④ 금속활자인 갑인자가 주조되었다.

16 다음 법령이 시행된 시기에 있었던 사실로 옳은 것은?

> 제1조 회사의 설립은 조선 총독의 허가를 받아야 한다.
> 제5조 회사가 본령이나 본령에 따라 나오는 명령과 허가 조건을 위반하거나 공공질서와 선량한 풍속에 반하는 행위를 할 때 조선 총독은 사업의 정지, 지점의 폐쇄, 또는 회사의 해산을 명할 수 있다.

① 산미 증식 계획이 폐지되었다.
② 국가 총동원법이 제정되었다.
③ 원료 확보를 위한 남면북양 정책이 추진되었다.
④ 보통학교 수업 연한을 4년으로 정한 조선 교육령이 공포되었다.

17 다음과 같은 결의문에 근거하여 시행된 조치로 옳은 것은?

> 소총회는 …(중략)… 한국 인민의 대표가 국회를 구성하여 중앙정부를 수립할 수 있도록 선거를 시행함이 긴요하다고 여기며, 총회의 의결에 따라 국제연합 한국 임시위원단이 접근할 수 있는 지역에서 결의문 제2호에 기술된 계획을 시행함이 동 위원단에 부과된 임무임을 결의한다.

① 미 군정청이 설치되었다.
② 5 · 10 총선거가 실시되었다.
③ 좌우 합작 위원회가 구성되었다.
④ 미 · 소 공동 위원회가 개최되었다.

18 (가), (나) 조약 사이의 시기에 있었던 사실로 옳은 것은?

> (가) 제10관 일본국 인민이 조선국 지정의 각 항구에 머무는 동안에 죄를 범한 것이 조선국 인민에 관계되는 사건일 때에는 일본국 관원이 재판한다.
> (나) 제4관 중국 상인이 조선의 양화진 및 한성에 영업소를 개설할 경우를 제외하고, 각종 화물을 내륙으로 운반하여 상점을 차리고 파는 것을 허가하지 않는다. 단, 내륙행상이 필요한 경우 지방관의 허가서를 받아야 한다.

① 개항장에서는 일본 화폐가 통용되었다.
② 러시아가 압록강 유역의 산림 채벌권을 획득하였다.
③ 황국 중앙 총상회가 조직되어 상권 수호 운동을 전개하였다.
④ 함경도의 방곡령에 불복하여 일본 상인이 손해 배상을 요구하였다.

19 밑줄 친 '14개 조목'에 해당하는 것만을 모두 고르면?

> 이제부터는 다른 나라를 의지하지 않으며 융성하도록 나라의 발걸음을 넓히고 백성의 복리를 증진하여 자주독립의 터전을 공고하게 할 것입니다. …(중략)… 이에 저 소자는 <u>14개 조목</u>의 홍범(洪範)을 하늘에 계신 우리 조종의 신령 앞에 맹세하노니, 우러러 조종이 남긴 업적을 잘 이어서 감히 어기지 않을 것입니다.

> ㉠ 탁지아문에서 조세 부과
> ㉡ 왕실과 국정 사무의 분리
> ㉢ 지계 발급을 위한 지계아문 설치
> ㉣ 대한 천일 은행 등 금융기관 설립

① ㉠, ㉡
② ㉠, ㉣
③ ㉡, ㉢
④ ㉢, ㉣

20 (가) 시기에 볼 수 있었던 모습으로 옳지 않은 것은?

(가)
만주사변 발생 ― 태평양 전쟁 발발

① 소학교에 등교하는 조선인 학생
② 황국 신민 서사를 암송하는 청년
③ 제국신문 기사를 작성하는 기자
④ 쌍성보에서 항전하는 한국독립당 군인

한국사 | 2023년 지방직 9급

모바일 OMR

회독 CHECK 1 2 3

01 밑줄 친 '주먹도끼'가 사용된 시대에 대한 설명으로 옳은 것은?

> 이 유적은 경기도 연천군 한탄강 언저리에 넓게 위치하고 있다. 이곳에서 아슐리안 계통의 주먹도끼가 다량으로 출토되어 더욱 많은 관심이 집중되었다. 이곳에서 발견된 주먹도끼는 그 존재 유무로 유럽과 동아시아 문화가 나뉘어진다고 한 모비우스의 학설을 무너뜨리는 결정적 증거가 되었다.

① 동굴이나 바위 그늘, 강가의 막집 등에서 살았다.
② 내부에 화덕이 있는 움집이 일반적인 주거 형태였다.
③ 토기를 만들어 음식을 조리하거나 식량을 저장하였다.
④ 구릉에 마을을 형성하고 그 주변에 도랑을 파고 목책을 둘렀다.

02 (가) 군사 조직에 대한 설명으로 옳은 것은?

> 고려 정부는 몽골과 강화를 맺고 개경으로 환도하였다. 대몽항전에 적극적이었던 (가) 은/는 개경 환도를 반대하고 반란을 일으켰다. 이어 진도로 근거지를 옮기면서 항쟁을 전개하였다.

① 포수, 사수, 살수의 삼수병으로 편제되었다.
② 윤관의 건의로 편성된 기병 중심의 부대였다.
③ 도적을 잡기 위해 설치한 야별초에서 시작되었다.
④ 양계 지방에서 국경 지역 방어를 맡았던 상비적인 전투부대였다.

03 다음과 같은 주장을 한 인물은?

> 일단 강화를 맺고 나면 저 적들의 욕심은 물화를 교역하는 데 있습니다. …(중략)… 저들이 비록 왜인이라고 하나 실은 양적(洋賊)입니다. 강화의 일이 한번 이루어지면 사학(邪學)의 서적과 천주의 상(像)이 교역하는 가운데 섞여 들어갈 것입니다.

① 박규수 ② 최익현
③ 김홍집 ④ 김윤식

04 다음에서 설명하는 신문은?

> • 서재필이 정부 지원을 받아 창간하였다.
> • 한글판을 발행하여 서양의 문물과 제도를 소개하였다.
> • 영문판을 발행하여 국내 사정을 외국인에게도 전달하였다.

① 제국신문 ② 독립신문
③ 한성순보 ④ 황성신문

05 (가), (나)에 들어갈 왕의 업적으로 옳은 것은?

> 삼국의 역사서로는 고구려에 『유기』가 있었는데, 영양왕 때 이문진이 이를 간추려 『신집』 5권을 편찬하였다. 백제에서는 (가) 시기에 고흥이 『서기』를, 신라에서는 (나) 시기에 거칠부가 『국사』를 편찬하였다.

① (가) – 국호를 남부여로 바꾸었다.
② (가) – 동진으로부터 불교를 받아들여 공인하였다.
③ (나) – 화랑도를 국가적 조직으로 개편하였다.
④ (나) – 병부를 처음으로 설치하여 군권을 장악하였다.

06 다음 문화재와 이를 통해 알 수 있는 내용의 연결이 옳지 않은 것은?

① 사택지적비 – 백제가 영산강 유역까지 영역을 확장하였다.
② 임신서기석 – 신라에서 청년들이 유교 경전을 공부하였다.
③ 충주 고구려비 – 고구려가 5세기에 남한강 유역까지 진출하였다.
④ 호우명 그릇 – 5세기 초 고구려와 신라가 밀접한 관계를 맺고 있었다.

07 밑줄 친 '곽재우'에 대한 설명으로 옳지 않은 것은?

> 여러 도에서 의병이 일어났다. …(중략)… 도내의 거족(巨族)으로 명망 있는 사람과 유생 등이 조정의 명을 받들어 의(義)를 부르짖고 일어나니 소문을 들은 자들은 격동하여 원근에서 이에 응모하였다. …(중략)… 호남의 고경명 · 김천일, 영남의 곽재우 · 정인홍, 호서의 조헌이 가장 먼저 일어났다.
>
> –『선조수정실록』–

① 홍의장군이라 칭하였다.
② 의령을 거점으로 봉기하였다.
③ 행주산성에서 일본군을 크게 무찔렀다.
④ 익숙한 지리를 활용한 기습 작전으로 일본군에 타격을 주었다.

08 다음과 같은 취지로 전개된 운동에 대한 설명으로 옳은 것은?

> 지금 우리들은 정신을 새로이 하고 충의를 떨칠 때이니, 국채 1,300만 원은 우리 대한 제국의 존망에 직결된 것입니다. 이것을 갚으면 나라가 보존되고 이것을 갚지 못하면 나라가 망할 것은 필연적인 사실이나, 지금 국고에서는 도저히 갚을 능력이 없으며, 만일 나라에서 갚지 못한다면 그때는 이미 삼천리 강토는 내 나라 내 민족의 소유가 못 될 것입니다.
>
> –『대한매일신보』–

① 조선 형평사를 조직하였다.
② 조선 물산 장려회를 조직하였다.
③ 신사 참배 거부 운동을 전개하였다.
④ 1907년 대구에서 시작되어 전국으로 확산되었다.

09 (가), (나)에 들어갈 말을 바르게 연결한 것은?

> 조선 시대 과거 제도에는 문과 · 무과 · 잡과가 있었는데, 이 가운데 문과를 가장 중시하였다. 『경국대전』에 따르면 문과 시험 업무는 (가) 에서 주관하고, 정기 시험인 식년시는 (나) 마다 실시하는 것이 원칙이었다.

	(가)	(나)
①	이조	2년
②	이조	3년
③	예조	2년
④	예조	3년

10 다음 원칙이 발표된 이후에 있었던 사실로 옳지 않은 것은?

> • 조선의 민주 독립을 보장한 삼상 회의 결정에 의하여 남북을 통한 좌우 합작으로 민주주의 임시 정부를 수립할 것
> • 토지 개혁에 있어서 몰수, 유조건 몰수, 체감매상 등으로 토지를 농민에게 무상으로 나누어 주며, …(중략)… 민주주의 건국 과업 완수에 매진할 것
> • 입법 기구에 있어서는 일체 그 권능과 구성 방법 운영에 관한 대안을 본 합작 위원회에서 작성하여 적극적으로 실행을 기도할 것

① 3 · 15 부정선거에 대항하여 4 · 19 혁명이 일어났다.
② 친일파를 청산하기 위한 「반민족행위처벌법」이 공포되었다.
③ 제헌 국회에서 대통령에 이승만, 부통령에 이시영을 선출하였다.
④ 임시 민주 정부 수립을 논의하기 위해 제1차 미 · 소 공동 위원회가 개최되었다.

11 밑줄 친 '그'에 대한 설명으로 옳은 것은?

> 그는 화엄종을 중심으로 교종을 통합하고 해동 천태종을 창시하여 선종까지 포섭하려 하였다. 그러나 그의 사후에 교단은 다시 분열되었고, 권력층과 밀착되어 타락하는 양상까지 나타났다.

① 이론적인 교리 공부와 실천적인 수행을 아우를 것을 주장하였다.
② 참선과 독경은 물론 노동에도 힘을 쓰자고 하면서 결사를 제창하였다.
③ 삼국 시대 이래 고승들의 전기를 정리하여 『해동고승전』을 편찬하였다.
④ 백련사를 결성하여 극락왕생을 기원하는 참회와 염불 수행을 강조하였다.

12 (가) 시기에 있었던 사실로 옳지 않은 것은?

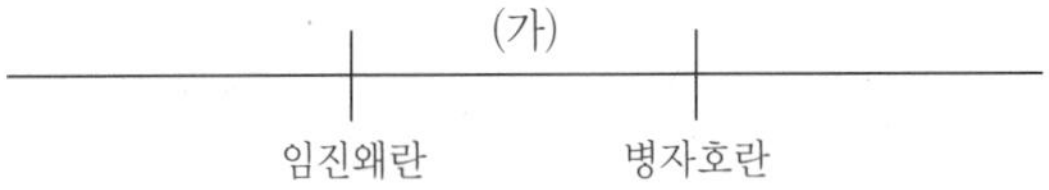

① 인조반정이 발생하였다.
② 영창 대군이 사망하였다.
③ 강홍립이 후금에 항복하였다.
④ 청에 인질로 끌려갔던 봉림 대군이 귀국하였다.

13 여름 휴가를 맞아 강화도로 답사 여행을 떠나고자 한다. 다음 중 유적(지)과 주제의 연결이 옳지 않은 것은?

	유적(지)	주제
①	외규장각	동학 농민 운동
②	고려궁지	대몽 항쟁
③	고인돌	청동기 문화
④	광성보	신미양요

14 조선 시대 붕당의 상황에 대한 설명으로 옳지 않은 것은?

① 선조 대 – 사림이 동인과 서인으로 분열하였다.
② 광해군 대 – 북인이 집권하였다.
③ 인조 대 – 남인이 정권을 독점하였다.
④ 숙종 대 – 서인이 노론과 소론으로 갈라졌다.

15 조선 세종 대에 있었던 사실로 옳지 않은 것은?

① 갑인자를 주조하였다.
② 화통도감을 설치하였다.
③ 역법서인 『칠정산』을 편찬하였다.
④ 간의를 만들어 천체를 관측하였다.

16 다음과 같은 강령을 발표한 단체의 활동으로 옳은 것은?

> 一. 우리는 정치적, 경제적 각성을 촉진함
> 一. 우리는 단결을 공고히 함
> 一. 우리는 기회주의를 일체 부인함

① 조선 민립 대학 기성회를 창립하였다.
② 파리 강화 회의에 대표를 파견하였다.
③ 6 · 10 만세 운동을 사전에 계획하였다.
④ 광주 학생 항일 운동이 일어나자 조사단을 파견하였다.

17 다음 글을 쓴 인물에 대한 설명으로 옳은 것은?

> 세상에서 동명왕의 신이(神異)한 일을 많이 말한다. …(중략)… 지난 계축년 4월에 『구삼국사』를 얻어 「동명왕 본기」를 보니 그 신기한 사적이 세상에서 얘기하는 것보다 더하였다. 그러나 처음에는 믿지 못하고 귀신이나 환상이라고만 생각하였는데, 두세 번 반복하여 읽어서 점점 그 근원에 들어가니 환상이 아닌 성스러움이며, 귀신이 아닌 신성한 이야기였다.

① 사실의 기록보다 평가를 강조한 강목체 사서를 편찬하였다.
② 단군부터 고려 충렬왕 때까지의 역사를 서사시로 기록하였다.
③ 단군신화와 전설 등 민간에서 전승되는 자료를 광범위하게 수록하였다.
④ 김부식의 『삼국사기』에 동명왕의 신이한 사적이 생략되어 있다고 평하였다.

18 1910년대에 있었던 사실로 옳은 것은?

① 중국 화북 지방에서 조선 독립 동맹이 결성되었다.
② 만주에서 참의부, 정의부, 신민부 등 3부가 조직되었다.
③ 임병찬이 주도한 독립 의군부는 항일 운동을 전개하였다.
④ 조선 혁명군이 양세봉의 지휘 아래 영릉가에서 일본군을 격파하였다.

19 다음 주장을 한 인물에 대한 설명으로 옳은 것은?

> 우리 조선의 역사적 발전의 전 과정은 가령 지리적 조건, 인종학적 골상, 문화 형태의 외형적 특징 등 다소의 차이는 인정되더라도, 다른 문화 민족의 역사적 발전 법칙과 구별되어야 하는 독자적인 것이 아니다. 세계사적인 일원론적 역사 법칙에 의해 다른 민족과 거의 같은 궤도로 발전 과정을 거쳐왔다.

① 민족정신으로서 조선 국혼을 강조하였다.
② 민족주의 사학을 계승하여 조선의 얼을 강조하였다.
③ 마르크스 유물 사관을 바탕으로 한국사를 연구하였다.
④ 진단 학회를 조직하여 문헌 고증을 중시하는 실증주의 사학을 정립하였다.

20 6 · 25 전쟁 중 있었던 사실로 옳지 않은 것은?

① 국군과 유엔군이 인천 상륙 작전을 감행하였다.
② 대통령 직선제를 포함한 발췌 개헌안이 국회에서 통과되었다.
③ 이승만 정부가 북한 송환을 거부하는 반공 포로를 석방하였다.
④ 미국이 한반도를 미국의 태평양 지역 방위선에서 제외한다는 애치슨 선언을 발표하였다.

한국사 | 2022년 국가직 9급

모바일 OMR

회독 CHECK 1 2 3

01 다음 풍습이 있었던 나라에 대한 설명으로 옳은 것은?

> • 가족이 죽으면 시체를 가매장하였다가 나중에 그 뼈를 추려서 가족 공동 무덤인 커다란 목곽에 안치하였다.
> • 목곽 입구에는 죽은 자가 먹을 양식으로 쌀을 담은 항아리를 매달아 놓기도 하였다.
>
> –『삼국지』 위서 동이전 –

① 민며느리제라는 혼인 풍습이 있었다.
② 제가가 별도로 사출도를 다스렸다.
③ 소도라는 신성 구역이 존재하였다.
④ 무천이라는 제천 행사를 열었다.

02 우리나라 유네스코 세계 유산에 대한 설명으로 옳지 않은 것은?

① 미륵사지에는 목탑 양식의 석탑이 있다.
② 정림사지에는 백제의 5층 석탑이 남아 있다.
③ 능산리 고분군에는 계단식 돌무지 무덤이 있다.
④ 무령왕릉에는 무덤 주인공을 알려주는 지석이 있었다.

03 조선 시대의 관청에 대한 설명으로 옳은 것은?

① 사간원 – 교지를 작성하였다.
② 한성부 – 시정기를 편찬하였다.
③ 춘추관 – 외교 문서를 작성하였다.
④ 승정원 – 국왕의 명령을 출납하였다.

04 (가)에 대한 설명으로 옳은 것은?

> 3·1 운동 직후에 만들어진 (가) 은/는 연통제라는 비밀 행정 조직을 만들었으며, 국내 인사와의 연락과 이동을 위해 교통국을 두었다. 또 외교 선전물을 간행하여 일제 침략의 부당성을 널리 알리고자 하였다. 그러나 이러한 활동은 뚜렷한 성과를 내지 못하였다. 그러한 가운데 (가) 의 활동 방향을 두고 외교 운동 노선과 무장 투쟁 노선 사이에서 갈등이 빚어지기도 하였다.

① 외교 운동을 위해 미국에 구미 위원부를 설치하였다.
② 비밀 결사 운동을 추진하고자 독립 의군부를 만들었다.
③ 이인영, 허위 등을 중심으로 서울 진공 작전을 추진하였다.
④ 영국인 베델을 발행인으로 한 대한매일신보를 창간하였다.

05 다음 (가), (나) 승려에 대한 설명으로 옳은 것은?

> (가) 중국 유학에서 돌아와 부석사를 비롯한 여러 사원을 건립하였으며, 문무왕이 경주에 성곽을 쌓으려 할 때 만류한 일화로 유명하다.
> (나) 진골 귀족 출신으로 대국통을 역임하였으며, 선덕 여왕에게 황룡사 9층탑의 건립을 건의하였다.

① (가)는 모든 것이 한마음에서 나온다는 일심사상을 제시하였다.
② (가)는 「화엄일승법계도」를 만들었다.
③ (나)는 『왕오천축국전』이라는 여행기를 남겼다.
④ (나)는 이론과 실천을 같이 강조하는 교관겸수를 제시하였다.

06 (가) 왕에 대한 설명으로 옳은 것은?

> 당 현종 개원 7년에 대조영이 죽으니, 그 나라에서 사사로이 시호를 올려 고왕(高王)이라 하였다. 아들 (가) 이/가 뒤이어 왕위에 올라 영토를 크게 개척하니, 동북의 모든 오랑캐가 겁을 먹고 그를 섬겼으며, 또 연호를 인안(仁安)으로 고쳤다.
>
> -『신당서』-

① 수도를 상경성으로 옮겼다.
② '해동성국'이라고 불릴 만큼 전성기를 이루었다.
③ 장문휴를 시켜 당의 등주(산둥성)를 공격하였다.
④ 고구려 유민과 말갈족을 이끌고 동모산에 도읍을 정하였다.

07 (가)~(라) 국왕 대에 있었던 사실로 옳지 않은 것은?

> 조선 시대 국가를 운영하는 핵심 법전인『경국대전』은 세조 대에 그 편찬이 시작되어 (가) 대에 완성되었다. 이후 여러 차례의 전쟁으로 혼란에 빠진 국가 체제를 수습하고 새로운 정치·사회적 변화에 대응하기 위해 법전 정비가 필요하게 되었다. 이에 따라 (나) 대에『속대전』을 편찬하였으며, (다) 대에『대전통편』을, 그리고 (라) 대에는『대전회통』을 편찬하였다.

① (가) – 홍문관을 두어 집현전을 계승하였다.
② (나) – 서원을 붕당의 근거지로 인식하여 대폭 정리하였다.
③ (다) – 사도 세자의 무덤을 옮기고 화성을 축조하였다.
④ (라) – 삼정의 문란을 바로잡기 위해 삼정이정청을 설치하였다.

08 밑줄 친 '사건'의 명칭은?

> 중종에 의해 등용된 조광조는 현량과를 통해 사림을 대거 등용하였다. 그는 3사의 언관직을 통해 개혁을 추진해 나갔고, 위훈 삭제를 주장하기도 하였다. 이러한 움직임은 반발을 불러일으켰으며, 중종도 급진적인 개혁 조치에 부담을 느껴 조광조 등을 제거하였다. 이 <u>사건</u>으로 사림은 큰 피해를 입었다.

① 갑자사화　② 기묘사화
③ 무오사화　④ 을사사화

09 (가), (나)에 대한 설명으로 옳은 것은?

> (가) 역사서의 저자는 다음과 같은 글을 지어 왕에게 바쳤다. "성상 전하께서 옛 사서를 널리 열람하시고, '지금의 학사 대부는 모두 오경과 제자의 책과 진한(秦漢) 역대의 사서에는 널리 통하여 상세히 말하는 이는 있으나, 도리어 우리나라의 사실에 대하여서는 망연하고 그 시말(始末)을 알지 못하니 심히 통탄할 일이다. 하물며 신라·고구려·백제가 나라를 세우고 정립하여 능히 예의로써 중국과 통교한 까닭으로 범엽의『한서』나 송기의『당서』에는 모두 열전이 있으나 국내는 상세하고 국외는 소략하게 써서 자세히 실리지 않았다. …(중략)… 일관된 역사를 완성하고 만대에 물려주어 해와 별처럼 빛나게 해야 하겠다.'라고 하셨다."
>
> (나) 역사서에는 다음과 같은 서문이 실려 있다. "부여씨와 고씨가 망한 다음에 김씨의 신라가 남에 있고, 대씨의 발해가 북에 있으니 이것이 남북국이다. 여기에는 마땅히 남북국사가 있어야 할 터인데, 고려가 그것을 편찬하지 않은 것은 잘못이다."

① (가)는 동명왕의 업적을 칭송한 영웅 서사시이다.
② (가)는 불교를 중심으로 고대 설화를 수록하였다.
③ (나)는 만주 지역까지 우리 역사의 범위를 확장하였다.
④ (나)는 고조선부터 고려에 이르는 역사를 체계적으로 정리하였다.

10 다음 주장을 한 실학자가 쓴 책은?

> 토지를 겸병하는 자라고 해서 어찌 진정으로 빈민을 못살게 굴고 나라의 정치를 해치려고 했겠습니까? 근본을 다스리고자 하는 자라면 역시 부호를 심하게 책망할 것이 아니라 관련 법제가 세워지지 않은 것을 걱정해야 할 것입니다. …(중략)… 진실로 토지의 소유를 제한하는 법령을 세워, "어느 해 어느 달 이후로는 제한된 면적을 초과해 소유한 자는 더는 토지를 점하지 못한다. 이 법령이 시행되기 이전부터 소유한 것에 대해서는 아무리 광대한 면적이라 해도 불문에 부친다. 자손에게 분급해 주는 것은 허락한다. 만약에 사실대로 고하지 않고 숨기거나 법령을 공포한 이후에 제한을 넘어 더 점한 자는 백성이 적발하면 백성에게 주고, 관(官)에서 적발하면 몰수한다."라고 하면, 수십 년이 못 가서 전국의 토지 소유는 균등하게 될 것입니다.

① 반계수록　② 성호사설
③ 열하일기　④ 목민심서

11 (가) 시기에 있었던 사실로 옳은 것은?

> 한국을 식민지로 삼은 일제는 헌병에게 경찰 업무를 부여한 헌병 경찰제를 시행했다. 헌병 경찰은 정식 재판 없이 한국인에게 벌금 등의 처벌을 가하거나 태형에 처할 수도 있었다. 한국인은 이처럼 강압적인 지배에 저항해 3·1 운동을 일으켰으며, 일제는 이를 계기로 지배 정책을 전환했다. 일제가 한국을 병합한 직후부터 3·1 운동이 벌어진 때까지를 [(가)] 시기라고 부른다.

① 토지 조사령이 공포되었다.
② 창씨 개명 조치가 시행되었다.
③ 초등 교육 기관의 명칭이 국민학교로 변경되었다.
④ 전쟁 물자 동원을 내용으로 한 국가 총동원법이 적용되었다.

12 밑줄 친 '그'에 대한 설명으로 옳은 것은?

> 한국 국민당을 이끌던 그는 독립운동 세력을 통합하고자 한국 독립당을 결성해 항일 운동을 주도하였다. 광복 직후 귀국한 그는 정부 수립을 위한 활동을 이어나갔으며, 남한 단독 선거가 결정되자 김규식과 더불어 남북 협상을 위해 평양을 방문하기도 하였다.

① 좌우 합작 위원회를 구성해 좌우 합작 7원칙을 발표하였다.
② 광복 직후 안재홍 등과 함께 조선 건국 준비 위원회를 만들었다.
③ 무장 항일 투쟁을 위해 하와이로 건너가 대조선 국민 군단을 결성하였다.
④ 모스크바 3국 외상 회의의 결정 사항이 알려지자 신탁 통치 반대 운동을 펼쳤다.

13 제헌 국회에 대한 설명으로 옳은 것은?

① 반민족 행위 특별 조사 위원회를 구성하였다.
② 한·일 기본 조약 체결에 반대하는 성명을 내놓았다.
③ 통일 3대 원칙이 언급된 7·4 남북 공동 성명을 발표하였다.
④ 통일 주체 국민 회의에서 대통령을 뽑는다는 내용의 개헌안을 통과시켰다.

14 밑줄 친 '그'에 대한 설명으로 옳은 것은?

> 고종이 즉위한 직후에 실권을 장악한 그는 러시아를 견제하기 위해 천주교 선교사를 통해 프랑스와 교섭하려 했다. 하지만 천주교를 금지해야 한다는 유생의 주장이 높아지자 다수의 천주교도와 선교사를 잡아들여 처형한 병인박해를 일으켰다. 이후 고종의 친정이 시작됨에 따라 물러난 그는 임오군란이 일어났을 때 잠시 권력을 장악했지만, 청군의 개입으로 곧 물러났다.

① 미국에 보빙사라는 사절단을 파견하였다.
② 전국 여러 곳에 척화비를 세우도록 했다.
③ 국경을 획정하고자 백두산정계비를 세웠다.
④ 통리기무아문을 설치하고 그 아래에 12사를 두었다.

15 밑줄 친 '이 왕'에 대한 설명으로 옳은 것은?

> 백제 개로왕은 장기와 바둑을 좋아하였는데, 도림이 고하기를 "제가 젊어서부터 바둑을 배워 꽤 묘한 수를 알게 되었으니 개로왕께 알려드리기를 원합니다." 라고 하였다. …(중략)… 개로왕이 (도림의 말을 듣고) 나라 사람을 징발하여 흙을 쪄서 성(城)을 쌓고 그 안에는 궁실, 누각, 정자를 지으니 모두가 웅장하고 화려하였다. 이로 말미암아 창고가 비고 백성이 곤궁하니, 나라의 위태로움이 알을 쌓아 놓은 것보다 더 심하게 되었다. 그제야 도림이 도망을 쳐 와서 그 실정을 고하니 이 왕이 기뻐하여 백제를 치려고 장수에게 군사를 나누어 주었다.
>
> -『삼국사기』-

① 평양으로 도읍을 천도하였다.
② 진대법을 처음으로 시행하였다.
③ 낙랑군을 점령하고 한 군현 세력을 몰아내었다.
④ 신라에 침입한 왜군을 낙동강 유역에서 물리쳤다.

16 다음 설명에 해당하는 문화 유산은?

> 이 건물은 주심포 양식에 맞배지붕 건물로 기둥은 배흘림 양식이다. 1972년 보수 공사 중에 공민왕 때 중창하였다는 상량문이 나와 우리나라에서 가장 오래된 목조 건물로 보고 있다.

① 서울 흥인지문
② 안동 봉정사 극락전
③ 영주 부석사 무량수전
④ 합천 해인사 장경판전

17 (가) 단체에 대한 설명으로 옳은 것은?

> 아관파천 이후 러시아의 영향력이 강화되고 열강의 이권 침탈이 가속화되었다. 이러한 가운데 서재필 등은 (가) 을/를 만들었다. (가) 은/는 고종에게 자주 독립을 굳건히 하고 내정 개혁을 단행하라는 내용이 담긴 상소문을 제출하였으며, 만민 공동회를 개최하여 외국의 간섭과 일부 관리의 부정부패를 비판하였다.

① 교육 입국 조서를 작성해 공포하였다.
② 영은문이 있던 자리 부근에 독립문을 세웠다.
③ 개혁의 기본 강령인 홍범 14조를 발표하였다.
④ 일본에 진 빚을 갚자는 국채 보상 운동을 일으켰다.

18 (가) 시기의 사실로 옳지 않은 것은?

무신 정권 몰락
↓
(가)
↓
공민왕 즉위

① 만권당이 만들어졌다.
② 정동행성이 설치되었다.
③ 쌍성총관부가 수복되었다.
④ 『제왕운기』가 저술되었다.

19 밑줄 친 '이 나라'의 경제 상황에 대한 설명으로 옳지 않은 것은?

<u>이 나라</u>에는 관리에게 정해진 면적의 토지에서 조세를 거둘 수 있는 권리를 나누어주는 전시과라는 제도가 있었다. 농민은 소를 이용해 깊이갈이를 하기도 했으며, 시비법의 발달로 휴경지가 점차 줄어들었다. 밭농사는 2년 3작의 윤작법이 점차 보급되었다. <u>이 나라</u>의 말기에는 직파법 대신 이앙법이 남부 지방 일부에 보급될 정도로 논농사에 변화가 나타났다. 또한 이암에 의해 중국 농서인 『농상집요』도 소개되었다.

① 재정을 운영하는 관청으로 삼사를 두었다.
② 공물 부과 기준이 가호에서 토지로 바뀌었다.
③ 생산량의 10분의 1에 해당하는 조세를 거두었다.
④ '소'라는 행정구역의 주민이 국가에서 필요로 하는 물품을 생산하였다.

20 (가) 시기에 있었던 일로 옳은 것은?

신미양요 —— (가) —— 갑오개혁

① 을사늑약 체결
② 정미의병 발생
③ 오페르트 도굴 미수 사건
④ 조 · 미 수호 통상 조약 체결

한국사 | 2022년 지방직 9급

모바일 OMR

회독 CHECK 1 2 3

01 밑줄 친 '그'에 대한 설명으로 옳은 것은?

> 이날 소정방이 부총관 김인문 등과 함께 기벌포에 도착하여 백제 군사와 마주쳤다. …(중략)… 소정방이 신라군이 늦게 왔다는 이유로 군문에서 신라 독군 김문영의 목을 베고자 하니, 그가 군사들 앞에 나아가 "황산 전투를 보지도 않고 늦게 온 것을 이유로 우리를 죄주려 하는구나. 죄도 없이 치욕을 당할 수는 없으니, 결단코 먼저 당나라 군사와 결전을 한 후에 백제를 쳐야겠다."라고 말하였다.

① 살수에서 수의 군대를 물리쳤다.
② 김춘추의 신라 왕위 계승을 지원하였다.
③ 청해진을 설치하고 해상 무역을 전개하였다.
④ 대가야를 정벌하여 낙동강 유역을 확보하였다.

02 다음 사건이 있었던 시기의 신라 국왕에 대한 설명으로 옳은 것은?

> 이찬 이사부가 하슬라주 군주가 되어, '우산국 사람이 우매하고 사나워서 위엄으로 복종시키기는 어려우니 계책을 써서 굴복시키는 것이 좋겠다.'라고 생각하였다. 이에 나무로 사자 모형을 많이 만들어 배에 나누어 싣고 우산국 해안에 이르러, 속임수로 통고하기를 "만약에 너희가 항복하지 않는다면 곧바로 이 맹수들을 풀어 너희를 짓밟아 죽이겠다."라고 하였다. 그 나라 사람이 두려워 즉시 항복하였다.

① 독서삼품과를 실시하였다.
② 국호를 '신라'로 확정하였다.
③ 관료전을 지급하고 녹읍을 폐지하였다.
④ 장문휴를 보내 당의 등주를 공격하였다.

03 밑줄 친 '이 나라'에 대한 설명으로 옳은 것은?

> • 이 나라에서 귀하게 여기는 것에는 태백산의 토끼, 남해부의 다시마, 책성부의 된장, 부여부의 사슴, 막힐부의 돼지, 솔빈부의 말, 현주의 베, 옥주의 면, 용주의 명주, 위성의 철, 노성의 쌀 등이 있다.
>
> – 『신당서』 –
>
> • 이 나라의 땅은 영주(營州)의 동쪽 2천 리에 있으며, 남으로는 신라와 서로 접한다. 월희말갈에서 동북으로 흑수말갈에 이르는데, 사방 2천 리, 호는 십여 만, 병사는 수만 명이다.
>
> – 『구당서』 –

① 중앙에 6좌평의 관제를 마련하였다.
② 9서당 10정의 군사 조직을 갖추었다.
③ 지방을 5경 15부 62주로 편성하였다.
④ 제가 회의에서 국가의 중대사를 결정하였다.

04 밑줄 친 '왕'의 업적으로 옳은 것은?

> 풍토에 따라 곡식을 심고 가꾸는 법이 다르니, 고을의 경험 많은 농부를 각 도의 감사가 방문하여 농사 짓는 방법을 알아본 후 아뢰라고 왕께서 명령하셨다. 이어 왕께서 정초와 변효문 등을 시켜 감사가 아뢴 바 중에서 꼭 필요하고 중요한 것만을 뽑아 『농사직설』을 편찬하게 하셨다.

① 공법을 제정하였다.
② 한양으로 도읍을 옮겼다.
③ 『경국대전』을 완성하였다.
④ 조광조를 등용하여 개혁 정치를 실시하였다.

05 밑줄 친 '이들'에 해당하는 것은?

> 이들의 과거 응시와 벼슬을 제한한 것은 우리나라의 옛 법이 아니다. 그런데 『경국대전』을 편찬한 뒤부터 이들을 금고(禁錮)하였으니, 아직 백 년이 채 되지 않았다. 또한 다른 나라에 이러한 법이 있다는 말은 듣지 못했다. 경대부(卿大夫)의 자식인데 오직 어머니가 첩이라는 이유만으로 대대로 이들의 벼슬길을 막아, 비록 훌륭한 재주와 쓸만한 자질이 있어도 이를 발휘할 수 없게 하였으니, 참으로 안타깝다.

① 향리 ② 노비
③ 서얼 ④ 백정

06 밑줄 친 '왕'의 재위 기간에 있었던 일로 옳은 것은?

> • 평농서사 권신(權信)이 대상(大相) 준홍(俊弘)과 좌승(佐丞) 왕동(王同) 등이 반역을 꾀한다고 참소하자 왕이 이들을 내쫓았다.
> • 왕이 쌍기의 건의를 받아 처음으로 과거를 실시하였다. 시(詩) · 부(賦) · 송(頌) 및 시무책을 시험하여 진사를 뽑았으며, 더불어 명경업 · 의업 · 복업 등도 뽑았다.

① 노비안검법을 제정하였다.
② 전민변정도감을 설치하였다.
③ 토지 제도로서 전시과를 시행하였다.
④ 12목을 설치하고 지방관을 파견하였다.

07 다음 글은 어떤 사건이 일어났을 때 발표되었는가?

> 1. 마산, 서울 기타 각지의 데모는 주권을 빼앗긴 국민의 울분을 대신하여 궐기한 학생들의 순수한 정의감의 발로이며 부정과 불의에는 언제나 항거하는 민족 정기의 표현이다.
>
> …(중략)…
>
> 3. 합법적이고 평화적인 데모 학생에게 총탄과 폭력을 거리낌 없이 남용하여 참극을 빚어낸 경찰은 자유와 민주를 기본으로 한 대한민국의 국립 경찰이 아니라 불법과 폭력으로 권력을 유지하려는 일부 정부 집단의 사병이다.
>
> -「대학 교수단 4 · 25 선언문」-

① 4 · 19 혁명
② 5 · 18 민주화 운동
③ 6 · 3 시위
④ 6 · 29 민주화 선언

08 밑줄 친 '이 시기'에 있었던 사실로 옳은 것은?

> 이 시기의 불교 조각은 지역에 따라 다양하게 제작되었다. 처음에는 하남 하사창동의 철조 석가여래 좌상과 같은 대형 철불이 많이 제작되었다. 또한 덩치가 큰 석불이 유행하였는데, 논산 관촉사 석조 미륵보살 입상이 대표적이다. 이 불상은 큰 규모에 비해 조형미는 다소 떨어지지만, 소박한 지방 문화의 모습을 잘 보여 준다.

① 성골 출신의 국왕이 재위하였다.
② 지방 세력으로 호족이 존재하였다.
③ 풍양 조씨 등 특정 가문이 정권을 장악하였다.
④ 성리학에 투철한 사림 세력이 정국을 주도하였다.

09 역사서에 대한 설명으로 옳은 것만을 모두 고르면?

> ㉠ 김부식의 『삼국사기』에는 단군 신화가 수록되어 있다.
> ㉡ 이규보의 『동명왕편』은 고구려 계승 의식을 강조하였다.
> ㉢ 안정복의 『동사강목』은 기사 본말체로 역사를 서술하였다.
> ㉣ 유득공의 『발해고』에는 남북국이라는 용어가 사용되었다.

① ㉠, ㉡　　② ㉠, ㉢
③ ㉡, ㉣　　④ ㉢, ㉣

10 밑줄 친 '나'가 국왕으로 재위하던 기간에 있었던 일은?

> 팔순 동안 내가 한 일을 만약 나 자신에게 묻는다면 첫째는 탕평책인데, 스스로 '탕평'이란 두 글자가 부끄럽다.
> 둘째는 균역법인데, 그 효과가 승려에게까지 미쳤다.
> 셋째는 청계천 준설인데, 만세에 이어질 업적이다.
> …(하략)…
> – 『어제문업(御製問業)』 –

① 장용영이 창설되었다.
② 나선 정벌이 단행되었다.
③ 홍경래의 난이 발생하였다.
④ 『동국문헌비고』가 편찬되었다.

11 (가) 시기에 있었던 사실로 옳은 것은?

> 을미사변
> ↓
> (가)
> ↓
> 러 · 일 전쟁

① 독립문이 건립되었다.
② 통감부가 설치되었다.
③ 동양 척식 주식회사가 설립되었다.
④ 임진왜란 때 소실된 경복궁이 중건되었다.

12 밑줄 친 '왕'의 재위 기간에 있었던 일로 옳은 것은?

> 왕의 어릴 때 이름은 모니노이며, 신돈의 여종 반야의 소생이었다. 어떤 사람은 "반야가 낳은 아이가 죽어서 다른 아이를 훔쳐서 길렀는데, 공민왕이 자신의 아들이라고 칭하였다."라고 하였다. 왕은 공민왕이 죽은 뒤 이인임의 추대로 왕위에 올랐다. 이후 이인임, 염흥방, 임견미 등이 권력을 잡아 극심하게 횡포를 부렸다.

① 이종무가 왜구의 소굴인 대마도를 정벌하였다.
② 삼별초가 반란을 일으켜 대몽 항쟁을 계속하였다.
③ 쌍성총관부를 공격해 철령 이북 지역을 수복하였다.
④ 요동 정벌을 위해 출병한 이성계가 위화도에서 회군하였다.

13 다음과 관련된 운동에 대한 설명으로 옳은 것은?

① 가뭄과 홍수로 인해 중단되었다.
② 조선 총독부의 회사령에 맞서기 위해 전개되었다.
③ 일부 사회주의자는 자본가 계급을 위한 운동이라고 비판하였다.
④ 조선에 사는 일본인이 일본 자본에 대항하기 위해 일으켰다.

14 다음과 같은 대통령 선출 방식이 포함된 헌법의 내용으로 옳지 않은 것은?

> 제39조 ① 대통령은 통일 주체 국민 회의에서 토론 없이 무기명 투표로 선거한다.
> ② 통일 주체 국민 회의에서 재적 대의원 과반수의 찬성을 얻은 자를 대통령 당선자로 한다.

① 대통령은 국회를 해산할 수 있다.
② 대통령의 임기는 7년으로 하며, 중임할 수 없다.
③ 대법원장은 대통령이 국회의 동의를 얻어 임명한다.
④ 대통령은 국정 전반에 걸쳐 필요한 긴급 조치를 할 수 있다.

15 다음 사건을 시기순으로 바르게 나열한 것은?

> (가) 신라의 한강 유역 확보
> (나) 관산성 전투
> (다) 백제의 웅진 천도
> (라) 고구려의 평양 천도

① (가) → (라) → (나) → (다)
② (나) → (다) → (가) → (라)
③ (다) → (나) → (가) → (라)
④ (라) → (다) → (가) → (나)

16 (가) 인물에 대한 설명으로 옳은 것은?

> 군대를 이끌고 통주성 남쪽으로 나가 진을 친 (가) 은/는 거란군에게 여러 번 승리를 거두었다. 하지만 자만하게 된 그는 결국 패해 거란군의 포로가 되었다. 거란의 임금이 그의 결박을 풀어 주며 "내 신하가 되겠느냐?"라고 물으니, (가) 은/는 "나는 고려 사람인데 어찌 너의 신하가 되겠느냐?"라고 대답하였다. 재차 물었으나 같은 대답이었으며, 칼로 살을 도려내며 물어도 대답은 같았다. 거란은 마침내 그를 처형하였다.

① 묘청의 난을 진압하였다.
② 별무반의 편성을 건의하였다.
③ 목종을 폐위하고 현종을 옹립하였다.
④ 거란과 협상하여 강동 6주 지역을 고려 영토로 확보하였다.

17 밑줄 친 '저'에 대한 설명으로 옳은 것은?

> 올해 초가을에 비로소 저는 책을 완성하여 그 이름을 『성학집요』라고 하였습니다. 이 책에는 임금이 공부해야 할 내용과 방법, 정치하는 방법, 덕을 쌓아 실천하는 방법과 백성을 새롭게 하는 방법이 실려 있습니다. 또한 작은 것을 미루어 큰 것을 알게 하고 이것을 미루어 저것을 밝혔으니, 천하의 이치가 여기에서 벗어나지 않을 것입니다. 따라서 이것은 저의 글이 아니라 성현의 글이옵니다.

① 예안향약을 만들었다.
②『동호문답』을 저술하였다.
③ 백운동 서원을 건립하였다.
④ 왕자의 난 때 죽임을 당했다.

18 밑줄 친 '나'에 대한 설명으로 옳은 것만을 모두 고르면?

> 오늘날 사람은 모두 법에 의하여 생활하고 있는데 실제로 사람을 죽인 자가 벌을 받지 않고 생존할 도리는 없는 것이다. …(중략)… 나는 한국의 의병이며 지금 적군의 포로가 되어 와 있으므로 마땅히 만국공법에 의해 처단되어야 할 것으로 생각한다.

> ㉠ 일본에서 순국하였다.
> ㉡ 한인 애국단 소속이었다.
> ㉢『동양평화론』을 집필하였다.
> ㉣ 연해주에서 의병 투쟁을 전개하였다.

① ㉠, ㉡
② ㉠, ㉣
③ ㉡, ㉢
④ ㉢, ㉣

19 다음 조항을 포함한 법률에 대한 설명으로 옳지 않은 것은?

> 제1조 일본 정부와 통모하여 한·일 합병에 적극 협력한 자, 한국의 주권을 침해하는 조약 또는 문서에 조인한 자와 이를 모의한 자는 사형 또는 무기 징역에 처하고, 그 재산과 유산의 전부 혹은 2분의 1 이상을 몰수한다.

① 이 법률은 제헌 국회에서 제정되었다.
② 이 법률은 농지 개혁법이 제정된 후 제정되었다.
③ 이 법률에 의해 반민 특위와 특별 재판부가 구성되었다.
④ 이 법률에 의해 친일 경력을 지닌 고위 경찰 간부가 체포되었다.

20 다음 글은 (가)의 부탁을 받고 (나)가 지은 것이다. (가)와 (나)에 대한 설명으로 옳은 것은?

> 우리는 '외교', '준비' 등의 미련한 꿈을 버리고 민중 직접 혁명의 수단을 취함을 선언하노라. 조선 민족의 생존을 유지하자면 강도 일본을 쫓아내야 하고, 강도 일본을 쫓아내려면 오직 혁명으로써만 가능하니, 혁명이 아니고는 강도 일본을 쫓아낼 방법이 없는 바이다.

① (가)는 조선 의용대를 결성하였고, (나)는 '국혼'을 강조하였다.
② (가)는 신흥 무관 학교를 세웠고, (나)는 형평사를 창립하였다.
③ (가)는 조선 건국 동맹을 조직하였고, (나)는 식민 사학의 한국사 정체성론을 반박하였다.
④ (가)는 황포 군관 학교에서 훈련받았고, (나)는 민족주의 역사 서술의 기본 틀을 제시하였다.

PART 4

교육학개론

- 2024년 국가직 9급
- 2024년 지방직 9급
- 2023년 국가직 9급
- 2023년 지방직 9급
- 2022년 국가직 9급
- 2022년 지방직 9급

출제경향

2024년 **국가직**

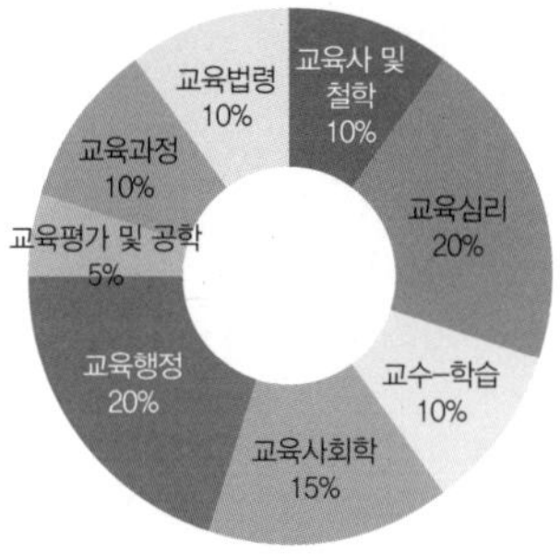

2024년 **지방직**

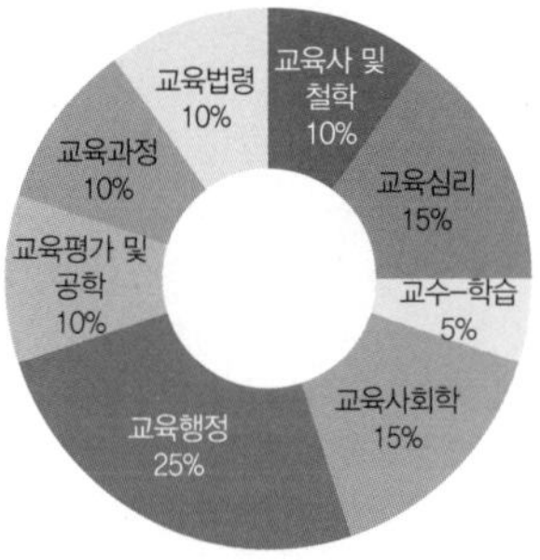

2023년 **국가직**

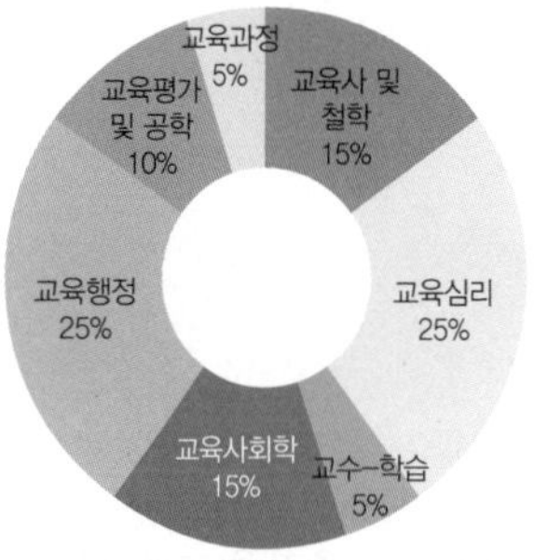

2023년 **지방직**

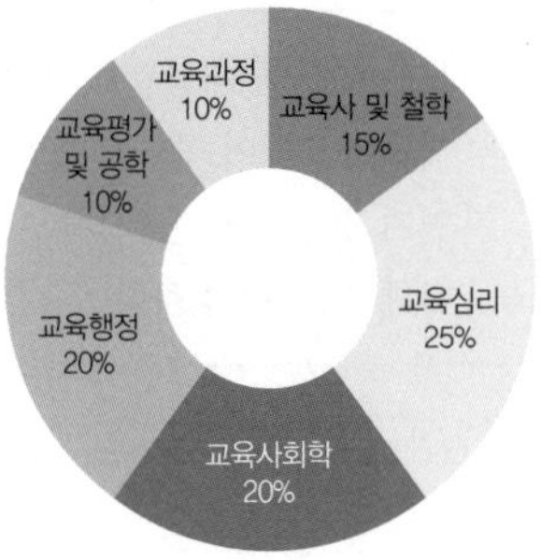

2022년 **국가직**

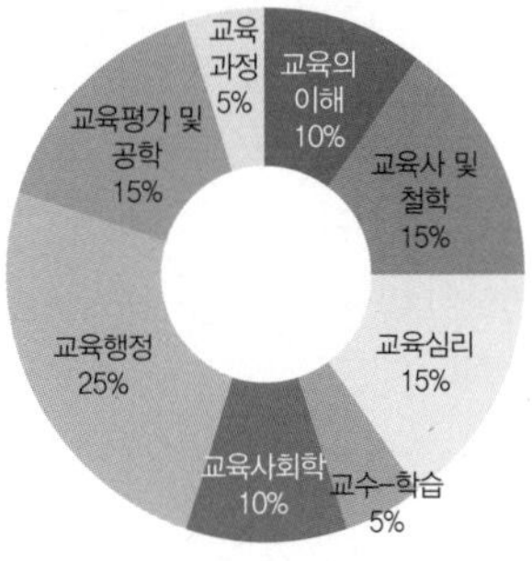

2022년 **지방직**

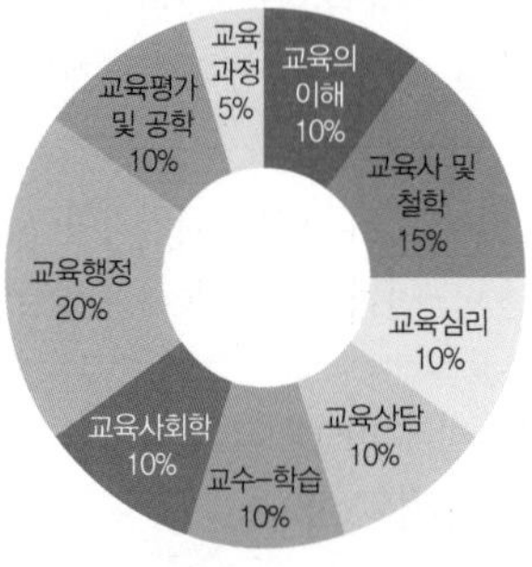

교육학개론 | 2024년 국가직 9급

모바일 OMR

회독 CHECK 1 2 3

01 특정 교사가 개발한 시험에 대한 전문가들의 평가가 다음과 같은 경우, 이 시험의 양호도에 대한 설명으로 옳은 것은?

> 반복 측정에서의 결과가 일관성은 있으나 측정하고자 하는 것을 충실히 측정하지 못하고 있다.

① 신뢰도는 높지만 실용도는 낮은 시험
② 신뢰도는 높지만 타당도는 낮은 시험
③ 타당도는 높지만 난이도는 낮은 시험
④ 타당도는 높지만 신뢰도는 낮은 시험

02 다음과 같이 주장한 교육사상가는?

> • 인간이 세계에 대하여 갖는 두 가지 관계는 나-너의 관계와 나-그것의 관계이다.
> • 나-그것의 관계에서 세계는 경험과 인식과 이용의 대상이다.
> • 나-너의 관계는 직접적이고 인격적 관계이다.
> • 나-너의 관계를 통해서 만남이 이루어진다.

① 부버(Buber)
② 프뢰벨(Fröbel)
③ 피터스(Peters)
④ 헤르바르트(Herbart)

03 켈러(Keller)가 제시한 학습자의 동기유발을 위한 4요소에 해당하지 않는 것은?

① 관련성
② 만족감
③ 자신감
④ 자율성

04 조선 후기 실학자에 의해 직접 편찬된 한자 학습용 교재는?

① 아학편
② 천자문
③ 동몽선습
④ 입학도설

05 생활지도의 원리로 옳은 것만을 모두 고르면?

> ㉠ 모든 학생을 대상으로 해야 한다.
> ㉡ 치료나 교정이 아니라 예방에 초점을 두어야 한다.
> ㉢ 인지적 발달뿐만 아니라 정의적 · 신체적 발달도 함께 도모 해야 한다.

① ㉠, ㉡
② ㉠, ㉢
③ ㉡, ㉢
④ ㉠, ㉡, ㉢

06 **다음 설명에 해당하는 지능은?**

- 카텔(Cattell)과 혼(Horn)이 제시한 지능 개념이다.
- 유전적 · 신경생리적 영향을 받는 지능이다.
- 기계적 암기, 지각, 일반적 추리 능력과 관련된다.
- 청소년기까지 증가하다가 성인기 이후 점차 쇠퇴한다.

① 결정지능
② 다중지능
③ 성공지능
④ 유동지능

07 **마샤(Marcia)의 정체성 지위 이론에서 다음의 특징에 해당하는 것은?**

- 정체성 위기의 상태에 있다.
- 구체적인 과업에 전념하지 못하고 있다.
- 자신의 정체성에 대해 적극적으로 탐색한다.

① 정체성 동요(identity agitation)
② 정체성 상실(identity foreclosure)
③ 정체성 유예(identity moratorium)
④ 정체성 혼미(identity diffusion)

08 **와이너(Weiner)의 귀인 이론에 따르면 그 소재가 내부에 있고 불안정하며 통제 가능한 귀인은?**

① 과제난이도
② 교사의 편견
③ 일시적인 노력
④ 시험 당일의 기분

09 **참모조직과 계선조직에 대한 설명으로 옳은 것은?**

① 참모조직은 전문적인 지식과 기술을 활용하여 직접적인 명령, 집행, 결정을 행사한다.
② 계선조직은 권한과 책임의 한계가 불명확하여 능률적인 업무 수행이 어려운 한계가 있다.
③ 참모조직은 계선조직이 원활하게 역할을 수행하도록 연구, 조사, 계획 등의 기능을 수행한다.
④ 계선조직은 횡적 지원을 하는 수평적 조직인 반면, 참모조직은 계층적 구조를 갖는 수직적 조직이다.

10 **조하리(Johari)의 창에 따른 의사소통 모형에서 다음에 해당하는 것은?**

- 마음의 문을 닫고 자기에 관해서 남에게 노출하기를 원치 않는다.
- 자기의 생각이나 감정은 표출시키지 않으면서 상대방으로부터 정보를 얻기만 하려고 한다.
- 자기 자신에 대하여 다른 사람들은 전혀 모르고 있고, 본인만이 알고 있는 정보로 구성되어 있다.

① 개방(open) 영역
② 무지(blind) 영역
③ 미지(unknown) 영역
④ 은폐(hidden) 영역

11 **교육과 관련하여 우리나라 헌법에 명문화되어 있지 않은 내용은?**

① 국가는 평생교육을 진흥하여야 한다.
② 모든 국민은 능력에 따라 균등하게 교육을 받을 권리를 가진다.
③ 교육의 자주성 · 전문성 · 정치적 중립성 및 대학의 자율성은 법률이 정하는 바에 의하여 보장된다.
④ 국가는 특별한 교육적 배려가 필요한 사람의 교육을 지원하기 위하여 필요한 시책을 수립 · 실시하여야 한다.

12 학교조직의 운영 원리에 대한 설명으로 옳지 않은 것은?

① '적도집권의 원리'는 분권을 중심으로 학교조직을 운영하는 것이다.
② '분업의 원리'는 조직의 업무를 직능 또는 특성별로 구분하여 한사람에게 동일한 업무를 분담시키는 것이다.
③ '조정의 원리'는 조직의 목표 달성을 위해서 구성원의 노력을 집결시키고 업무 간 · 집단 간 상호관계를 조화롭게 유도하는 것이다.
④ '계층의 원리'는 조직의 목표를 달성하기 위한 업무를 수행함에 있어 권한과 책임의 정도에 따라 직위를 수직적으로 서열화 · 등급화하는 것이다.

13 다음 설명에 해당하는 것은?

> • 일정 규모의 단위학교가 현재 교육목표 및 교육과정 등 제반 교육체제를 유지한다는 전제하에서 정상적인 교육 활동을 수행하는 데 필요한 최소한의 교육비를 의미한다.
> • 최저소요교육비라고도 한다.

① 간접교육비
② 직접교육비
③ 표준교육비
④ 공부담교육비

14 타일러(Tyler)가 제시한 학습경험을 효과적으로 조직하기 위해 고려할 준거에 해당하지 않는 것은?

① 범위(scope)
② 계속성(continuity)
③ 계열성(sequence)
④ 통합성(integration)

15 번스타인(Bernstein)의 계층과 언어사용에 대한 설명으로 옳지 않은 것은?

① 학교교육에서는 제한된(restricted) 언어코드가 많이 사용된다.
② 학생의 출신 배경에 따라 사용하는 언어방식이 다르다.
③ 중류층 가정의 학생들은 정교한(elaborated) 언어코드를 많이 사용한다.
④ 노동자 계층 가정의 학생들은 제한된(restricted) 언어코드를 많이 사용한다.

16 다음 설명에 해당하는 것은?

> • 몸에 각인된 행동거지, 말하고 생각하고 행동하는 방식으로 계급적 배경을 반영한다.
> • 문화자본의 일종이다.

① 아비투스
② 패러다임
③ 헤게모니
④ 이데올로기

17 학교의 평생교육을 규정한 「평생교육법」 제29조에 대한 설명으로 옳지 않은 것은?

① 학교의 평생교육을 실시하기 위하여 각급학교의 교실 · 도서관 · 체육관, 그 밖의 시설을 활용하여야 한다.
② 학교의 장은 학교를 개방할 경우 개방시간 동안의 해당 시설의 관리 · 운영에 필요한 사항을 정할 수 있다.
③ 각급학교의 장은 해당 학교의 교육여건을 고려하여 학생 · 학부모와 지역 주민의 요구에 부합하는 평생교육을 직접 실시하거나 지방자치단체 또는 민간(영리를 목적으로 하는 법인 및 단체는 제외)에 위탁하여 실시할 수 있다.
④ 「초 · 중등교육법」 및 「고등교육법」에 따른 각급학교의 장은 평생교육을 실시하는 경우 평생교육의 이념에 따라 교육과정과 방법을 수요자 관점으로 개발 · 시행하도록 하며 학교를 중심으로 공동체 및 지역문화 개발에 노력하여야 한다.

18 다음은 2022 개정교육과정에서 교육과정 구성의 중점 중 일부이다. (가), (나), (다)에 들어갈 말을 바르게 연결한 것은?

- 학생 개개인의 (가) 성장을 지원하고, 사회 구성원 모두의 행복을 위해 서로 존중하고 배려하며 협력하는 공동체 의식을 함양한다.
- 모든 학생이 학습의 기초인 언어 · 수리 · (나) 기초소양을 갖출 수 있도록 하여 학교 교육과 평생학습에서 학습을 지속할 수 있게 한다.
- 다양한 (다) 수업을 활성화하고, 문제 해결 및 사고의 과정을 중시하는 평가를 통해 학습의 질을 개선한다.

	(가)	(나)	(다)
①	인격적	디지털	학생 참여형
②	인격적	외국어	학생 주도형
③	통합적	디지털	학생 주도형
④	통합적	외국어	학생 참여형

19 문화실조론에 대한 설명으로 옳은 것만을 모두 고르면?

㉠ 미국 헤드스타트(Head Start) 프로그램의 배경이 되었다.
㉡ 학생의 학업성취 격차의 원인은 학교요인에 있다고 주장한다.
㉢ 문화상대주의자들은 문화실조라는 개념이 성립할 수 없다고 비판한다.

① ㉠
② ㉠, ㉢
③ ㉡, ㉢
④ ㉠, ㉡, ㉢

20 다음 설명에 해당하는 것은?

- 슐만(Shulman)의 교수내용지식에 테크놀로지 지식을 추가한 개념이다.
- 교수지식, 내용지식, 테크놀로지 지식 간의 상호작용을 이해하고 이를 바탕으로 수업환경에 적합한 테크놀로지를 통합하는 지식을 의미한다.

① ASSURE
② STAD
③ TPACK
④ WHERETO

교육학개론 | 2024년 지방직 9급

모바일 OMR

회독 CHECK [1] [2] [3]

01 다음 설명에 해당하는 모형은?

> 체제적 교수모형으로, 요구사정, 교수분석, 학습자 및 상황 분석, 수행목표 진술, 평가도구 개발, 교수전략 개발, 교수자료 개발 및 선정, 형성평가 개발 및 시행, 교수 수정, 총괄평가 설계 및 시행의 10단계로 구성된다.

① ADDIE 모형
② 글레이저(Glaser) 모형
③ 켈러(Keller) 동기설계 모형
④ 딕과 캐리(Dick & Carey) 모형

02 다음 설명에 해당하는 척도는?

> • 사물이나 사람을 구분하거나 분류하기 위해 사용되는 척도이다.
> • 예를 들어 성별을 표시할 때, 여학생을 0, 남학생을 1로 표시한다.

① 명명척도
② 서열척도
③ 동간척도
④ 비율척도

03 우리나라 교육사에 관한 설명으로 옳지 않은 것은?

① 백제에서는 교육기관으로 국학을 세웠다.
② 고구려에서는 교육기관으로 태학을 세웠다.
③ 유형원은 『반계수록』에서 교육제도 개혁을 주장하였다.
④ 근대적 관립학교인 육영공원을 세웠다.

04 (가)에 해당하는 타당도는?

> 새로 개발한 A시험의 (가) 를 구하기 위하여 기존에 타당도를 검증한 B검사의 점수와 A시험의 점수와의 상관계수를 구하였다. (단, A시험과 B검사의 점수 획득 시기가 같다)

① 공인타당도
② 구인타당도
③ 내용타당도
④ 예측타당도

05 형태주의(Gestalt) 심리학의 관점으로 옳지 않은 것은?

① 학습의 과정에 통찰도 포함된다.
② 지각은 실제와 차이가 있을 수 있다.
③ 전체는 부분의 합이 아니라 그 이상이다.
④ 복잡한 현상을 단순한 요소로 나누어 설명한다.

06 「평생교육법」상 (가), (나)에 들어갈 말을 바르게 연결한 것은?

> "평생교육"이란 학교의 정규교육과정을 (가) 학력보완교육, 성인 문해교육, 직업능력 향상교육, 성인 진로개발역량 향상교육, 인문교양교육, 문화예술교육, 시민참여교육 등을 포함하는 모든 형태의 (나) 교육활동을 말한다.

	(가)	(나)
①	포함한	조직적인
②	포함한	비조직적인
③	제외한	조직적인
④	제외한	비조직적인

07 (가), (나)에 들어갈 말을 바르게 연결한 것은?

> 학습동기에 대한 목표지향성 이론에 따르면, 학습자가 (가) 목표를 갖고 있으면, 자신의 능력을 높이기 위한 목표를 성취하기 위해 도전적인 새로운 과제를 선택하는 경향이 높지만, 학습자가 (나) 목표를 갖고 있으면, 자신의 능력이 부족해 보이는 것을 피하기 위해 새롭고 도전적인 과제보다 이미 충분히 학습된 쉬운 과제를 선택하려는 경향이 높다.

	(가)	(나)
①	수행	숙달
②	숙달	수행
③	사회적	숙달
④	수행접근	과제회피

08 다음에서 설명하는 교육정책 의사결정 관점은?

> • 관료제, 중앙집권적 조직에 적합하다.
> • 조직목표 달성이 의사결정의 목적이다.
> • 목표 달성을 극대화하는 최적의 대안을 선택하는 것이 가능하다고 본다.

① 우연적 관점
② 정치적 관점
③ 참여적 관점
④ 합리적 관점

09 다음에서 설명하는 교육행정의 기본원리는?

> • 교육활동에 투입되는 인적 · 물적 자원에 대한 교육산출의 비율을 최대한 높이는 것이다.
> • 예를 들어 국가재정의 한계로 인해 학급당 학생 수를 늘리는 것이다.

① 민주성의 원리
② 합법성의 원리
③ 효율성의 원리
④ 기회균등의 원리

10 다음과 같이 주장한 교육학자는?

> • 이상적인 성인의 활동분석을 통하여 교육목표를 설정한다.
> • 과학적인 방법에 따른 교육과정 개발이 필요하다.
> • 교육은 학생이 성인이 되어서 할 일을 미리 준비시켜 주는 것이다.

① 애플(Apple)
② 보빗(Bobbitt)
③ 듀이(Dewey)
④ 위긴스와 맥타이(Wiggins & McTighe)

11 (가)~(다)와 개인상담 기법을 바르게 연결한 것은?

> (가) 내담자가 하는 말의 이면에 담겨 있는 의미와 내면의 감정에까지 귀 기울이는 것을 의미한다.
> (나) 내담자의 감정상태를 공감하여, 그 공감내용을 내담자에게 다시 되비쳐 주는 기법이다.
> (다) 정보수집을 위한 기능 외에도 내담자가 자신의 내면을 탐색하도록 자극하거나 유도하는 기능을 한다.

	(가)	(나)	(다)
①	감정 반영	재진술	직면
②	경청	감정 반영	질문
③	주의집중	감정 반영	구조화
④	주의집중	재진술	질문

12 간접교육비에 대한 설명으로 옳지 않은 것은?

① 학생이 학교에 다니기 때문에 취업할 수 없는 데서 오는 유실소득을 포함한다.
② 비영리기관인 학교에 대해 세금을 면제해주는 면세의 비용을 포함한다.
③ 학교건물과 장비 사용에 따라 발생하는 감가상각비와 이자도 포함된다.
④ 유아의 어머니가 취업 대신 자녀 교육을 위해 가정에 머물면서 포기된 소득은 제외한다.

13 다음은 서지오바니(Sergiovanni)의 도덕적 지도성 이론에 따라 분류한 네 가지 학교 유형이다. (가)에 해당하는 것은?

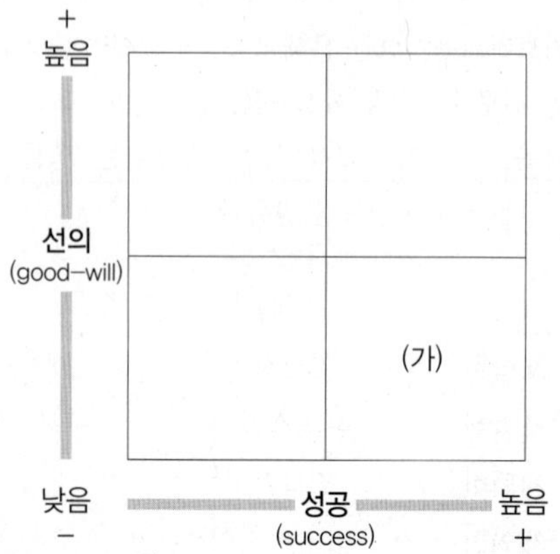

① 도덕적인 학교
② 정략적인 학교
③ 도덕적이고 효과적인 학교
④ 비도덕적이고 비효과적인 학교

14 다음 설명에 해당하는 학교컨설팅의 원리는?

> • 학교 컨설턴트가 의뢰인을 대신하여 교육활동을 전개하거나 학교를 경영하지 않아야 한다.
> • 컨설팅 결과에 대한 최종 책임은 의뢰인에게 있다.

① 자문성의 원리
② 자발성의 원리
③ 전문성의 원리
④ 한시성의 원리

15 타일러(Tyler)가 제시한 교육과정 개발에서 고려할 네 가지 질문에 해당하지 않는 것은?

① 학교는 어떤 교육목표 달성을 위해 노력해야 하는가
② 교육목표 달성을 위하여 어떤 교육경험을 제공해야 하는가
③ 교육경험을 효과적으로 조직할 때 필요한 교육매체는 무엇인가
④ 교육목표 달성여부를 어떻게 판단할 것인가

16 다음과 같이 주장한 교육학자는?

> 역사 교과서에서 자본가 집단에 유리한 내용을 비중 있게 다루고 노동자들의 기여를 언급하지 않거나 부정적으로 다루고 있다.

① 애니언(Anyon)
② 드리븐(Dreeben)
③ 프레이리(Freire)
④ 보울즈와 진티스(Bowles & Gintis)

17 포스트모더니즘 교육론의 특징으로 옳지 않은 것은?

① 획일적 교육방식에서 벗어나 교육내용과 방법의 다원화를 추구한다.
② 국가주도의 공교육 체제보다는 유연하고 다양한 교육체제를 요구한다.
③ 교육에서 다루는 지식의 가치를 절대적이고 보편적인 것으로 인식하고 있다.
④ 교육과정은 지식의 논리적 특성보다 지식의 사회문화적 특성에 근거해야 한다고 본다.

18 평생교육 참여의 장애요인 중 크로스(Cross)가 분류한 세 가지 요인에 해당하지 않는 것은?

① 기질적(dispositional) 요인
② 상황적(situational) 요인
③ 기관적(institutional) 요인
④ 정보적(informational) 요인

19 뱅크스(Banks)의 다문화교육을 위한 교육과정 접근법에 해당하지 않는 것은?

① 기여적 접근
② 변혁적 접근
③ 동화주의적 접근
④ 의사결정 및 사회적 행동 접근

20 「초 · 중등교육법 시행령」상 (가), (나)에 들어갈 말을 바르게 연결한 것은?

> **제48조의2(자유학기의 수업운영방법 등)** ① 중학교 및 특수학교(중학교의 과정을 교육하는 특수학교로 한정한다)의 장은 자유학기에 [(가)]을 실시하고 학생의 진로탐색 등 다양한 체험을 위한 [(나)]을 운영해야 한다.

	(가)	(나)
①	학생 참여형 수업	진로교육
②	학생 참여형 수업	체험활동
③	학생 주도형 수업	진로교육
④	학생 주도형 수업	체험활동

교육학개론 | 2023년 국가직 9급

모바일 OMR

회독 CHECK 1 2 3

01 항존주의 교육철학에 대한 설명으로 옳은 것은?

① 아동 존중의 원리를 채택한다.
② 교육을 통한 사회 개조를 중시한다.
③ 지식이나 진리의 영원성을 강조한다.
④ 실제적인 삶의 문제를 해결하는 데 초점을 둔다.

02 비고츠키(Vygotsky)의 사회문화이론에 근거할 때, (가)에 들어갈 말은?

> 타인의 도움을 받아서 수행할 수 있는 수준과 자기 혼자서 독립적으로 수행할 수 있는 수준 사이에 (가) 이 있다.

① 집단 무의식
② 근접발달영역
③ 학습된 무기력
④ 잠재적 발달영역

03 다음에 해당하는 지도성 유형은?

> • 지도성에 대한 중앙집권적 사고를 부정한다.
> • 학교 구성원 모두가 공동의 지도성을 실행하면서 학교 조직의 효과성을 극대화하는 것을 목표로 한다.
> • 학교 조직이 크고 업무가 복잡하므로 조직 내 다양한 자원을 적극 활용하는 것을 강조한다.

① 분산적 지도성
② 상황적 지도성
③ 거래적 지도성
④ 변혁적 지도성

04 코메니우스(Comenius)의 교육사상에 대한 설명으로 옳지 않은 것은?

① 모든 사람에게 모든 것을 철저하게 가르쳐야 한다고 주장하였다.
② 그림을 넣은 교재인 『세계도회』를 제작하여 문자 위주 언어교육의 문제를 해결하고자 하였다.
③ 동굴의 비유를 통해 교육의 핵심적 원리와 지식의 단계를 제시하였다.
④ 어머니 무릎 학교, 모국어 학교, 라틴어 학교, 대학으로 이어지는 단계적 학교 제도를 제안하였다.

05 교수-학습 과정 중 출발점 행동 진단에 대한 설명으로 옳지 않은 것은?

① 학습내용과 매체를 선정하고 수업절차를 확인한다.
② 학습자가 해당 학습과제를 학습할 만한 발달수준에 도달했는지를 확인한다.
③ 학습자의 선수학습 요소를 확인한다.
④ 해당 학습과제에 대한 학습자의 흥미나 적성을 확인한다.

06 콜버그(Kohlberg)의 도덕성 발달이론에 대한 설명으로 옳은 것은?

① 아동 초기에 초점을 둔 이론으로 도덕성 발달은 동화와 조절의 과정을 거쳐 이루어진다.
② 전인습(preconventional) 수준에서 도덕성 발달의 시작은 처벌을 피하기 위한 행동에서 비롯된다.
③ 선악을 판단하는 초자아(superego)의 작동에 의해 도덕성이 발달한다.
④ 인습(conventional) 수준에서 도덕성은 정의, 평등, 생명과 같은 보편적인 원리를 지향한다.

07 「학교폭력예방 및 대책에 관한 법률」상 학교폭력의 예방 및 대책에 대한 설명으로 옳지 않은 것은?

① 학교 안뿐만 아니라 학교 밖에서 발생한 학생 간의 상해, 폭행, 협박, 따돌림 등도 이 법의 적용대상이다.
② 경미한 학교폭력사건의 경우 가해학생 및 그 보호자가 학교폭력대책심의위원회의 개최를 원하지 않으면 학교의 장은 자체적으로 해결할 수 있다.
③ 학교의 장은 학교폭력의 예방 및 대책 등을 위한 교직원 및 학부모에 대한 교육을 학기별로 1회 이상 실시하여야 한다.
④ 피해학생의 보호를 위한 조치에는 학내외 전문가에 의한 심리상담 및 조언, 일시보호, 치료 및 치료를 위한 요양, 학급교체 등이 있다.

08 가상현실(VR) 기술을 활용한 교육에 대한 설명으로 옳지 않은 것은?

① 다양한 각도에서 수업자료를 탐구하도록 유도할 수 있다.
② 현실에서 직접 경험할 수 없었던 사물, 장소, 역사 속 사건 등을 재현할 수 있다.
③ 투사매체인 실물화상기나 OHP(overhead projector)를 핵심 장치로 활용한다.
④ 학습활동 과정에서 학습자의 흥미와 몰입감을 높일 수 있다.

09 다음 설명에 해당하는 블룸(Bloom)의 교육목표 분류 범주는?

> • 복잡한 사상이나 아이디어의 구조를 파악하는 수준의 행동으로, 그 구성요소나 관계의 확인을 포함한다.
> • 이 범주에 속하는 목표 진술의 예로는 사실과 추론을 구분하기, 원인과 결과를 찾아내기 등이 있다.

① 적용　　② 평가
③ 종합　　④ 분석

10 페스탈로치(Pestalozzi)의 교육사상에 대한 설명으로 옳지 않은 것은?

① 『일반교육학』을 저술하여 심리학적 원리에 기초한 교육방법을 정립하였다.
② 아동의 자발적 활동과 실물을 활용한 직관교육을 중시하였다.
③ 루소의 자연주의 교육사상을 교육 실제에 적용하여 빈민학교를 설립하였다.
④ 전체적인 구조 속에서 신체적 능력, 도덕적 능력, 지적 능력의 조화로운 발달을 주장하였다.

11 다음 설명에 해당하는 교육행정의 과정은?

> 조직의 목표를 설정하고 목표 달성에 필요한 수단을 선택하여 미래의 행동을 준비한다.

① 기획(planning)
② 자극(stimulating)
③ 조정(coordinating)
④ 평가(evaluating)

12 (가), (나)에 들어갈 말을 바르게 연결한 것은?

> • 허즈버그(Herzberg)는 직무 불만족을 야기하는 근무조건, 직업안정성, 보수 등을 (가) 으로 보았다.
> • 맥그리거(McGregor)는 적절하게 동기부여가 되면 누구나 자율적이고 창의적으로 행동한다는 관점을 (나) 로 불렀다.

	(가)	(나)
①	동기요인	이론 X
②	동기요인	이론 Y
③	위생요인	이론 X
④	위생요인	이론 Y

13 정신분석 상담의 주요 기법에 해당하지 않는 것은?

① 전이 분석
② 저항의 분석
③ 자유연상법
④ 비합리적 신념 논박

14 「초 · 중등교육법」상 학교운영위원회의 심의사항에 해당하지 않는 것은?

① 학교급식
② 자유학기제 실시 여부
③ 교과용 도서와 교육 자료의 선정
④ 대학입학 특별전형 중 학교장 추천

15 다음과 같이 주장한 교육사회학자는?

> • 학교가 지배집단의 의미체계와 가치체계인 헤게모니를 주입하여 기존 질서를 정당화한다.
> • 학교 교육과정과 수업에서 가르치는 지식은 이데올로기적 속성을 갖는다.

① 애플(Apple)
② 파슨스(Parsons)
③ 로젠탈(Rosenthal)
④ 드리븐(Dreeben)

16 콜만(Coleman)의 사회자본(social capital)에 대한 설명으로 옳지 않은 것은?

① 부모-자녀 간의 상호신뢰, 긍정적 상호작용, 자녀에 대한 높은 기대 등으로 나타난다.
② 지역사회 주민들이 생활지도, 학습지원 방법, 학습분위기 조성 등에 대해 협력하는 활동이다.
③ 학생의 학업성취 격차를 설명하는 주요 변인이다.
④ 학교시설, 실험실 등 물리적 · 객관적 여건에 따라 좌우된다.

17 다음 설명에 해당하는 것은?

- 학습 정도를 시간의 함수로 본다.
- 적성은 최적의 학습 조건하에서 학습 과제를 일정한 수준으로 성취하는 데 필요한 시간으로 표현된다.
- 수업 이해력은 학습자가 수업내용, 교사의 설명, 제시된 과제를 이해하는 정도를 의미한다.

① 글래이저(Glaser)의 교수과정
② 캐롤(Carroll)의 학교학습모형
③ 브루너(Bruner)의 발견학습
④ 가네(Gagné)의 학습위계

18 교육평가에 관한 설명으로 옳은 것은?

① 속도검사: 모든 학생이 모든 문항을 풀어볼 수 있도록 충분한 시간을 준 다음 측정한다.
② 준거지향평가: 학생의 점수를 다른 학생들의 점수와 비교하여 상대적 서열 또는 순위를 매긴다.
③ 형성평가: 학기 중 학습의 진척 상황을 점검하여 학습속도 조절이나 학습자 강화에 활용한다.
④ 표준화검사: 교사가 제작하여 수업 진행 중 학생들의 학업성취도나 행동 특성을 측정한다.

19 다음 설명에 해당하는 청소년 비행 관련 이론은?

- 뒤르켐(Durkheim)의 이론을 발전시켜 머톤(Merton)이 정립하였다.
- 문화적인 가치와 사회적 수단 간의 불일치로 인한 사회 · 심리적 긴장 상태에서 벗어나고자 비행을 시도한다.

① 낙인 이론
② 사회통제 이론
③ 아노미 이론
④ 합리적 선택 이론

20 생활지도 활동과 적용 사례가 바르게 짝지어진 것은?

① 학생조사 활동 – 진로 탐색을 위한 학생 맞춤형 프로그램을 실시하였다.
② 정보제공 활동 – 신입생에게 학교의 교육과정 및 특별활동에 관한 안내 자료를 배부하였다.
③ 배치(placement) 활동 – 학생들의 수업 적응 정도를 점검하고 부적응 학생을 상담하였다.
④ 추수(follow-up) 활동 – 학기 초에 학생에 관한 신체적 · 지적 특성과 가정환경 등 기초적인 정보를 수집하였다.

교육학개론 | 2023년 지방직 9급

모바일 OMR

회독 CHECK 1 2 3

01 아이즈너(Eisner)의 교육과정 이론에 대한 설명으로 옳은 것만을 모두 고르면?

> ㉠ 행동목표 중심으로 교육과정을 개발해야 한다.
> ㉡ 내용선정 과정에서 영 교육과정에 대해서 신중히 고려해야 한다.
> ㉢ 학습기회의 유형을 개발할 때 교육적 상상력을 동원해야 한다.
> ㉣ 교육과정 개발 과정은 목표설정부터 평가방법 개발에 이르는 직선적 과정이다.

① ㉠, ㉡
② ㉠, ㉣
③ ㉡, ㉢
④ ㉢, ㉣

02 ADDIE모형에 대한 설명으로 옳지 않은 것은?

① 분석 – 요구 분석, 학습자 분석, 환경 분석, 과제 분석 등이 실시된다.
② 설계 – 수행 목표 명세화, 교수전략 및 매체 선정 등이 실시된다.
③ 개발 – 설계명세서를 토대로 교수학습자료를 개발한다.
④ 평가 – 평가도구를 제작하고 평가를 실시한다.

03 행동주의 학습이론과 관련이 없는 것은?

① 강화
② 사회학습이론
③ 조작적 조건화
④ 통찰학습이론

04 학문중심 교육과정에 대한 설명으로 옳지 않은 것은?

① 경험을 통한 생활적응학습을 강조한다.
② 지식의 구조를 중요시한다.
③ 나선형 교육과정으로 내용을 조직한다.
④ 발견학습을 강조한다.

05 다음 설명에 해당하는 이론은?

> • 사회질서는 상징적 폭력을 매개로 하여 재생산된다.
> • 체화된 상태의 자본(취향, 태도 등), 객관화된 상태의 자본(책, 예술작품 등), 제도화된 상태의 자본(졸업장, 학위 등)을 강조한다.

① 경제재생산이론
② 문화재생산이론
③ 저항이론
④ 지위경쟁이론

06 의무교육의 대안으로 '학습망(learning web)'이라는 개념을 제시한 학자는?

① 영(Young)
② 일리치(Illich)
③ 지루(Giroux)
④ 프레이리(Freire)

07 성인학습에 대한 린드만(Lindeman)의 설명으로 옳지 않은 것은?

① 성인학습자의 개인차는 나이가 들수록 감소한다.
② 경험은 성인학습의 중요한 자원이다.
③ 토론은 성인교육의 실천적 방법이다.
④ 성인학습은 삶 혹은 현장 중심적이다.

08 다음 설명에 해당하는 피터스(Peters)가 제시한 교육의 개념적 기준은?

- 교육은 일반적인 훈련과 달리 전인적 계발을 지향해야 한다.
- 교육받은 사람은 폭넓은 안목을 가짐으로써 자신과 분야가 다른 인간의 삶과 어떤 관련을 맺고 있는지를 깊이 이해할 수 있어야 한다.

① 규범적 기준
② 내재적 기준
③ 과정적 기준
④ 인지적 기준

09 1894년부터 1896년까지 추진된 갑오개혁의 과정에 관제(官制) 또는 영(令)에 의해 설립된 근대 교육기관이 아닌 것은?

① 소학교
② 중학교
③ 외국어학교
④ 한성사범학교

10 다음과 같이 주장한 교육학자는?

> 교육의 목적은 궁극적으로 학생의 도덕적 품성을 강화하는 것이다. 도덕적 품성은 다섯 가지 기본 이념으로 이루어져 있으며, 내적 자유의 이념, 완전성의 이념, 호의(선의지)의 이념, 정의(권리)의 이념, 공정성(보상)의 이념이다.

① 페스탈로치(Pestalozzi)
② 피히테(Fichte)
③ 프뢰벨(Fröbel)
④ 헤르바르트(Herbart)

11 「사립학교법」의 내용으로 옳지 않은 것은?

① 학교법인의 설립 당초의 임원은 정관으로 정하여야 한다.
② 기간제교원의 임용기간은 1년 이내로 하되, 필요한 경우 4년의 범위에서 그 기간을 연장할 수 있다.
③ 사립학교 교원은 권고에 의하여 사직을 당하지 아니한다.
④ 각급 학교의 장은 해당 학교를 설치 · 경영하는 학교법인 또는 사립학교경영자가 임용한다.

12 고전검사이론에 대한 설명으로 옳지 않은 것은?

① 문항난이도는 문항의 쉽고 어려운 정도를 나타낸다.
② 피험자의 능력과 문항의 답을 맞힐 확률 간의 관계를 나타내는 문항특성곡선을 사용한다.
③ 문항변별도는 문항이 피험자의 능력을 변별하는 정도를 나타낸다.
④ 관찰점수는 진점수와 오차점수의 합으로 가정한다.

13 다음의 상담기법이 활용되는 상담이론은?

- 숙련된 질문 기술
- 적절한 유머
- 토의와 논쟁
- 직면하기
- 역설적 기법

① 게슈탈트 상담
② 인간중심 상담
③ 행동주의 상담
④ 현실치료

14 다음 설명에 해당하는 청소년 비행 관련 이론은?

- 일탈행위가 오히려 정상행동이며, 규범준수행위가 비정상적인 행동이다.
- 인간의 본성은 악하기 때문에 사람은 항상 규범을 위반할 수 있으며, 개인과 사회 간의 결속이 약화될수록 일탈할 확률이 높아진다.

① 낙인이론
② 사회통제이론
③ 아노미이론
④ 차별접촉이론

15 다음 설명에 해당하는 교육정책 형성의 관점은?

- 공동의 목표가 있고 이를 달성하기 위해 최선의 선택을 하며, 체제 내의 작용에 의해 의사결정이 이루어진다.
- 의사결정을 관련 당사자 간의 논의를 통한 합의의 결과로 이해한다.
- 폐쇄적 체제로, 환경의 다양한 변화에 민감하게 반응하지 않는다.
- 관료제 조직보다 전문직 조직에 적합하다.

① 합리적 관점
② 참여적 관점
③ 정치적 관점
④ 우연적 관점

16 「독학에 의한 학위취득에 관한 법률」의 내용으로 옳지 않은 것은?

① 국가는 독학자가 학사학위를 취득하는 데에 필요한 편의를 제공하여야 한다.
② 학위취득시험에 응시할 수 있는 사람은 고등학교 졸업이나 이와 같은 수준 이상의 학력이 있다고 인정된 사람이어야 한다.
③ 일정한 학력이나 자격이 있는 사람에 대하여는 학위취득 종합시험을 면제할 수 있다.
④ 교육부장관은 학위취득 종합시험에 합격한 사람에게는 학위를 수여한다.

17 교육재정의 구조와 배분에 대한 설명으로 옳지 않은 것은?

① 학생이 교육을 받는 기간 동안 미취업에 따른 유실 소득은 공부담 교육기회비용에 해당된다.
② 국가는 지방교육재정상 부득이한 수요가 있는 경우, 국가예산으로 정하는 바에 따라 보통교부금과 특별교부금 외에 따로 증액교부할 수 있다.
③ 시 · 도 및 시 · 군 · 자치구는 관할구역에 있는 고등학교 이하 각급학교의 교육경비를 보조할 수 있다.
④ 시 · 도의 교육 · 학예에 필요한 경비는 해당 지방자치단체의 교육비특별회계에서 부담한다.

18 허즈버그(Herzberg)의 동기-위생이론에서 교사의 직무만족을 가져다 주는 동기요인에 해당하는 것만을 모두 고르면?

> ㉠ 근무조건
> ㉡ 동료와의 관계
> ㉢ 가르치는 일 자체
> ㉣ 발전감

① ㉠, ㉡
② ㉠, ㉣
③ ㉡, ㉢
④ ㉢, ㉣

19 다음 설명에 해당하는 교육평가의 유형은?

> • 평가의 교수적 기능을 중시한다.
> • 최종 성취수준에 대한 관심보다는 사전 능력 수준과 현재 능력 수준의 차이에 관심을 둔다.
> • 고부담시험보다는 영향력이 낮은 평가에서 사용하는 것이 바람직하다.

① 규준참조평가
② 준거참조평가
③ 능력참조평가
④ 성장참조평가

20 다음 사례에 해당하는 학습의 전이(transfer)가 아닌 것은?

> 수학 시간에 사칙연산을 배우는 것은 가게에서 물건 값을 지불하고 잔돈을 계산하는 데 도움을 준다.

① 긍정적(positive) 전이
② 특수(specific) 전이
③ 일반(general) 전이
④ 수평적(lateral) 전이

교육학개론 | 2022년 국가직 9급

모바일 OMR

회독 CHECK 1 2 3

01 다음에 해당하는 학습 형태는?

> • 학습자가 언제 어디에서나 어떤 내용이건, 어떤 단말기로도 학습 가능한 지능화된 학습 형태
> • 획일적이거나 강제적이지 않으며, 창의적이고 학습자 중심적인 교육과정 실현 가능
> • 원하는 정보를 찾기 위해 학습자가 특정 시간에 특정 장소를 찾아가는 것이 아니라, 학습정보가 학습자를 찾아다니는 방식

① e-러닝(Electronic Learning)
② m-러닝(Mobile Learning)
③ u-러닝(Ubiquitous Learning)
④ 기계학습(Machine Learning)

02 다음에 해당하는 교육의 사회적 기능은?

> • 산업구조와 사회구조의 급격한 변화에 대응하는 인력 수급의 기능을 담당한다.
> • 사회의 존속을 위해 필요한 다양한 기능에 적합한 학생을 교육하여 적재적소에 배치한다.

① 문화전승의 기능
② 사회이동의 기능
③ 사회통합의 기능
④ 사회충원의 기능

03 능력주의 평등화론에 대한 설명으로 옳지 않은 것은?

① 지능과 노력의 합을 능력으로 보았다.
② 현대 서구 교육평등관의 바탕이 되었다.
③ 능력에서의 사회구조적 불평등을 고려하였다.
④ 학교교육을 대표적인 능력주의 실현 장치로 보았다.

04 협동학습의 일반적인 원리로 옳지 않은 것은?

① 개별 책무성
② 동질적 집단구성
③ 긍정적 상호의존성
④ 공동의 목표 달성 노력

05 평가도구의 신뢰도 및 타당도에 대한 설명으로 옳지 않은 것은?

① 신뢰도는 얼마나 정확하게 오차 없이 측정하는가와 관련된다.
② 평가도구가 높은 타당도를 갖기 위해서는 평가도구의 신뢰도가 높아야 한다.
③ 공인타당도는 새로운 평가도구의 타당도를 기존의 타당성을 인정받고 있는 도구와의 유사성 혹은 연관성에 의해 검증한다.
④ 동형검사신뢰도는 동일한 피험자 집단에게 동일한 평가도구를 일정 간격을 두고 반복 실시한 결과로 파악한다.

06 다음과 가장 관계가 깊은 학습 이론은?

> 영수는 국어 성적이 좋지 않아서 시험 성적이 나올 때마다 여러 번 국어 선생님으로부터 꾸중을 들었고, 꾸중을 들을 때마다 기분이 상해서 얼굴이 붉어졌다. 어느 날 영수는 우연히 국어 선생님을 복도에서 마주쳤는데, 잘못한 일이 없음에도 불구하고 자신도 모르게 얼굴이 붉어졌다.

① 구성주의 이론
② 정보처리 이론
③ 고전적 조건형성 이론
④ 조작적 조건형성 이론

07 다음에 해당하는 프로이트(Freud)의 성격 구조 요소는?

> • 도덕적 원리를 추구한다.
> • 부모나 양육자로부터 영향을 많이 받는다.
> • 양심과 자아이상이라는 두 가지 하위체계로 구성된다.

① 무의식 ② 원초아
③ 자아 ④ 초자아

08 반두라(Bandura)의 관찰학습 단계 중 모델의 행동을 언어적·시각적으로 부호화하는 단계는?

① 재생 ② 파지
③ 동기화 ④ 주의집중

09 성장참조평가에 대한 설명으로 옳은 것만을 모두 고르면?

> ㉠ 교육과정을 통하여 학생이 얼마나 성장하였는지에 관심을 둔다.
> ㉡ 학업 증진의 기회를 부여하고 평가의 개별화를 강조한다.
> ㉢ 사전 측정치와 현재 측정치의 상관이 높을수록 타당한 결과를 얻을 수 있다.
> ㉣ 대학 진학이나 자격증 취득을 위한 행정적 기능이 강조되는 고부담검사에 적합하다.

① ㉠, ㉡ ② ㉢, ㉣
③ ㉠, ㉡, ㉢ ④ ㉡, ㉢, ㉣

10 교육과정 유형에 대한 설명으로 옳지 않은 것은?

① 경험중심 교육과정은 아동의 성장과 발달에 목적을 둔다.
② 교과중심 교육과정은 교사 중심의 설명식 교수법을 요구하는 경우가 많다.
③ 학문중심 교육과정은 전통적으로 내려오는 가치와 문화의 전수를 교육과정의 핵심으로 본다.
④ 인간중심 교육과정은 개인적 의미의 중요성을 강조하고 전인적 발달을 추구함으로써 학습자의 자아실현을 돕는다.

11 **분석적 교육철학에 대한 설명으로 옳지 않은 것은?**

① 위대한 사상가의 교육사상이나 교육적 주장에서 교육의 목적과 방향을 찾으려 하였다.
② 전통적 교육철학에서 애매하거나 모호하게 사용되고 있는 개념의 의미를 명료화하는 데 치중하였다.
③ 교육을 과학적 · 논리적 방법으로 탐구함으로써 교육철학을 객관적인 체계를 갖춘 독립 학문으로 발전시키려 하였다.
④ 이차적 또는 반성적이라는 철학적 방법의 성격상 교육의 가치나 실천의 문제에 소홀한 한계를 지닌다.

12 **다음에 해당하는 교육 개념은?**

- 정규 학교교육 체제 밖에서 이루어지는 조직적 교육활동이다.
- 교수자의 자격 요건이나 교육 방법이 프로그램의 상황과 조건에 따라 유동적인 경우가 많다.

① 형식 교육
② 비형식 교육
③ 무형식 교육
④ 우연적 학습

13 **다음에 해당하는 리더십 유형은?**

- 구성원으로 하여금 조직 목적에 헌신하도록 하고, 의식과 능력 향상을 격려함으로써 자신과 타인의 발전에 보다 큰 책임감을 갖고 조직을 변화시키고 높은 성취를 이루도록 유도한다.
- 이상적 영향력, 영감적 동기화, 지적 자극, 개별적 고려 등의 특징을 갖는다.

① 변혁적 리더십
② 문화적 리더십
③ 도덕적 리더십
④ 슈퍼 리더십

14 **고구려의 경당에 대한 설명으로 옳지 않은 것은?**

① 문과 무를 아울러 교육하였다.
② 미혼 자제들을 위한 교육기관이다.
③ 『문선(文選)』을 교재로 사용하였다.
④ 유교 경전으로는 사서(四書)를 중시하였다.

15 **다음에 해당하는 조선 후기의 자찬 교재는?**

- 『천자문』이 갖고 있던 문자학습 교재로서의 결함을 극복하기 위해 만든 한자 학습서이다.
- 상 · 하권으로 나누어, 상권은 유형적 개념, 하권은 무형적 개념 위주로 2,000자를 수록하였다.

① 사소절　② 아학편
③ 아희원람　④ 하학지남

16 **「학점인정 등에 관한 법률」상 교육부장관이 그에 상당하는 학점을 인정할 수 있는 자에 해당하지 않는 것은? 〈변형〉**

① 외국이나 군사분계선 이북 지역에서 중등교육에 상응하는 교육과정을 마친 자
② 대통령령으로 정하는 자격을 취득하거나 그 자격 취득에 필요한 교육과정을 마친 자
③ 「고등교육법」 제36조 제1항, 「평생교육법」 제32조 또는 제33조에 따라 시간제로 등록하여 수업을 받은 자
④ 「무형유산의 보전 및 진흥에 관한 법률」 제17조에 따라 국가무형유산의 보유자로 인정된 사람과 그 전수교육을 받은 사람으로서 대통령령으로 정하는 사람

17 **교육정책 결정 모형에 대한 설명으로 옳은 것은?**

① 혼합 모형은 만족 모형의 이상주의와 합리성 모형의 보수주의를 혼합하여 발전시킨 모형이다.
② 점증 모형은 인간의 이성과 합리적 행동에 대한 믿음을 바탕으로 가장 합리적인 최선의 대안을 찾고자 하는 모형이다.
③ 만족 모형은 최선의 결정은 이론적으로 가능할 뿐이며 실제로는 제한된 범위 안에서의 합리성만 추구할 수 있다고 본다.
④ 합리성 모형에서는 기존의 정책 대안과 경험을 기초로 약간의 개선을 도모할 수 있는 제한된 수의 대안을 검토하여 현실성 있는 정책을 선택한다.

18 **보비트(Bobbit)가 학교행정에 적용한 과학적 관리의 원칙으로 옳지 않은 것은?**

① 교육에서의 낭비를 최대한 제거한다.
② 가능한 모든 시간에 교육시설을 활용한다.
③ 교직원의 작업능률을 최대한 유지하고 교직원 수를 최소화한다.
④ 교원은 학생을 가르치는 일과 함께 학교행정의 책임도 져야 한다.

19 **호이(Hoy)와 미스켈(Miskel)이 구분한 학교풍토의 네 가지 유형에 대한 설명으로 옳지 않은 것은?**

① 개방풍토 – 교장은 교사들의 의견과 전문성을 존중하고, 교사들은 과업에 헌신한다.
② 폐쇄풍토 – 교장은 일상적이거나 불필요한 잡무만을 강요하고, 교사들은 업무에 대한 관심과 책임감이 없다.
③ 몰입풍토 – 교장은 효과적인 통제를 시도하지만, 교사들은 낮은 전문적 업무수행에 그친다.
④ 일탈풍토 – 교장은 개방적이고 지원적이지만, 교사들은 교장을 무시하거나 무력화하려 하고 교사 간 불화와 편견이 심하다.

20 **다음에 해당하는 학교예산 편성 기법은?**

> • 달성하려는 목표와 사업이 무엇인가를 표시하고 이를 달성하는 데 필요한 비용을 명시해 주는 장점이 있다.
> • 예산 관리에 치중하여 계획을 소홀히 하거나 회계 책임이 불분명한 단점도 있다.

① 기획 예산제도
② 성과주의 예산제도
③ 영기준 예산제도
④ 품목별 예산제도

교육학개론 | 2022년 지방직 9급

모바일 OMR

회독 CHECK 1 2 3

01 새로운 환경변화에 신축적으로 대응하고 능동적으로 대처함으로써 변화를 주도해 나가야한다는 교육행정의 원리는?

① 민주성의 원리
② 안정성의 원리
③ 전문성의 원리
④ 적응성의 원리

02 다음 설명에 해당하는 것은?

> • 지능은 사회문화적 맥락의 영향을 받는, 서로 독립적인 다양한 능력으로 구성되어 있다.
> • 지능의 예로 언어 지능, 논리수학 지능, 음악 지능, 공간 지능, 신체운동 지능, 대인관계 지능 등이 있다.
> • 학습자는 누구나 강점 지능과 약점 지능을 가지고 있으므로, 수업방식을 다양화하는 교육방식이 필요하다.

① 스피어만(Spearman)의 일반요인이론
② 길포드(Guilford)의 지능구조모형
③ 가드너(Gardner)의 다중지능론
④ 캐롤(Carroll)의 지능위계모형

03 학교조직의 특성으로 옳지 않은 것은?

① 중심적 활동인 수업에 대한 교사의 재량권이 발휘되는 이완조직이다.
② 통일된 직무수행 기준에 따라 엄격하게 통제되는 순수한 관료제 조직이다.
③ 불분명한 목표, 불확실한 기술, 유동적인 참여를 특징으로 하는 조직화된 무질서 조직이다.
④ 느슨한 결합구조와 엄격한 결합구조를 동시에 가지고 있는 이중조직이다.

04 (가), (나)에 들어갈 말을 바르게 나열한 것은?

> (가) 은 학교가 개인을 사회적 존재로 성장시킨다고 본다. 학교는 능력주의에 따라 학생을 선발하고 교육 수준에 따라 인재를 적재적소에 배치하는 기능을 한다. 반면, (나) 은 학교가 기존의 불평등한 계층구조를 재생산한다고 본다. 학교는 교육내용뿐만 아니라 교육분위기를 통해 기존의 계층구조를 정당화하는 교육을 한다.

	(가)	(나)
①	기능주의적 관점	갈등론적 관점
②	갈등론적 관점	기능주의적 관점
③	해석적 관점	기능주의적 관점
④	현상학적 관점	갈등론적 관점

05 로저스(Rogers)의 인간중심적 상담에서 상담자에게 필요한 태도로 옳지 않은 것은?

① 체계적 둔감
② 공감적 이해
③ 일치성
④ 무조건적 긍정적 존중

06 다음 설명에 해당하는 학습법은?

> • 면대면 수업이 갖는 시간적 · 공간적 제한점을 온라인학습의 장점을 통해 극복한다.
> • 인간접촉의 부재, 홀로 학습하는 것에 대한 두려움, 동기 저하 등의 문제를 면대면 교육으로 보완한다.

① 상황학습(Situated Learning)
② 블렌디드 러닝(Blended Learning)
③ 모바일 러닝(Mobile Learning)
④ 팀기반학습(Team-based Learning)

07 다음 설명에 해당하는 교육사상가는?

> • 아동이 무엇을 배울 수 있을 것인가에 대해 생각하지 않고, 성인이 알아야 할 것에 대해서만 열중하고 있다는 점을 비판하였다.
> • 자연주의 교육사상을 주장하였다.
> • 자신의 교육관을 담은 『에밀(Emile)』을 저술하였다.

① 루소(Rousseau)
② 페스탈로치(Pestalozzi)
③ 듀이(Dewey)
④ 허친스(Hutchins)

08 진보주의 교육원리에 대한 설명으로 옳지 않은 것은?

① 미래의 생활을 위한 준비가 아니라 현재의 생활 자체를 의미 있게 만들어야 한다.
② 학습자의 관심과 흥미를 강조한다.
③ 고대 그리스의 자유교양교육을 교육적 이상으로 삼는다.
④ 경험에 의한 학습과 학습자의 참여를 중시한다.

09 평생교육 제도에 대한 설명으로 옳지 않은 것은?

① 학습휴가제 – 평생학습 기회를 확대하기 위하여 소속 직원에게 유급 또는 무급의 학습휴가를 실시할 수 있다.
② 평생교육이용권 – 국민에게 평생교육의 기회를 제공하기 위하여 신청을 받아 평생교육이용권을 발급할 수 있다.
③ 학습계좌제 – 평생교육을 촉진하고 인적자원의 개발 · 관리를 위해 국민의 개인적 학습경험을 종합적으로 집중 관리한다.
④ 독학학위제 – 고등학교 졸업이나 이와 같은 수준 이상의 학력을 인정받지 못한 경우에도 학사학위 취득시험의 응시자격이 있다.

10 다음에서 설명하는 교육내용의 조직 원리는?

> • 학습내용과 경험의 여러 요소는 그 깊이와 너비가 점진적으로 증가되도록 조직된다.
> • 예를 들어, 단순한 내용에서 복잡한 내용으로, 친숙한 내용에서 친숙하지 않은 내용으로, 선수학습에 기초해서 다음 내용으로, 사건의 역사적 발생의 순서대로, 구체적인 개념에서 추상적인 개념으로 내용을 조직할 수 있다.

① 적절성 ② 스코프
③ 통합성 ④ 계열성

11 「지방교육자치에 관한 법률」상 교육감에 대한 설명으로 옳지 않은 것은?

① 시 · 도의 교육 · 학예에 관한 사무의 집행기관이다.
② 교육 · 학예에 관한 교육규칙의 제정에 관한 사항을 관장한다.
③ 교육감후보자가 되려면 교육경력과 교육행정경력을 각각 최소 1년 이상 갖추어야 한다.
④ 주민은 교육감을 소환할 권리를 가진다.

12 다음 설명에 해당하는 타당도는?

> • 검사도구에서 구한 점수와 미래에 피험자에게 나타날 행동 특성을 수량화한 준거점수 간의 상관을 토대로 한다.
> • 선발, 채용, 배치를 목적으로 하는 적성검사나 선발시험 등에서 요구된다.

① 예언타당도
② 공인타당도
③ 구인타당도
④ 내용타당도

13 학습에 대한 관점 중 정보처리이론에 대한 설명으로 옳은 것은?

① 감각기억 – 인지과정에 대한 자각과 통제로 자신의 사고를 확인하고 점검하는 기능을 한다.
② 시연 – 관련 있는 내용을 공통 범주나 유형으로 묶는 과정이다.
③ 정교화 – 새로운 정보를 저장된 지식에 연결하고 의미를 부여하기 위해 정보를 재처리하는 과정이다.
④ 조직화 – 정보에 대한 시각적 이미지를 머릿속에 표상하는 과정이다.

14 다음 내용에 해당하는 교수학습이론은?

> • 새로운 지식 · 정보와 선행 학습내용의 통합을 강조한다.
> • 학습자의 인지구조에 알맞게 포섭 및 동화되도록 학습과제를 제시한다.
> • 일반적이고 포괄적인 지식을 먼저 제시하고, 그다음에 세부적이고 상세한 지식을 제시한다.

① 블룸(Bloom)의 완전학습이론
② 오수벨(Ausubel)의 유의미학습이론
③ 스키너(Skinner)의 행동주의 학습이론
④ 콜린스(Collins)의 인지적 도제학습이론

15 현행법상 교육의 중립성에 대한 설명으로 옳지 않은 것은?

① 교육은 정치적 · 파당적 또는 개인적 편견을 전파하기 위한 방편으로 이용되어서는 아니 된다.
② 교원노동조합은 정치활동을 할 수 없다.
③ 교원은 특정한 정당이나 정파를 지지하거나 반대하기 위하여 학생을 지도하거나 선동하여서는 아니 된다.
④ 공립학교에서는 학교운영위원회의 동의가 있는 경우 특정한 종교를 위한 종교교육을 할 수 있다.

16 다음 설명에 해당하는 상담은?

> • 엘리스(Ellis)가 창시자이다.
> • 상담과정은 A(Activating Events, 선행사건) → B(Beliefs, 신념) → C(Consequences, 결과) → D(Disputing, 논박) → E(Effects, 효과) 과정으로 진행된다.
> • 자신, 타인, 세상에 대한 비현실적인 기대와 요구를 합리적으로 변화시키는 데 초점을 둔다.

① 합리적 · 정서적 행동 상담
② 게슈탈트 상담
③ 개인심리학적 상담
④ 정신분석적 상담

17 교수학습 방법에 대한 설명으로 옳지 않은 것은?

① 문제중심학습(Problem-Based Learning) - 문제의 성격이 불분명한 비구조적 문제를 교수자가 사전에 제거할수록 학습자의 학습효과를 높일 수 있다.
② 토의법(Discussion Method) - 학습자 상호간의 상호작용을 전제로 학습구성원의 자발성, 창의성 및 미지에 대한 인내심을 요구한다.
③ 직소모형(Jigsaw Model) - 협동학습 교수모형의 하나로 모집단이 전문가집단으로 갈라졌다가 다시 모집단으로 돌아오는 과정에서 구성원 간 상호의존성과 협동성을 유발하게 된다.
④ 발견학습(Discovery Learning) - 교수자는 학습자의 발견과정을 촉진하고 안내하는 역할을 담당하고, 학습자는 가설 검증을 통해 능동적으로 학습하는 주체가 된다.

18 실존주의 교육철학에 대한 설명으로 옳지 않은 것은?

① '나-너'의 진정한 만남을 통해 인간의 본래 모습을 회복한다.
② 불안, 초조, 위기, 각성, 모험 등의 개념에 주목한다.
③ 부버(Buber), 볼르노(Bollnow) 등이 대표적인 학자이다.
④ 의도적인 사전 계획과 지속적인 훈련을 강조한다.

19 지방교육재정교부금에 대한 설명으로 옳지 않은 것은?

① 교육의 균형 있는 발전을 목적으로 확보 · 배분된다.
② 지방자치단체 교육비특별회계의 세입 재원에 포함되지 않는다.
③ 국가는 회계연도마다 「지방교육재정교부금법」에 따른 교부금을 국가예산에 계상(計上)하여야 한다.
④ 「지방교육재정교부금법」상 지방자치단체에 교부하는 교부금은 보통교부금과 특별교부금으로 나눈다.

20 다음 설명에 해당하는 교육평등의 관점은?

> • 단지 취학의 평등만으로는 충분하지 않다.
> • 고교평준화 정책이 지향한 목적이다.
> • 시설, 교사의 자질, 교육과정 등에서 학교 간에 차이가 없어야 교육평등이 실현된다.

① 교육기회의 허용적 평등
② 교육기회의 보장적 평등
③ 교육조건의 평등
④ 교육결과의 평등

PART 5

행정법총론

- 2024년 국가직 9급
- 2024년 지방직 9급
- 2023년 국가직 9급
- 2023년 지방직 9급
- 2022년 국가직 9급
- 2022년 지방직 9급

출제경향

2024년 국가직

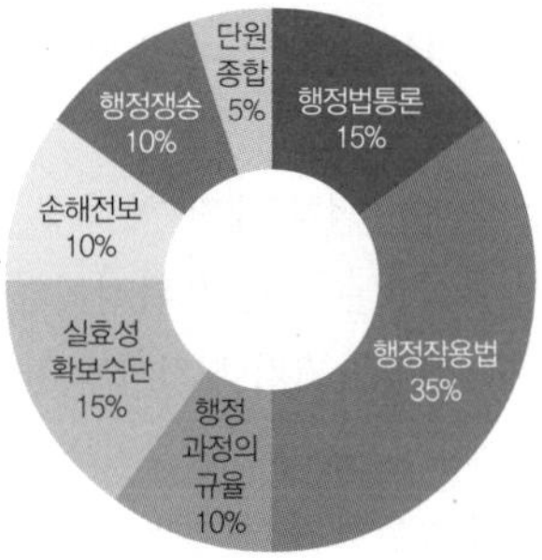

2024년 지방직

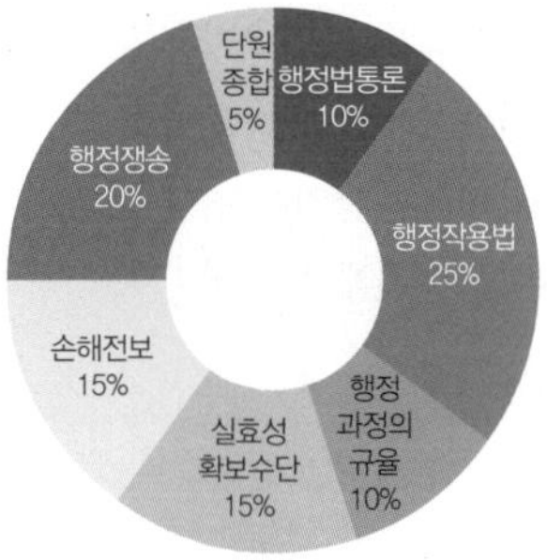

2023년 국가직

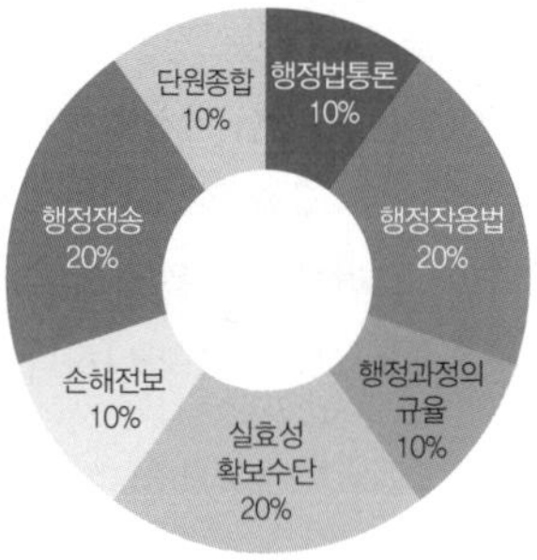

2023년 지방직

2022년 국가직

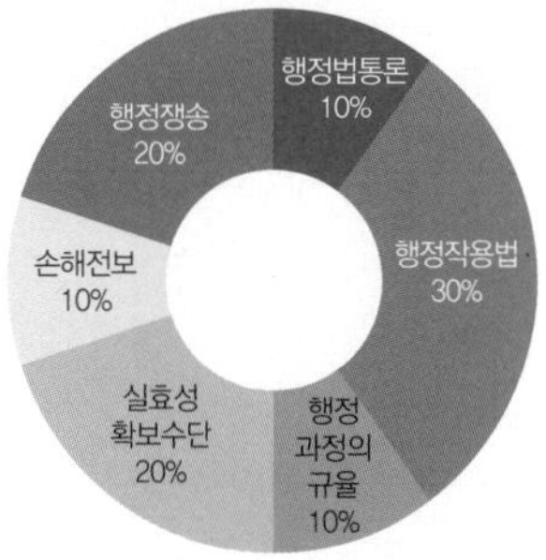

2022년 지방직

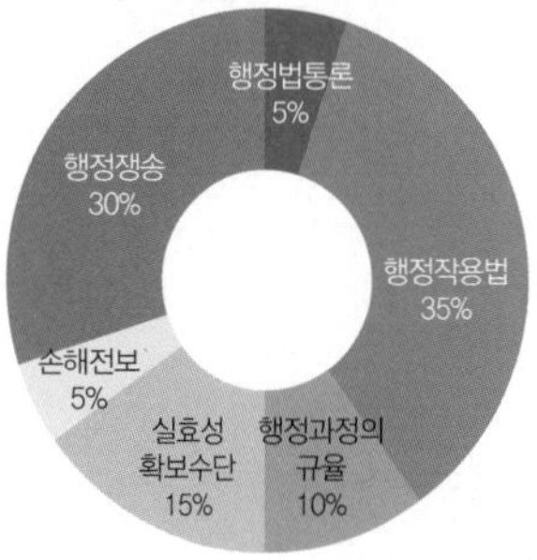

행정법총론 | 2024년 국가직 9급

모바일 OMR

회독 CHECK 1 2 3

지문의 내용에 대해 학설의 대립 등 다툼이 있는 경우 판례에 의함

01 「행정기본법」상 기간의 계산에 대한 설명으로 옳지 않은 것은?

① 행정에 관한 기간의 계산에 관하여는 「행정기본법」 또는 다른 법령 등에 특별한 규정이 있는 경우를 제외하고는 「민법」을 준용한다.

② 법령 등을 공포한 날부터 일정 기간이 경과한 날부터 시행하는 경우 그 기간의 말일이 토요일 또는 공휴일인 때에는 그 말일로 기간이 만료한다.

③ 법령 등을 공포한 날부터 일정 기간이 경과한 날부터 시행하는 경우 법령 등을 공포한 날을 첫날에 산입한다.

④ 법령 등 또는 처분에서 국민의 권익을 제한하거나 의무를 부과하는 경우 권익이 제한되거나 의무가 지속되는 기간을 계산할 때에 기간을 일, 주, 월 또는 연으로 정한 경우에는 기간의 첫날을 산입한다. 다만, 그러한 기준을 따르는 것이 국민에게 불리한 경우에는 그러하지 아니하다.

02 행정절차에 대한 설명으로 옳지 않은 것은?

① 청문은 당사자가 공개를 신청하거나 청문 주재자가 필요하다고 인정하는 경우 공개할 수 있다. 다만, 공익 또는 제3자의 정당한 이익을 현저히 해칠 우려가 있는 경우에는 공개하여서는 아니 된다.

② 일반적으로 당사자가 근거규정 등을 명시하여 신청하는 인·허가 등을 거부하는 처분을 함에 있어 당사자가 그 근거를 알 수 있을 정도로 상당한 이유를 제시한 경우에는 당해 처분의 근거 및 이유를 구체적 조항 및 내용까지 명시하지 않았더라도 그로 말미암아 그 처분이 위법한 것이 된다고 할 수 없다.

③ 공무원 인사관계 법령에 따른 처분에 관하여는 「행정절차법」 적용을 배제하고 있으므로, 군인사법령에 의하여 진급예정자명단에 포함된 자에 대하여 의견제출의 기회를 부여하지 아니하고 진급선발취소처분을 한 것이 절차상 하자가 있어 위법하다고 할 수 없다.

④ 과세의 절차 내지 형식에 위법이 있어 과세처분을 취소하는 판결이 확정되었을 때는 그 확정판결의 기판력은 거기에 적시된 절차 내지 형식의 위법사유에 한하여 미치는 것이므로 과세관청은 그 위법사유를 보완하여 다시 새로운 과세처분을 할 수 있다.

03 국가배상에 대한 설명으로 옳은 것은?

① 국가배상청구의 요건인 '공무원의 직무'에는 행정주체가 사경제주체로서 하는 작용도 포함된다.
② 청구기간 내에 헌법소원이 적법하게 제기되었음에도 헌법재판소 재판관이 청구기간을 오인하여 각하결정을 한 경우, 이에 대한 불복절차 내지 시정절차가 없는 때에는 국가배상책임을 인정할 수 있다.
③ 군 복무 중 사망한 군인 등의 유족인 원고가 「국가배상법」에 따른 손해배상금을 지급받은 경우, 국가는 「군인연금법」 소정의 사망보상금을 지급함에 있어 원고가 받은 손해배상금 상당 금액을 공제할 수 없다.
④ 외국인이 피해자인 경우 해당 국가와 상호보증이 없더라도 「국가배상법」이 적용된다.

04 정보공개에 대한 설명으로 옳지 않은 것은?

① 구 「학교폭력예방 및 대책에 관한 법률」에 따른 학교폭력대책자치위원회의 회의록은 「공공기관의 정보공개에 관한 법률」 소정의 '공개될 경우 업무의 공정한 수행에 현저한 지장을 초래한다고 인정할 만한 상당한 이유가 있는 정보'에 해당한다.
② 정보공개를 청구하는 자가 공공기관에 대해 정보의 사본 또는 출력물의 교부 방법으로 공개방법을 선택하여 정보공개청구를 한 경우, 공개청구를 받은 공공기관은 「공공기관의 정보공개에 관한 법률」에서 규정한 정보의 사본 또는 복제물의 교부를 제한할 수 있는 사유에 해당하지 않는 한 그 공개방법을 선택할 재량권이 없다.
③ '2002학년도부터 2005학년도까지의 대학수학능력시험 원데이터'는 연구목적으로 그 정보의 공개를 청구하는 경우 「공공기관의 정보공개에 관한 법률」 소정의 비공개대상정보에 해당한다.
④ 「공공기관의 정보공개에 관한 법률」상 '공개하는 것이 공익 또는 개인의 권리구제를 위하여 필요하다고 인정되는 정보'에 해당하는지 여부는 비공개에 의하여 보호되는 개인의 사생활의 비밀 등 이익과 공개에 의하여 보호되는 국정운영의 투명성 확보 등의 공익 또는 개인의 권리구제 등 이익을 비교·교량하여 구체적 사안에 따라 신중히 판단하여야 한다.

05 행정행위의 직권취소 및 철회에 대한 설명으로 옳지 않은 것은?

① 처분에 대하여 행정심판이나 행정소송이 제기되어 쟁송이 진행되고 있는 도중에는 행정청은 스스로 대상 처분을 취소할 수 없다.
② 행정청은 사정변경으로 적법한 처분을 더 이상 존속시킬 필요가 없게 된 경우 그 처분의 전부 또는 일부를 장래를 향하여 철회할 수 있다.
③ 제소기간의 경과 등으로 처분에 불가쟁력이 발생하였다 하여도 행정청은 실권의 법리에 해당하지 않는다면 직권으로 처분을 취소할 수 있다.
④ 행정청은 위법 또는 부당한 처분의 전부나 일부를 소급하여 취소할 수 있다. 다만, 당사자의 신뢰를 보호할 가치가 있는 등 정당한 사유가 있는 경우에는 장래를 향하여 취소할 수 있다.

06 과징금에 대한 설명으로 옳지 않은 것은?

① 구 「독점규제 및 공정거래에 관한 법률」 소정의 부당지원행위에 대한 과징금은 부당지원행위의 억지라는 행정목적을 실현하기 위한 행정상 제재금으로서의 성격에 부당이득환수적 요소도 부가되어 있으므로 국가형벌권 행사로서의 처벌에 해당하지 아니한다.
② 행정기본법령에 따르면, 과징금 납부 의무자가 과징금을 분할 납부하려는 경우에는 납부기한 7일 전까지 과징금의 분할 납부를 신청하는 문서에 해당 사유를 증명하는 서류를 첨부하여 행정청에 신청해야 한다.
③ 관할 행정청이 여객자동차운송사업자의 여러 가지 위반행위를 인지하였다면 전부에 대하여 일괄하여 최고한도 내에서 하나의 과징금 부과처분을 하는 것이 원칙이고, 인지한 위반행위 중 일부에 대해서만 우선 과징금 부과처분을 하고 나머지에 대해서는 차후에 별도의 과징금 부과처분을 하는 것은 다른 특별한 사정이 없는 한 허용되지 않는다.
④ 과징금의 근거가 되는 법률에는 과징금에 관한 부과·징수 주체, 부과 사유, 상한액, 가산금을 징수하려는 경우 그 사항, 과징금 또는 가산금 체납 시 강제징수를 하려는 경우 그 사항을 명확하게 규정하여야 한다.

07 다음 사례에 대한 설명으로 옳은 것만을 모두 고르면?

> A시는 관광지개발사업을 시행하기 위하여 「공익사업을 위한 토지 등의 취득 및 보상에 관한 법률」의 절차에 따라 甲 소유 토지 및 건물을 포함하고 있는 지역 일대의 토지 및 건물들을 수용하였다. A시 시장은 甲에게 적법하게 토지의 인도와 건물의 철거 및 퇴거를 명하였으나 甲이 건물을 점유한 채 그 의무를 이행하지 않고 있다.

> ㉠ A시 시장의 토지인도명령에 대해 甲이 이를 불이행하더라도 그 불이행에 대해서 A시 시장은 행정대집행을 할 수 없다.
> ㉡ 甲이 위 건물철거의무를 이행하지 않을 경우, A시 시장은 행정대집행의 방법으로 건물의 철거 등 대체적 작위의무의 이행을 실현할 수 있는 경우에는 따로 민사소송의 방법으로 그 의무의 이행을 구할 수 없다.
> ㉢ 甲이 토지 인도의무를 이행하지 않을 경우, 甲의 토지 인도의무는 공법상 의무에 해당하므로 그 권리에 끼칠 현저한 손해를 피하기 위한 경우라 하더라도 A시 시장이 그 권리를 피보전권리로 하는 민사상 명도단행가처분을 구할 수는 없다.
> ㉣ 甲이 위력을 행사하여 적법한 행정대집행을 방해하는 경우 대집행 행정청은 필요한 경우에는 「경찰관 직무집행법」에 근거한 위험발생 방지조치 또는 「형법」상 공무집행방해죄의 범행방지 내지 현행범체포의 차원에서 경찰의 도움을 받을 수 있다.

① ㉠, ㉢
② ㉡, ㉣
③ ㉠, ㉡, ㉣
④ ㉡, ㉢, ㉣

08 신뢰보호의 원칙에 대한 설명으로 옳지 않은 것은?

① 개발사업을 시행하기 전에 사건 토지 지상에 예식장 등을 건축하는 것이 관계 법령상 가능한지 여부를 질의하여 민원 부서로부터 '저촉사항 없음'이라고 기재된 민원예비심사 결과를 통보받았다면, 이는 이후의 개발부담금부과처분에 관하여 신뢰보호의 원칙을 적용하기 위한 공적인 견해표명을 한 것에 해당한다.
② 시의 도시계획과장과 도시계획국장이 도시계획사업의 준공과 동시에 사업부지에 편입한 토지에 대한 완충녹지 지정을 해제함과 아울러 당초의 토지소유자들에게 환매하겠다는 약속을 했음에도 이를 믿고 토지를 협의매매한 토지소유자의 완충녹지지정해제신청을 거부한 것은 신뢰보호의 원칙을 위반하거나 재량권을 일탈 · 남용한 위법한 처분이다.
③ 국회에서 일정한 법률안을 심의하거나 의결한 적이 있다고 하더라도 그것이 법률로 확정되지 아니한 이상 국가가 이해관계자들에게 위 법률안에 관련된 사항을 약속하였다고 볼 수 없으며, 이러한 사정만으로 어떠한 신뢰를 부여하였다고 볼 수도 없다.
④ 헌법재판소의 위헌결정은 행정청이 개인에 대하여 신뢰의 대상이 되는 공적인 견해를 표명한 것이라고 할 수 없으므로 그 결정에 관련한 개인의 행위에 대하여는 신뢰보호의 원칙이 적용되지 아니한다.

09 행정처분에 대한 설명으로 옳지 않은 것은?

① 이 법이 정한 한도액을 초과하여 위법할 경우 법원으로서는 그 한도액을 초과한 부분이나 법원이 적정하다고 인정되는 부분을 초과한 부분만을 취소할 수 있다.

② 건축물대장의 용도는 건축물의 소유권을 제대로 행사하기 위한 전제요건으로서 건축물 소유자의 실체적 권리관계에 밀접하게 관련되어 있으므로, 건축물대장 소관청의 용도변경신청 거부행위는 국민의 권리관계에 영향을 미치는 것으로서 항고소송의 대상이 되는 행정처분에 해당한다.

③ 한국철도시설공단(현 국가철도공단)이 공사낙찰적격심사 감점처분의 근거로 내세운 규정은 공사낙찰적격심사세부기준이고, 이러한 규정은 공공기관이 사인과의 계약관계를 공정하고 합리적 · 효율적으로 처리할 수 있도록 관계 공무원이 지켜야 할 계약사무처리에 관한 필요한 사항을 규정한 것으로서 공공기관의 내부규정에 불과하여 대외적 구속력이 없다.

④「식품위생법」에 따른 식품접객업(일반음식점영업)의 영업신고의 요건을 갖춘 자라고 하더라도, 그 영업신고를 한 당해 건축물이「건축법」소정의 허가를 받지 아니한 무허가 건물이라면 적법한 신고를 할 수 없다.

10「공익사업을 위한 토지 등의 취득 및 보상에 관한 법률」상 손실보상에 대한 설명으로 옳지 않은 것은?

① 영업을 하기 위해 투자한 비용이나 그 영업을 통해 얻을 것으로 기대되는 이익에 대한 손실은 영업손실보상의 대상이 된다고 할 수 없다.

② 토지소유자가 손실보상금의 액수를 다투고자 하는 경우 토지수용위원회가 아니라 사업시행자를 상대로 보상금의 증액을 구하는 소송을 제기해야 한다.

③ 토지수용위원회의 재결에 대한 토지소유자의 행정소송 제기는 사업의 진행 및 토지의 수용 또는 사용을 정지시키지 아니한다.

④ 어떤 보상항목이 손실보상대상에 해당함에도 관할 토지수용위원회가 사실을 오인하거나 법리를 오해함으로써 손실보상대상에 해당하지 않는다고 잘못된 내용의 재결을 한 경우에는, 피보상자는 관할 토지수용위원회를 상대로 재결취소소송을 제기하여야 한다.

11 행정심판 재결의 효력에 대한 설명으로 옳지 않은 것은?

① 행정심판 재결의 내용이 처분청의 처분을 스스로 취소하는 것일 때에는 그 재결의 형성력이 발생하여 당해 행정처분은 별도의 행정처분을 기다릴 것 없이 당연히 취소되어 소멸된다.

② 행정처분이나 행정심판 재결이 불복기간의 경과로 확정될 경우 그 확정력은 처분으로 법률상 이익을 침해받은 자가 당해 처분이나 재결의 효력을 더 이상 다툴 수 없다는 의미일 뿐 판결과 같은 기판력이 인정되는 것은 아니다.

③ 당사자의 신청을 받아들이지 않은 거부처분이 재결에서 취소된 경우에 행정청은 종전 거부처분 또는 재결 후에 발생한 새로운 사유를 내세워 다시 거부처분을 할 수 없다.

④ 교원소청심사위원회의 결정은 처분청에 대하여 기속력을 가지고 이는 그 결정의 주문에 포함된 사항뿐 아니라 처분 등의 구체적 위법사유에 관한 판단에까지 미친다.

12 판례의 입장으로 옳지 않은 것만을 모두 고르면?

> ㉠ 정보의 부분 공개가 허용되는 경우란 당해 정보에서 비공개대상정보에 관련된 기술 등을 제외 혹은 삭제하고 나머지 정보만 공개하는 것이 가능하고 나머지 부분의 정보만으로도 공개의 가치가 있는 경우를 의미한다.
> ㉡ 음주운전으로 적발된 주취운전자가 도로 밖으로 차량을 이동하겠다며 단속경찰관으로부터 보관중이던 차량열쇠를 반환받아 몰래 차량을 운전하여 가던 중 사고를 일으킨 경우, 국가배상책임이 인정되지 않는다.
> ㉢ 원고적격의 요건으로서 법률상 이익에는 당해 처분의 근거 법률에 의하여 보호되는 직접적이고 구체적인 이익뿐만 아니라 간접적이거나 사실적 · 경제적 이해관계를 가지는 경우도 여기에 포함된다.
> ㉣ 영어 과목의 2종 교과용 도서에 대하여 검정신청을 하였다가 불합격결정처분을 받은 자는 자신들이 검정신청한 교과서의 과목과 전혀 관계가 없는 수학 과목의 교과용 도서에 대한 합격결정처분에 대하여 그 취소를 구할 법률상 이익이 없다.

① ㉠, ㉡
② ㉠, ㉣
③ ㉡, ㉢
④ ㉢, ㉣

13 행정벌에 대한 설명으로 옳지 않은 것은?

① 지방자치단체 소속 공무원이 지방자치단체 고유의 자치사무를 수행하던 중 「도로법」 규정에 의한 위반행위를 한 경우 지방자치단체는 「도로법」 소정의 양벌규정에 따라 처벌대상이 되는 법인에 해당하지 않는다.
② 「개인정보 보호법」에 따르면, 죄형법정주의의 원칙상 '법인격 없는 공공기관'을 「개인정보 보호법」 소정의 양벌규정에 의하여 처벌할 수 없고, 그 경우 행위자 역시 위 양벌규정으로 처벌할 수 없다.
③ 과태료의 부과 · 징수, 재판 및 집행 등의 절차에 관한 다른 법률의 규정 중 「질서위반행위규제법」의 규정에 저촉되는 것은 「질서위반행위규제법」으로 정하는 바에 따른다.
④ 「질서위반행위규제법」에 따르면, 당사자와 검사는 과태료 재판에 대하여 즉시항고를 할 수 있으며, 이 경우 항고는 집행정지의 효력이 있다.

14 다음 사례에 대한 설명으로 옳지 않은 것만을 모두 고르면?

> 세무서장 A가 甲에게 과세처분을 하였는데, 그 후 과세처분의 근거가 되었던 법률규정은 헌법재판소에 의해 위헌으로 선언되었다. 그러나 그 과세처분에 대한 제소기간은 이미 경과하여 확정되었고, A는 甲 명의의 예금에 대한 압류처분을 하였다. 한편, 과세처분의 집행을 위한 위 압류처분의 근거규정 자체는 따로 위헌결정이 내려진 바 없다.

> ㉠ 甲에 대한 과세처분과 압류처분은 별개의 행정처분이므로 선행처분인 과세처분이 당연무효가 아닌 이상 압류처분을 다툴 수 있는 방법은 존재하지 않는다.
> ㉡ 압류처분은 과세처분 근거규정이 직접 적용되지 않고 압류처분 관련 규정이 적용될 뿐이므로, 과세처분 근거규정에 대한 위헌결정의 기속력은 압류처분과는 무관하다.
> ㉢ 과세처분 이후 조세부과의 근거가 되었던 법률규정에 대하여 위헌결정이 내려진 경우, 과세처분이 당연무효가 아니더라도 위헌결정 이후에 과세처분의 집행을 위한 압류처분을 하는 것은 더 이상 허용되지 않는다.

① ㉠
② ㉠, ㉡
③ ㉠, ㉢
④ ㉡, ㉢

15 공법상 계약에 대한 설명으로 옳은 것만을 모두 고르면?

> ㉠ 행정청은 법령 등을 위반하지 아니하는 범위에서 행정목적을 달성하기 위하여 필요한 경우에는 공법상 법률관계에 관한 계약을 체결할 수 있고, 이 경우 계약의 목적 및 내용을 명확하게 적은 계약서를 작성하여야 한다.
> ㉡ 계약직공무원 채용계약해지의 의사표시를 하는 경우 징계해고 등에서와 같이 그 징계사유에 한하여 효력 유무를 판단하여야 하거나, 행정처분과 같이 「행정절차법」에 의하여 근거와 이유를 제시하여야 한다.
> ㉢ 공익사업을 위한 토지 등의 취득 및 보상에 관한 법령에 의한 협의취득은 사법상의 법률행위이지만 당사자 사이의 자유로운 의사에 따라 채무불이행책임이나 매매대금 과부족금에 대한 지급의무를 약정할 수 있는 것은 아니다.
> ㉣ 「지방자치단체를 당사자로 하는 계약에 관한 법률」에 따라 지방자치단체가 일방 당사자가 되는 이른바 공공계약이 사경제의 주체로서 상대방과 대등한 위치에서 체결하는 사법상의 계약에 해당하는 경우 그에 관한 법령에 특별한 정함이 있는 경우를 제외하고는 사적 자치와 계약자유의 원칙 등 사법의 원리가 그대로 적용된다.

① ㉠, ㉡
② ㉠, ㉣
③ ㉠, ㉢, ㉣
④ ㉡, ㉢, ㉣

16 행정행위의 부관에 대한 설명으로 옳지 않은 것은?

① 기부채납받은 행정재산에 대한 사용·수익허가에서 공유재산의 관리청이 정한 사용·수익허가의 기간은 그 허가의 효력을 제한하기 위한 행정행위의 부관으로서 이러한 사용·수익허가의 기간에 대해서는 독립하여 행정소송을 제기할 수 없다.

② 토지소유자가 토지형질변경행위허가에 붙은 기부채납의 부관에 따라 토지를 국가나 지방자치단체에 기부채납(증여)한 경우, 기부채납의 부관이 당연무효이거나 취소되지 아니한 이상 토지소유자는 위 부관으로 인하여 증여계약의 중요부분에 착오가 있음을 이유로 증여계약을 취소할 수 없다.

③ 행정행위의 부관인 부담에 정해진 바에 따라 당해 행정청이 아닌 다른 행정청이 그 부담상의 의무이행을 요구하는 의사표시를 하였을 경우, 이러한 행위가 당연히 항고소송의 대상이 되는 처분에 해당한다고 할 수는 없다.

④ 행정처분에 부담인 부관을 붙인 경우 부관의 무효화에 의하여 본체인 행정처분 자체의 효력에도 영향이 있게 될 수 있으며, 그 처분을 받은 사람이 부담의 이행으로 사법상 매매 등의 법률행위를 한 경우 그 법률행위 자체는 당연무효이다.

17 행정계획에 대한 설명으로 옳지 않은 것은?

① 행정청은 구체적인 행정계획을 입안·결정할 때 비교적 광범위한 형성의 재량을 가진다.

② 행정청이 행정계획을 입안·결정할 때 이익형량을 하였으나 정당성과 객관성이 결여된 경우에는 그 행정계획 결정은 위법하게 될 수 있다.

③ 도시계획의 결정·변경 등에 관한 권한을 가진 행정청은 이미 도시계획이 결정·고시된 지역에 대하여도 다른 내용의 도시계획을 결정·고시할 수 있고, 이때에 후행 도시계획에 선행 도시계획과 서로 양립할 수 없는 내용이 포함되어 있다면, 특별한 사정이 없는 한 선행 도시계획은 후행 도시계획과 같은 내용으로 변경된다.

④ 도시기본계획은 도시의 장기적 개발 방향과 미래상을 제시하는 도시계획 입안의 지침이 되는 장기적·종합적인 개발계획으로서 직접적인 구속력이 있으므로, 도시계획시설결정 대상면적이 도시기본계획에서 예정했던 것보다 증가할 경우 도시기본계획의 범위를 벗어나 위법하다.

18 행정행위에 대한 설명으로 옳지 않은 것은?

① 여객자동차운송사업의 한정면허는 특정인에게 권리나 이익을 부여하는 수익적 행정행위로서 재량행위에 해당한다.

② 난민 인정에 관한 신청을 받은 행정청은 원칙적으로 법령이 정한 난민 요건에 해당하는지를 심사하여 난민 인정 여부를 결정할 수 있을 뿐이고, 법령이 정한 난민 요건과 무관한 다른 사유만을 들어 난민 인정을 거부할 수는 없다.

③ 자동차관리사업자로 구성하는 사업자단체 설립인가는 인가권자가 가지는 지도 · 감독 권한의 범위 등과 아울러 설립인가에 관하여 구체적인 기준이 정하여져 있지 않은 점 등에 비추어 재량행위로 보아야 한다.

④ 공익법인의 기본재산 처분허가에 부관을 붙인 경우, 그 처분허가의 법적 성질은 명령적 행정행위인 허가에 해당하며 조건으로서 부관의 부과가 허용되지 아니한다.

19 행정입법에 대한 설명으로 옳지 않은 것은?

① 정부는 권한 있는 기관에 의하여 위헌으로 결정되어 법령이 헌법에 위반되거나 법률에 위반되는 것이 명백한 경우 등 대통령령으로 정하는 경우에는 해당 법령을 개선하여야 한다.

② 헌법 제107조 제2항은 구체적 규범통제를 규정하고 있기 때문에 당사자는 구체적 사건의 심판을 위한 선결문제로서 행정입법의 위법성을 주장하여 법원에 대하여 당해 사건에 대한 적용 여부의 판단을 구할 수 있다.

③ 일반적으로 법률의 위임에 따라 효력을 갖는 법규명령의 경우에 위임의 근거가 없어 무효였다면 나중에 법 개정으로 위임의 근거가 부여되었다고 하여 그때부터 유효한 법규명령이 되는 것은 아니다.

④ 법률의 시행령은 모법인 법률에 의하여 위임받은 사항이나 법률이 규정한 범위 내에서 법률을 현실적으로 집행하는 데 필요한 세부적인 사항만을 규정할 수 있을 뿐, 법률에 의한 위임이 없는 한 법률이 규정한 개인의 권리 · 의무에 관한 내용을 변경 · 보충하거나 법률에 규정되지 아니한 새로운 내용을 규정할 수는 없다.

20 판례의 입장으로 옳지 않은 것은?

① 「여객자동차 운수사업법」에 따르면, 여객자동차 운수사업자가 거짓이나 부정한 방법으로 지급받은 보조금에 대한 국토교통부장관 또는 시ㆍ도지사의 환수처분은 기속행위에 해당한다.
② 재량권의 일탈ㆍ남용에 관하여는 행정행위의 효력을 다투는 사람이 주장ㆍ증명책임을 부담한다.
③ 사업주가 당연가입자가 되는 고용보험 및 산업재해보상보험에서 보험료 납부의무 부존재확인은 당사자소송으로 다투어야 한다.
④ 지방자치단체의 장이 「공유재산 및 물품관리법」에 근거하여 기부채납 및 사용ㆍ수익허가 방식으로 민간투자사업을 추진하는 과정에서 사업시행자를 지정하기 위한 전 단계에서 공모 제안을 받아 일정한 심사를 거쳐 우선협상대상자를 선정하는 행위는 항고소송의 대상이 되는 행정처분에 해당하지 않는다.

행정법총론 | 2024년 지방직 9급

회독 CHECK 1 2 3

지문의 내용에 대해 학설의 대립 등 다툼이 있는 경우 판례에 의함

01 신뢰보호의 원칙에 대한 설명으로 옳지 않은 것은?

① 행정청의 공적 견해의 표명 후 그 견해표명 당시의 사정이 변경된 경우에도 행정청이 공적 견해표명에 반하는 처분을 하는 경우에는 특별한 사정이 없는 한 신뢰보호의 원칙에 위반된다.

② 신뢰보호의 원칙에서 개인의 귀책사유라 함은 행정청의 견해표명의 하자가 상대방 등 관계자의 사실은폐나 기타 사위의 방법에 의한 신청행위 등 부정행위에 기인한 것이거나 그러한 부정행위가 없더라도 하자가 있음을 알았거나 중대한 과실로 알지 못한 경우 등을 의미한다.

③ 행정청의 공적 견해표명이 있었는지 여부를 판단함에 있어서는, 반드시 행정조직상의 형식적인 권한분장에 구애될 것은 아니고, 담당자의 조직상의 지위와 임무, 당해 언동을 하게 된 구체적인 경위 및 그에 대한 상대방의 신뢰가능성에 비추어 실질에 의하여 판단하여야 한다.

④ 행정청은 권한 행사의 기회가 있음에도 불구하고 장기간 권한을 행사하지 아니하여 국민이 그 권한이 행사되지 아니할 것으로 믿을 만한 정당한 사유가 있는 경우에는 그 권한을 행사해서는 아니 되지만, 공익 또는 제3자의 이익을 현저히 해칠 우려가 있는 경우는 예외이다.

02 개인적 공권에 대한 설명으로 옳지 않은 것은?

① 환경영향평가 대상지역 밖의 주민이라 할지라도 공유수면매립면허처분 등으로 인하여 그 처분 전과 비교하여 수인한도를 넘는 환경피해를 받거나 받을 우려가 있는 경우에는, 공유수면매립면허처분 등으로 인하여 환경상 이익에 대한 침해 또는 침해우려가 있다는 것을 입증함으로써 그 처분 등의 무효확인을 구할 원고적격을 인정받을 수 있다.

② 공무원연금 수급권과 같은 사회보장수급권은 헌법 규정만으로는 이를 실현할 수 없어 법률에 의한 형성이 필요하고, 그 구체적인 내용 즉 수급요건 등은 법률에 의하여 비로소 확정된다.

③ 행정처분에 있어서 수익처분의 상대방은 그의 권리나 법률상 보호되는 이익이 침해되었다고 볼 수 없으므로 달리 특별한 사정이 없는 한 그 수익처분의 취소를 구할 이익이 없다.

④ 행정계획은 행정기관 내부의 행동 지침에 불과하므로, 도시계획구역 내 토지 등을 소유하고 있는 주민은 입안권자에게 도시계획입안을 요구할 수 있는 법규상 또는 조리상의 신청권이 없다.

03 무효등 확인소송에 대한 설명으로 옳은 것은?

① 무효확인판결에는 취소판결의 기속력에 관한 규정이 준용되지 않는다.

② 무효등 확인소송의 제기 당시에 원고적격을 갖추었다면 상고심 계속 중에 원고적격을 상실하더라도 그 소는 적법하다.

③ 행정처분의 무효란 행정처분이 처음부터 아무런 효력도 발생하지 아니한다는 의미이므로 무효등 확인소송에 대해서는 집행정지가 인정되지 아니한다.

④ 행정처분의 당연무효를 주장하여 그 무효확인을 구하는 행정소송에 있어서는 원고에게 그 행정처분이 무효인 사유를 주장 · 입증할 책임이 있다.

04 행정소송의 피고에 대한 설명으로 옳지 않은 것은?

① 취소소송은 다른 법률에 특별한 규정이 없는 한 그 처분 등을 행한 행정청을 피고로 하지만, 처분 등이 있은 뒤에 그 처분 등에 관계되는 권한이 다른 행정청에 승계된 때에는 이를 승계한 행정청을 피고로 한다.

② 조례가 집행행위의 개입 없이도 그 자체로서 직접 국민의 구체적인 권리 · 의무나 법적 이익에 영향을 미치는 등의 법률상 효과를 발생하는 경우 무효확인소송의 피고는 당해 조례를 통과시킨 지방의회가 된다.

③ 「행정소송법」상 원고가 피고를 잘못 지정한 때에는 법원은 원고의 신청에 의하여 결정으로써 피고의 경정을 허가할 수 있다.

④ 행정처분을 행할 적법한 권한 있는 상급행정청으로부터 내부위임을 받은 데 불과한 하급행정청이 권한 없이 행정처분을 한 경우 실제로 그 처분을 행한 하급행정청을 피고로 하여야 할 것이지 그 처분을 행할 적법한 권한 있는 상급행정청을 피고로 할 것은 아니다.

05 행정조사에 대한 설명으로 옳지 않은 것은?

① 우편물 통관검사절차에서 이루어지는 우편물의 개봉, 시료채취, 성분분석 등의 검사는 수출입물품에 대한 적정한 통관 등을 목적으로 한 행정조사의 성격을 가지는 것으로서 압수 · 수색영장 없이도 이러한 검사를 진행할 수 있다.

② 세무조사결정은 납세자의 권리 · 의무에 직접 영향을 미치는 공권력의 행사에 따른 행정작용으로서 항고소송의 대상이 된다.

③ 「행정조사기본법」에 따르면 조사대상자의 자발적인 협조에 따라 실시하는 행정조사에 대하여 조사대상자가 조사에 응할 것인지에 대한 응답을 하지 아니하는 경우에는 법령 등에 특별한 규정이 없는 한 그 조사를 거부한 것으로 본다.

④ 「행정조사기본법」상 행정조사를 실시하기 전에 관련 사항을 미리 통지하는 경우 증거인멸 등으로 행정조사의 목적을 달성할 수 없다고 판단되는 때에는, 행정기관의 장은 행정조사 종료 후 지체 없이 행정조사의 목적 등을 조사대상자에게 구두로 통지할 수 있다.

06 위법한 직무집행행위로 인한 손해배상책임에 대한 설명으로 옳지 않은 것은?

① 「국가배상법」상 '공무원'이라 함은 널리 공무를 위탁받아 실질적으로 공무에 종사하고 있는 일체의 자를 가리키는 것으로서, 단지 공무의 위탁이 일시적인 사항에 관한 활동을 위한 것은 포함되지 않는다.

② 「국가배상법」이 정한 배상청구의 요건인 '공무원의 직무'에는 권력적 작용만이 아니라 행정지도와 같은 비권력적 공행정작용도 포함된다.

③ 어떠한 행정처분이 후에 항고소송에서 위법한 것으로서 취소되었다고 하더라도 그로써 곧 당해 행정처분이 공무원의 고의 또는 과실에 의한 불법행위를 구성한다고 단정할 수는 없다.

④ 헌법상 과잉금지의 원칙 내지 비례의 원칙을 위반하여 국민의 기본권을 침해한 국가작용은 국가배상책임에 있어 법령을 위반한 가해행위가 된다.

07 행정행위에 대한 설명으로 옳은 것만을 모두 고르면?

> ㉠ 변상금 부과처분에 대한 취소소송이 진행 중인 경우 부과권자는 위법한 처분을 스스로 취소하고 그 하자를 보완하여 다시 적법한 부과처분을 할 수 없다.
> ㉡ 행정청이 「도시 및 주거환경정비법」 등 관련 법령에 근거하여 행하는 조합설립인가처분은 사인들의 조합설립행위에 대한 보충행위로서의 성질을 갖는 것에 그친다.
> ㉢ 「여객자동차 운수사업법」에 따른 개인택시운송사업면허는 특정인에게 권리나 이익을 부여하는 재량행위이다.
> ㉣ 귀화허가는 외국인에게 대한민국 국적을 부여함으로써 국민으로서의 법적 지위를 포괄적으로 설정하는 행위에 해당한다.

① ㉠, ㉡
② ㉡, ㉢
③ ㉢, ㉣
④ ㉠, ㉢, ㉣

08 국가배상에 대한 설명으로 옳은 것은?

① 「국가배상법」에 따른 손해배상의 소송은 배상심의회에 배상신청을 하지 아니하면 제기할 수 없다.
② 국가배상소송을 제기하는 경우 민사소송이 아니라 공법상 당사자소송으로 제기하여야 한다.
③ 군 복무 중 사망한 사람의 유족이 국가배상을 받은 경우, 관할 행정청 등은 「군인연금법」상 사망보상금에서 소극적 손해배상금 상당액을 공제할 수 있을 뿐, 이를 넘어 정신적 손해배상금까지 공제할 수는 없다.
④ 공공시설물의 하자로 손해를 입은 외국인에게는 해당 국가와 상호 보증이 없더라도 「국가배상법」이 적용된다.

09 행정절차에 대한 설명으로 옳지 않은 것은?

① 「행정절차법」상 행정청은 처분을 할 때에 단순·반복적인 처분 또는 경미한 처분으로서 당사자가 그 이유를 명백히 알 수 있는 경우에는 처분 후 당사자가 요청하더라도 당사자에게 그 근거와 이유를 제시하지 않아도 된다.
② 육군3사관학교의 사관생도에 대한 징계절차에서 징계심의대상자가 대리인으로 선임한 변호사가 징계위원회 심의에 출석하여 진술하려고 하였음에도, 징계권자나 그 소속 직원이 변호사가 징계위원회의 심의에 출석하는 것을 막은 후 내린 징계위원회의 징계의결에 따른 징계처분은 특별한 사정이 없는 한 위법하여 원칙적으로 취소되어야 한다.
③ 공무원 인사관계 법령에 의한 처분에 관한 사항 전부에 대하여 「행정절차법」의 적용이 배제되는 것이 아니라 성질상 행정절차를 거치기 곤란하거나 불필요하다고 인정되는 처분이나 행정절차에 준하는 절차를 거치도록 하고 있는 처분의 경우에만 「행정절차법」의 적용이 배제된다.
④ 군인사법령에 의하여 진급예정자명단에 포함된 자에 대하여 「행정절차법」상 의견제출의 기회를 부여하지 아니한 채 진급선발을 취소한 처분은 위법하다.

10 「공공기관의 정보공개에 관한 법률」상 정보공개청구에 대한 설명으로 옳지 않은 것은?

① 정보의 공개를 청구하는 자는 정보공개청구서에 청구대상 정보를 기재함에 있어서 사회일반인의 관점에서 청구대상정보의 내용과 범위를 확정할 수 있을 정도로 특정함을 요한다.

② 공공기관이 공개청구의 대상이 된 정보를 공개는 하되, 청구인이 신청한 공개방법 이외의 방법으로 공개하기로 하는 결정을 하였다면, 이는 정보공개청구 중 정보공개방법에 관한 부분에 대하여 일부 거부처분을 한 것이고, 청구인은 그에 대하여 항고소송으로 다툴 수 있다.

③ 「유아교육법」에 따른 사립유치원은 공공기관의 정보공개에 관한 법령상 공공기관에 해당하지 않는다.

④ 행정청이 정보를 공개하는 경우에 그 정보의 원본이 더럽혀지거나 파손될 우려가 있거나 그 밖에 상당한 이유가 있다고 인정할 때에는 그 정보의 사본·복제물을 공개할 수 있다.

11 행정소송에 대한 설명으로 옳지 않은 것은?

① 해당 처분을 다툴 법률상 이익이 있는지 여부는 직권조사사항으로 이에 관한 당사자의 주장은 직권발동을 촉구하는 의미밖에 없으므로, 원심법원이 이에 관하여 판단하지 않았다고 하여 판단유탈의 상고이유로 삼을 수 없다.

② 행정청은 「민사소송법」상의 보조참가를 할 수 있을 뿐만 아니라 「행정소송법」에 의한 소송참가를 할 수 있고 공법상 당사자소송의 원고가 된다.

③ 부작위위법확인의 소에 있어 당사자가 행정청에 대하여 어떠한 행정행위를 하여 줄 것을 요구할 수 있는 법규상 또는 조리상 권리를 갖고 있지 아니한 경우에는 원고적격이 없거나 항고소송의 대상인 위법한 부작위가 있다고 볼 수 없어 그 부작위위법확인의 소는 부적법하다.

④ 국가가 국토이용계획과 관련한 지방자치단체의 장의 기관위임사무의 처리에 관하여 지방자치단체의 장을 상대로 취소소송을 제기하는 것은 허용되지 않는다.

12 행정대집행에 대한 설명으로 옳지 않은 것은?

① 관계 법령상 행정대집행의 절차가 인정되어 행정청이 행정대집행의 방법으로 건물의 철거 등 대체적 작위의무의 이행을 실현할 수 있는 경우에는 따로 민사소송의 방법으로 그 의무의 이행을 구할 수 없다.

② 「공익사업을 위한 토지 등의 취득 및 보상에 관한 법률」에 따른 토지 등의 협의취득은 사법상 계약에 해당하므로, 협의취득시 부담한 의무는 행정대집행의 대상이 되지 않는다.

③ 「행정대집행법」에 따르면 대집행에 요한 비용을 징수하였을 때에는 그 징수금은 사무비의 소속에 따라 국고 또는 지방자치단체의 수입으로 한다.

④ 자기완결적 신고에 해당하는 대문설치신고가 형식적 하자가 없는 적법한 요건을 갖춘 신고임에도 불구하고 관할 행정청이 수리를 거부한 후 당해 대문의 철거명령을 하였더라도, 후행행위인 대문철거 대집행계고처분이 당연무효가 되는 것은 아니다.

13 행정의 실효성 확보수단에 대한 설명으로 옳지 않은 것은?

① 행정법상의 질서벌인 과태료의 부과처분과 형사처벌을 병과하는 것은 일사부재리의 원칙에 반하지 않는다는 것이 대법원의 입장이다.

② 계고서라는 명칭의 1장의 문서로서 일정기간 내에 위법건축물의 자진철거를 명함과 동시에 그 소정기한 내에 자진철거를 하지 아니할 때에는 대집행할 뜻을 미리 계고한 경우라면 「건축법」에 의한 철거명령과 「행정대집행법」에 의한 계고처분의 요건이 충족된 것은 아니다.

③ 직접강제는 행정대집행이나 이행강제금 부과의 방법으로는 행정상 의무 이행을 확보할 수 없거나 그 실현이 불가능한 경우에 실시하여야 한다.

④ 과세관청이 체납처분으로서 행하는 공매는 우월한 공권력의 행사로서 행정소송의 대상이 되는 공법상의 행정처분이며 공매에 의하여 재산을 매수한 자는 그 공매처분이 취소된 경우에 그 취소처분의 위법을 주장하여 행정소송을 제기할 법률상 이익이 있다.

14 행정입법에 대한 설명으로 옳지 않은 것은?

① 위임명령이 위임 내용을 구체화하는 단계를 벗어나 새로운 입법을 한 것으로 평가할 수 있다면 이는 위임의 한계를 일탈한 것으로서 허용되지 않는다.

② 교육부장관이 대학입시기본계획에서 내신성적 산정기준에 관한 시행지침을 마련하여 시·도교육감에게 통보한 경우, 각 고등학교에서 위 지침에 일률적으로 기속되어 내신성적을 산정할 수밖에 없고 대학에서도 이를 그대로 내신성적으로 인정하여 입학생을 선발할 수밖에 없으므로 내신성적 산정지침은 항고소송의 대상이 되는 행정처분에 해당한다.

③ 법규명령이 법률상 위임의 근거가 없어 무효였더라도 사후에 법 개정으로 위임의 근거가 부여되면 그 때부터는 유효한 법규명령이 된다.

④ 행정청이 개인택시운송사업면허발급 여부를 심사함에 있어서 이미 설정된 면허기준의 해석상 당해 신청이 면허발급의 우선순위에 해당함이 명백함에도 면허거부처분을 하였다면 특별한 사정이 없는 한 그 거부처분은 위법한 처분이 된다.

15 행정행위의 부관에 대한 설명으로 옳지 않은 것은?

① 행정처분에 붙은 부담인 부관이 제소기간 도과로 확정되어 이미 불가쟁력이 생긴 경우에도 그 부담의 이행으로서 하게 된 사법상 매매 등의 법률행위의 효력을 다툴 수 있다.

② 부담부 행정처분에 있어서 처분의 상대방이 부담을 이행하지 아니한 경우에 처분청이 이를 들어 당해 처분을 철회할 수 없다.

③ 지방국토관리청장이 일부 공유수면매립지에 대하여 한 국가 귀속처분은 매립준공인가를 함에 있어서 매립의 면허를 받은 자의 매립지에 대한 소유권취득을 규정한 구 「공유수면매립법」의 법률효과를 일부 배제하는 부관을 붙인 것이다.

④ 부담이 처분 당시 법령을 기준으로 적법하다면 처분 후 부담의 전제가 된 주된 행정처분의 근거 법령이 개정됨으로써 행정청이 더 이상 부관을 붙일 수 없게 되었다 하더라도 곧바로 위법하게 되거나 그 효력이 소멸하게 되는 것은 아니다.

16 행정행위의 하자에 대한 설명으로 옳지 않은 것은?

① 수익적 행정처분의 취소 제한에 관한 법리는 처분청이 수익적 행정처분을 직권으로 취소하는 경우에 적용되는 법리일 뿐 쟁송취소의 경우에는 적용되지 않는다.

② 구 「학교보건법」상 학교환경위생정화구역에서의 금지행위 및 시설의 해제 여부에 관한 행정처분을 함에 있어 학교환경위생정화위원회 심의절차를 누락하였다면, 특별한 사정이 없는 한 이는 행정처분을 위법하게 하는 취소사유가 된다.

③ 행정청이 청문서 도달기간을 어겼다면 당사자가 이에 대하여 이의 하지 아니한 채 스스로 청문일에 출석하여 방어의 기회를 충분히 가졌더라도 청문서 도달기간을 준수하지 아니한 하자가 치유되는 것은 아니다.

④ 토지등급결정내용의 개별통지가 있었다고 볼 수 없어 토지등급결정이 무효라면, 토지소유자가 그 결정 이전이나 이후에 토지등급결정내용을 알았다 하더라도 개별통지의 하자가 치유되는 것은 아니다.

17 행정계획에 대한 설명으로 옳지 않은 것은?

① 후행 도시계획결정을 하는 행정청이 선행 도시계획의 결정 · 변경 등에 관한 권한을 가지고 있지 아니한 경우 선행 도시계획과 양립할 수 없는 내용이 포함된 후행 도시계획결정은 다른 특별한 사정이 없는 한 무효이다.

②「도시 및 주거환경정비법」에 따라 인가 · 고시된 관리처분계획은 구속적 행정계획으로서 처분성이 인정된다.

③ 도시계획시설의 지정으로 말미암아 당해 토지의 이용가능성이 배제되거나 또는 토지소유자가 토지를 종래 허용된 용도대로도 사용할 수 없기 때문에 이로 인하여 현저한 재산적 손실이 발생하는 경우에는, 원칙적으로 국가나 지방자치단체는 이에 대한 보상을 해야 한다.

④ 도시계획시설결정의 장기미집행으로 인해 재산권이 침해된 경우, 도시계획시설결정의 실효를 주장할 수 있고, 이는 헌법상 재산권으로부터 당연히 직접 도출되는 권리이다.

18 이행강제금에 대한 설명으로 옳지 않은 것은?

①「건축법」상 이행강제금은 시정명령의 불이행이라는 과거의 위반행위에 대한 제재이다.

② 행정청은 이행강제금을 부과받은 자가 납부기한까지 이행강제금을 내지 아니하면 국세강제징수의 예 또는「지방행정제재 · 부과금의 징수 등에 관한 법률」에 따라 징수한다.

③ 처분의 근거법령에 의하면「비송사건절차법」에 따라 이행강제금 부과처분에 불복하도록 규정하고 있었지만, 관할청이 이행강제금 부과처분을 하면서 재결청에 행정심판을 청구하거나 관할 행정법원에 행정소송을 할 수 있다고 잘못 안내한 경우라도 이행강제금 부과처분에 대해 행정법원에 항고소송을 제기할 수 없다.

④「건축법」상 이행강제금을 부과받은 사람이 이행강제금사건의 제1심결정 후 항고심결정이 있기 전에 사망한 경우, 항고심결정은 당연무효이고, 이미 사망한 사람의 이름으로 제기된 재항고는 보정할 수 없는 흠결이 있는 것으로서 부적법하다.

19 손실보상에 대한 설명으로 옳은 것만을 모두 고르면?

> ㉠ 공공필요에 의한 재산권의 수용·사용 또는 제한 및 그에 대한 보상은 법률로써 하되, 정당한 보상을 지급하여야 한다.
> ㉡ 「하천법」 부칙과 이에 따른 특별조치법이 하천구역으로 편입된 토지에 대하여 손실보상청구권을 규정하였다고 하더라도 당해 법률규정이 아니라 관리청의 보상금지급결정에 의하여 비로소 손실보상청구권이 발생한다.
> ㉢ 「공익사업을 위한 토지 등의 취득 및 보상에 관한 법률」상 보상금의 증감에 관한 소송인 경우 그 소송을 제기하는 자가 토지소유자 또는 관계인일 때에는 지방토지수용위원회 또는 중앙토지수용위원회를 피고로 한다.
> ㉣ 수용재결에 불복하여 취소소송을 제기하는 때에는 이의신청을 거친 경우에도 수용재결을 한 중앙토지수용위원회 또는 지방토지수용위원회를 피고로 하여 수용재결의 취소를 구하여야 하지만, 이의신청에 대한 재결 자체에 고유한 위법이 있는 경우에는 그 이의재결을 한 중앙토지수용위원회를 피고로 하여 이의재결의 취소를 구할 수 있다.

① ㉠, ㉡
② ㉠, ㉣
③ ㉡, ㉢
④ ㉡, ㉢, ㉣

20 판례의 입장으로 옳지 않은 것은?

① 교원소청심사위원회의 결정은 학교법인에 대하여 기속력을 가지지만 기속력은 그 결정의 주문에 포함된 사항에 미치는 것이지 그 전제가 된 요건사실의 인정과 불리한 처분 등의 구체적 위법사유에 관한 판단에까지 미치는 것은 아니다.
② 어업권면허에 선행하는 우선순위결정은 행정청이 우선권자로 결정된 자의 신청이 있으면 어업권면허처분을 하겠다는 것을 약속하는 행위로서 행정처분이 아니다.
③ 행정지도가 강제성을 띠지 않은 비권력적 작용으로서 행정지도의 한계를 일탈하지 않았다면, 그로 인하여 상대방에게 어떤 손해가 발생하였다 하더라도 행정기관은 그에 대한 손해배상책임이 없다.
④ 「공익사업을 위한 토지 등의 취득 및 보상에 관한 법률」상 적법하게 시행된 공익사업으로 인하여 이주하게 된 주거용 건축물 세입자의 주거이전비 보상청구권은 공법상의 권리이고, 따라서 그 보상을 둘러싼 쟁송은 민사소송이 아니라 공법상의 법률관계를 대상으로 하는 행정소송에 의하여야 한다.

행정법총론 | 2023년 국가직 9급

모바일 OMR

회독 CHECK 1 2 3

지문의 내용에 대해 학설의 대립 등 다툼이 있는 경우 판례에 의함

01 행정절차법령상 처분의 신청에 대한 설명으로 옳지 않은 것은?

① 행정청은 신청인의 편의를 위하여 다른 행정청에 신청을 접수하게 할 수 있다.

② 행정청은 신청에 구비서류의 미비 등 흠이 있는 경우 접수를 거부하여야 한다.

③ 행정청은 처리기간이 "즉시"로 되어 있는 신청의 경우에는 접수증을 주지 아니할 수 있다.

④ 행정청은 다수의 행정청이 관여하는 처분을 구하는 신청을 접수한 경우에는 관계 행정청과의 신속한 협조를 통하여 그 처분이 지연되지 아니하도록 하여야 한다.

02 행정행위의 취소와 철회에 대한 설명으로 옳지 않은 것은?

① 「행정기본법」은 직권취소나 철회의 일반적 근거규정을 두고 있고, 직권취소나 철회는 개별법률의 근거가 없어도 가능하다.

② 행정행위의 철회 사유는 행정행위가 성립되기 이전에 발생한 것으로서 행정행위의 효력을 존속시킬 수 없는 사유를 말한다.

③ 수익적 처분이 상대방의 허위 기타 부정한 방법으로 인하여 행하여졌다면 상대방은 그 처분이 그와 같은 사유로 인하여 취소될 것임을 예상할 수 있으므로, 이러한 경우까지 상대방의 신뢰를 보호하여야 하는 것은 아니다.

④ 수익적 행정처분을 직권취소할 때에는 이를 취소하여야 할 중대한 공익상 필요와 취소로 인하여 처분상대방이 입게 될 기득권과 법적 안정성에 대한 침해 정도 등 불이익을 비교·교량한 후 공익상 필요가 처분상대방이 입을 불이익을 정당화할 만큼 강한 경우에 한하여 취소할 수 있다.

03 행정행위의 부관에 대한 설명으로 옳지 않은 것은?

① 수익적 행정처분에 있어서는 법령에 특별한 근거규정이 있는 경우에만 그 부관으로서 부담을 붙일 수 있다.

② 기선선망어업의 허가를 하면서 운반선, 등선 등 부속선을 사용할 수 없도록 제한한 부관은 그 어업허가의 목적달성을 사실상 어렵게 하여 그 본질적 효력을 해하는 것이므로 위법한 것이다.

③ 부관은 면허 발급 당시에 붙이는 것뿐만 아니라 면허 발급 이후에 붙이는 것도 법률에 명문의 규정이 있거나 변경이 미리 유보되어 있는 경우 또는 상대방의 동의가 있는 경우 등에는 특별한 사정이 없는 한 허용된다.

④ 토지소유자가 토지형질변경행위허가에 붙은 기부채납의 부관에 따라 토지를 국가나 지방자치단체에 기부채납한 경우, 기부채납의 부관이 당연무효이거나 취소되지 아니한 이상 토지소유자는 위 부관으로 인하여 기부채납계약의 중요부분에 착오가 있음을 이유로 기부채납계약을 취소할 수 없다.

04 공법관계와 사법관계의 구별에 대한 설명으로 옳지 않은 것은?

① 국유재산 중 행정재산의 사용허가는 공법관계이나, 한국공항공단이 무상사용허가를 받은 행정재산에 대하여 하는 전대행위는 사법관계이다.

② 조달청장이 「예산회계법」에 따라 계약을 체결하거나 입찰보증금 국고귀속조치를 취하는 것은 사법관계에 해당한다.

③ 국유재산의 무단점유에 대한 변상금부과는 공법관계에 해당하나, 국유 일반재산의 대부행위는 사법관계에 해당한다.

④ 조달청장이 법령에 근거하여 입찰참가자격을 제한하는 것은 사법관계에 해당한다.

05 「행정기본법」상 제재처분의 제척기간인 5년이 지나면 제재처분을 할 수 없는 경우는?

① 제재처분을 하지 아니하면 국민의 안전 · 생명 또는 환경을 심각하게 해치거나 해칠 우려가 있는 경우

② 거짓이나 그 밖의 부정한 방법으로 인허가를 받거나 신고를 한 경우

③ 정당한 사유 없이 행정청의 조사 · 출입 · 검사를 기피 · 방해 · 거부하여 제척기간이 지난 경우

④ 당사자가 인허가나 신고의 위법성을 경과실로 알지 못한 경우

06 행정입법에 대한 설명으로 옳지 않은 것은?

① 총리령 · 부령의 제정절차는 대통령령의 경우와는 달리 국무회의의 심의는 거치지 않아도 된다.

② 법령보충적 행정규칙은 물론이고 재량권 행사의 준칙이 되는 행정규칙이 행정의 자기구속원리에 따라 대외적 구속력을 가지는 경우에는 헌법소원의 대상이 될 수 있다.

③ 상위법령의 위임이 없음에도 상위법령에 규정된 처분 요건에 해당하는 사항을 부령에서 변경하여 규정한 경우 그 부령의 규정은 국민에 대한 대외적 구속력이 있다.

④ 「특정다목적댐법」에서 댐 건설로 손실을 입으면 국가가 보상해야 하고 그 절차와 방법은 대통령령으로 제정토록 명시되어 있음에도 미제정된 경우, 법령제정의 여부는 「행정소송법」상 부작위위법확인소송의 대상이 될 수 없다.

07 행정행위의 하자에 대한 설명으로 옳은 것은?

① 과세처분의 취소를 구하는 행정소송에서 선행처분인 개별공시지가결정의 위법을 독립된 위법사유로 주장할 수 있다.

② 재건축조합설립인가처분 당시 동의율을 충족하지 못한 하자는 후에 추가동의서가 제출되었다는 사정만으로도 치유된다.

③ 적법한 건축물에 대한 철거명령은 그 하자가 중대하고 명백하여 당연무효라고 할 것이지만, 그 후행행위인 건축물철거 대집행계고처분은 당연무효라고 할 수 없다.

④ 세액산출근거가 기재되지 아니한 납세고지서에 의한 부과처분은 강행법규에 위반하여 취소대상이 된다고 할 것이지만 이와 같은 하자는 납세의무자가 전심절차에서 이를 주장하지 아니하였거나, 그 후 부과된 세금을 자진납부하였다거나, 또는 조세채권의 소멸시효기간이 만료된 경우 치유된다.

08 항고소송의 대상에 대한 설명으로 옳지 않은 것은?

① 어떠한 처분에 법령상 근거가 있는지, 「행정절차법」에서 정한 처분절차를 준수하였는지는 소송요건 심사단계에서 고려하여야 한다.

② 병무청장이 「병역법」에 따라 병역의무 기피자의 인적사항 등을 인터넷 홈페이지에 게시하는 등의 방법으로 공개한 경우 병무청장의 공개결정은 항고소송의 대상이 되는 행정처분이다.

③ 국민건강보험공단이 행한 '직장가입자 자격상실 및 자격변동 안내' 통보는 가입자 자격의 변동 여부 및 시기를 확인하는 의미에서 한 사실상 통지행위에 불과할 뿐, 항고소송의 대상이 되는 행정처분에 해당하지 않는다.

④ 행정청의 행위가 '처분'에 해당하는지가 불분명한 경우에는 그에 대한 불복방법 선택에 중대한 이해관계를 가지는 상대방의 인식가능성과 예측가능성을 중요하게 고려하여 규범적으로 판단하여야 한다.

09 공익신고자 丙은 甲이 「국민기초생활 보장법」상의 복지급여를 부정수급하고 있다고 관할 乙행정청에 신고하였다. 이에 대하여 甲은 乙에게 부정수급 신고를 한 자와 그 내용에 대해 정보공개청구를 하였다. 이후 甲은 乙의 비공개결정통지를 받았고(2022.8.26.) 이에 대해 국민권익위원회에 고충민원을 제기하였으나(2022.9.16.), 국민권익위원회로부터 乙의 결정은 문제가 없다는 안내를 받았다(2022.10.26.). 그리고 甲은 乙의 비공개결정의 취소를 구하는 행정심판을 제기하게 되었다(2022.12.27.). 이에 대한 설명으로 옳은 것만을 모두 고르면?

ㄱ 「개인정보 보호법」상 정보주체에게 열람청구권이 보장되어 있더라도, 甲은 이에 근거하여 乙에게 신고자에 대한 정보공개를 요구하여 그 정보를 받을 수 없다.
ㄴ 甲의 행정심판청구는 행정심판 제기기간 내에 이루어졌으므로 적법하다.
ㄷ 甲의 국민권익위원회에 대한 고충민원 제기는 이의신청에 해당하므로, 고충민원에 대한 답변을 받은 날이 행정심판 제기기간의 기산점이 된다.
ㄹ 학술·연구를 위하여 일시적으로 체류하는 외국인 丙은 「국민기초생활 보장법」상의 복지급여 지급기준에 대해 정보공개를 청구할 권리가 인정된다.

① ㄱ, ㄴ
② ㄱ, ㄹ
③ ㄴ, ㄷ
④ ㄱ, ㄷ, ㄹ

10 **「행정절차법」상 송달과 처분절차에 대한 설명으로 옳지 않은 것은?**

① 처분기준의 설정 · 공표의 규정은 침익적 처분뿐만 아니라 수익적 처분의 경우에도 적용된다.

② 정보통신망을 이용하여 전자문서로 송달하는 경우에는 송달받을 자가 지정한 컴퓨터 등에 입력된 때에 도달된 것으로 본다.

③ 공청회가 개최는 되었으나 정상적으로 진행되지 못하고 무산된 횟수가 2회인 경우 온라인공청회를 단독으로 개최할 수 있다.

④ 송달이 불가능한 경우에는 송달받을 자가 알기 쉽도록 관보, 공보, 게시판, 일간신문 중 하나 이상에 공고하고 인터넷에도 공고하여야 한다.

11 **「질서위반행위규제법」상 과태료에 대한 설명으로 옳지 않은 것은?**

① 신분에 의하여 성립하는 질서위반행위에 신분이 없는 자가 가담한 때에는 신분이 없는 자에 대하여도 질서위반행위가 성립한다.

② 하나의 행위가 2 이상의 질서위반행위에 해당하는 경우에는 각 질서위반행위에 대하여 정한 과태료 중 가장 중한 과태료를 부과한다.

③ 자신의 행위가 위법하지 아니한 것으로 오인하고 행한 질서위반행위는 그 오인에 정당한 이유가 있는 때에 한하여 과태료를 부과하지 아니한다.

④ 행정청이 위반사실을 적발하면 과태료를 부과받을 자의 주소지를 관할하는 지방법원에 통보하여야 하고, 당해 법원은 「비송사건절차법」에 따라 결정으로써 과태료를 부과한다.

12 **「행정조사기본법」상 행정조사에 대한 설명으로 옳지 않은 것은?**

① 행정기관의 장은 조사원이 조사목적의 달성을 위하여 한 시료채취로 조사대상자에게 손실을 입힌 때에는 그 손실을 보상하여야 한다.

② 개별 법령 등에서 행정조사를 규정하고 있지 않더라도, 행정기관은 조사대상자가 자발적으로 협조하는 경우에는 행정조사를 실시할 수 있다.

③ 행정기관의 장은 조사대상자의 신상이나 사업비밀 등이 유출될 우려가 있으므로 인터넷 등 정보통신망을 통하여 조사대상자로 하여금 자료의 제출 등을 하게 할 수 없다.

④ 행정기관의 장은 당해 행정기관 내의 2 이상의 부서가 동일하거나 유사한 업무분야에 대하여 동일한 조사대상자에게 행정조사를 실시하는 경우에는 공동조사를 하여야 한다.

13 **판례의 입장으로 옳지 않은 것은?**

① 거부처분에 대한 집행정지는 그 거부처분으로 인하여 신청인에게 생길 손해를 방지하는 데 아무런 보탬이 되지 아니하므로 허용되지 않는다.

② 사정판결의 요건인 처분의 위법성은 변론 종결 시를 기준으로 판단하고, 공공복리를 위한 사정판결의 필요성은 처분 시를 기준으로 판단하여야 한다.

③ 집행정지의 요건으로 규정하고 있는 '공공복리에 중대한 영향을 미칠 우려'가 없을 것이라고 할 때의 '공공복리'는 그 처분의 집행과 관련된 구체적이고도 개별적인 공익을 말하는 것으로서 이러한 집행정지의 소극적 요건에 대한 주장 · 소명책임은 행정청에게 있다.

④ 「도시 및 주거환경정비법」에 근거한 조합설립인가처분은 행정주체로서의 지위를 부여하는 설권적 처분이고, 조합설립결의는 조합설립인가처분의 요건이므로, 조합설립결의에 하자가 있다면 그 하자를 이유로 직접 항고소송의 방법으로 조합설립인가처분의 취소 또는 무효확인을 구하여야 한다.

14 「국가배상법」상 이중배상금지에 대한 판례의 입장으로 옳지 않은 것은?

① 「국가배상법」 제2조 제1항 단서에서 정한 '다른 법령의 규정'에 따른 보상금청구권이 모두 시효로 소멸된 경우라고 하더라도 「국가배상법」 제2조 제1항 단서 규정이 적용된다.

② 경찰공무원인 피해자가 「공무원연금법」에 따라 공무상 요양비를 지급받는 것은 「국가배상법」 제2조 제1항 단서에서 정한 '다른 법령의 규정'에 따라 보상을 지급받는 것에 해당하지 않는다.

③ 훈련으로 공상을 입은 군인이 「국가배상법」에 따라 손해배상금을 지급받은 다음 「보훈보상대상자 지원에 관한 법률」이 정한 보훈급여금의 지급을 청구하는 경우, 국가는 「국가배상법」 제2조 제1항 단서에 따라 그 지급을 거부할 수 있다.

④ 군인이 교육훈련으로 공상을 입은 경우라도 「군인연금법」 또는 「국가유공자예우 등에 관한 법률」에 의하여 재해보상금 · 유족연금 · 상이연금 등 별도의 보상을 받을 수 없는 경우에는 「국가배상법」 제2조 제1항 단서의 적용 대상에서 제외하여야 한다.

15 다음 사례에 대한 설명으로 옳은 것은?

> A구 의회 의원인 甲은 공무원을 폭행하는 등 의원으로서 품위를 손상시키는 행위를 하였다. 이러한 사유를 들어 A구 의회는 甲을 의원직에서 제명하는 의결을 하였다. 이에 甲은 위 제명의결을 행정소송의 방법으로 다투고자 한다.

① 甲이 제명의결을 행정소송으로 다투는 경우 소송의 유형은 무효확인소송으로 하여야 하며 취소소송으로는 할 수 없다.

② A구 의회는 입법기관으로서 행정청의 지위를 가지지 못하므로 甲에 대한 제명의결을 다투는 행정소송에서는 A구 의회 사무총장이 피고가 되어야 한다.

③ 「행정소송법」 제12조의 '법률상 이익' 개념에 관하여 법률상 이익구제설에 따르는 판례에 의하면 甲은 제명의결을 다툴 원고적격을 갖지 못한다.

④ 법원이 甲이 제기한 행정소송을 받아들여 소송의 계속 중에 甲의 임기가 만료되었더라도 수소법원은 소의 이익을 인정할 수 있다.

16 행정소송에 대한 설명으로 옳지 않은 것은?

① 건축물의 하자를 다투는 입주예정자들은 건물의 사용검사처분에 대해 제3자효 행정행위의 차원에서 행정소송을 통해 다툴 수 있다.

② 당사자소송으로 서울행정법원에 제기할 것을 민사소송으로 지방법원에 제기하여 판결이 내려진 경우, 그 판결은 관할위반에 해당한다.

③ 민사소송인 소가 서울행정법원에 제기되었는데도 피고가 제1심법원에서 관할위반이라고 항변하지 않고 본안에서 변론을 한 경우에는 제1심법원에 변론관할이 생긴다.

④ 환경부장관이 생태 · 자연도 1등급으로 지정되었던 지역을 2등급으로 변경하는 내용의 생태 · 자연도 수정 · 보완을 고시하는 경우, 1등급지역에 거주하던 인근 주민은 생태 · 자연도 등급변경처분의 무효확인을 구할 원고적격이 없다.

17 손실보상에 대한 설명으로 옳은 것은?

① 「공익사업을 위한 토지 등의 취득 및 보상에 관한 법률」상 사업시행자와 토지소유자 사이의 협의취득에 대한 분쟁은 민사소송으로 다투어야 한다.

② 「공익사업을 위한 토지 등의 취득 및 보상에 관한 법률」에 따라 사업인정고시가 된 후 토지의 사용으로 인하여 토지의 형질이 변경되는 경우에 토지소유자는 중앙토지수용위원회에 그 토지의 매수청구권을 행사할 수 있다.

③ 헌법재판소는 「개발제한구역의 지정 및 관리에 관한 특별조치법」 제11조 제1항 등에 대한 위헌소원 사건에서 토지의 효용이 감소한 토지소유자에게 토지매수청구권을 인정하는 등 보상규정을 두었지만 적절한 손실보상에 해당하지 않는다고 위헌결정을 하였다.

④ 사업시행자는 동일한 사업지역에 보상시기를 달리하는 동일인 소유의 토지 등이 여러 개가 있는 경우 토지 등의 소유자가 일괄보상을 요구하더라도 「공익사업을 위한 토지 등의 취득 및 보상에 관한 법률」에 따라 단계적으로 보상금을 지급하여야 한다.

18 행정의 실효성 확보수단에 대한 대법원 판례의 입장으로 옳지 않은 것은?

① 행정법상의 질서벌인 과태료의 부과처분과 형사처벌은 그 성질이나 목적을 달리하는 별개의 것이므로 행정법상의 질서벌인 과태료를 납부한 후에 형사처벌을 한다고 하여 이를 일사부재리의 원칙에 반하는 것이라고 할 수는 없다.

② 「건축법」상 시정명령을 받은 의무자가 그 시정명령의 취지에 부합하는 의무를 이행하기 위한 정당한 방법으로 행정청에 신청 또는 신고를 하였으나 행정청이 위법하게 이를 거부 또는 반려함으로써 결국 그 처분이 취소되기에 이르렀더라도, 이행강제금 제도의 취지에 비추어 볼 때 그 시정명령의 불이행을 이유로 이행강제금을 부과할 수 있다.

③ 건물의 소유자에게 위법건축물을 일정기간까지 철거할 것을 명함과 아울러 불이행할 때에는 대집행한다는 내용의 철거대집행 계고처분을 고지한 후 이에 불응하자 다시 제2차, 제3차 계고서를 발송하여 일정기간까지의 자진철거를 촉구하고 불이행하면 대집행을 한다는 뜻을 고지한 경우, 제2차, 제3차의 계고처분은 새로운 철거의무를 부과한 것이 아니라 대집행기한을 연기통지한 것에 불과하다.

④ 관할 행정청이 여객자동차운송사업자가 범한 여러 가지 위반행위 중 일부만 인지하여 과징금 부과처분을 하였는데 그 후 과징금 부과처분 시점 이전에 이루어진 다른 위반행위를 인지하여 이에 대하여 별도의 과징금 부과처분을 하게 되는 경우, 종전 과징금 부과처분의 대상이 된 위반행위와 추가 과징금 부과처분의 대상이 된 위반행위에 대하여 일괄하여 하나의 과징금 부과처분을 하는 경우와의 형평을 고려하여 추가 과징금 부과처분의 처분양정이 이루어져야 한다.

19 서훈 또는 서훈취소에 대한 설명으로 옳은 것만을 모두 고르면?

> ㉠ 서훈취소는 대통령이 국가원수로서 행하는 행위이지만 통치행위는 아니다.
> ㉡ 서훈은 서훈대상자의 특별한 공적에 의하여 수여되는 고도의 일신전속적 성격을 가지는 것이므로 유족이라고 하더라도 처분의 상대방이 될 수 없다.
> ㉢ 건국훈장 독립장이 수여된 망인에 대한 서훈취소를 국무회의에서 의결하고 대통령이 결재함으로써 서훈취소가 결정된 후에 국가보훈처장이 망인의 유족에게 독립유공자 서훈취소결정 통보를 하였다면 서훈취소처분취소소송에서의 피고적격은 국가보훈처장에 있다.
> ㉣ 국가보훈처장이 서훈추천 신청자에 대한 서훈추천을 거부한 것은 항고소송의 대상으로 볼 수는 없어 항고소송을 제기할 수는 없으나 행정권력의 부작위에 대한 헌법소원으로서 다툴 수 있다.

① ㉠, ㉡
② ㉠, ㉣
③ ㉠, ㉢, ㉣
④ ㉡, ㉢, ㉣

20 행정대집행에 대한 설명으로 옳지 않은 것은?

① 행정대집행은 「행정기본법」상 행정상 강제에 해당한다.
② 대집행에 요한 비용은 「국세징수법」의 예에 의하여 징수할 수 있다.
③ 「행정대집행법」상 대집행의 대상이 되는 대체적 작위의무는 공법상 의무이어야 한다.
④ 대집행에 요한 비용에 대하여서는 행정청은 사무비의 소속에 따라 국세와 동일한 순위의 선취득권을 가지며, 대집행에 요한 비용을 징수하였을 때에는 그 징수금은 국고의 수입으로 한다.

행정법총론 | 2023년 지방직 9급

모바일 OMR

회독 CHECK 1 2 3

지문의 내용에 대해 학설의 대립 등 다툼이 있는 경우 판례에 의함

01 자동화된 행정결정에 대한 설명으로 옳지 않은 것은?

① 자동화된 행정결정의 예로는 컴퓨터를 통한 중 · 고등학생의 학교배정, 신호등에 의한 교통신호 등이 있다.

② 「행정기본법」상 자동적 처분은 항고소송의 대상이 된다.

③ 「행정기본법」상 자동적 처분을 할 수 있는 '완전히 자동화된 시스템'에는 '인공지능 기술을 적용한 시스템'이 포함되지 않는다.

④ 「행정기본법」은 재량행위에 대해서 자동적 처분을 허용하지 않고 있다.

02 법치행정의 원칙에 대한 설명으로 옳지 않은 것은?

① 규율대상이 국민의 기본권 및 기본적 의무와 관련한 중요성을 가질수록 그리고 그에 관한 공개적 토론의 필요성 또는 상충하는 이익 사이의 조정 필요성이 클수록, 그것이 국회의 법률에 의해 직접 규율될 필요성은 더 증대된다고 보아야 한다.

② 법률의 시행령은 법률에 의한 위임 없이도 법률이 규정한 개인의 권리 · 의무에 관한 내용을 변경 · 보충하거나 법률에 규정되지 아니한 새로운 내용을 규정할 수 있다.

③ 법률유보의 원칙은 '법률에 의한 규율'만을 요청하는 것이 아니라 '법률에 근거한 규율'을 요청하는 것이기 때문에 기본권의 제한에는 법률의 근거가 필요할 뿐이고 기본권 제한의 형식이 반드시 법률의 형식일 필요는 없다.

④ 행정작용은 법률에 위반되어서는 아니 되며, 국민의 권리를 제한하거나 의무를 부과하는 경우와 그 밖에 국민생활에 중요한 영향을 미치는 경우에는 법률에 근거해야 한다.

03 행정입법의 사법적 통제에 대한 설명으로 옳지 않은 것은?

① 중앙선거관리위원회규칙은 법규명령이므로 구체적 규범통제의 대상이 될 수 있다.

② 처분적 법규명령은 무효등확인소송 또는 취소소송의 대상이 된다.

③ 대법원 이외의 각급법원도 구체적 규범통제의 방법으로 법규명령 조항에 대한 위헌 · 위법 판단을 할 수 있다.

④ 행정입법부작위는 부작위위법확인소송의 대상이 된다.

04 행정의 실효성 확보 수단에 대한 설명으로 옳지 않은 것은?

① 구 「국세징수법」상 가산금 또는 중가산금의 고지는 항고소송의 대상이 되는 처분이 아니다.

② 지방자치단체 소속 공무원이 지방자치단체 고유의 자치사무를 수행하던 중 구 「도로법」에 위반하는 행위를 한 경우 지방자치단체는 구 「도로법」상 양벌규정에 따라 처벌대상이 되는 법인에 해당한다.

③ 구 「음반 · 비디오물 및 게임물에 관한 법률」상 불법게임물에 대한 수거 및 폐기조치는 행정상 즉시강제에 해당한다.

④ 공매처분을 하면서 체납자에게 공매통지를 하지 않았거나 공매통지를 하였지만 그것이 적법하지 아니하다 하더라도 공매처분 자체는 위법하지 않다.

05 사인의 공법행위에 대한 설명으로 옳은 것은?

① 공무원에 의해 제출된 사직원은 그에 터잡은 의원면직처분이 있을 때까지 철회될 수 있고, 일단 면직처분이 있고 난 이후에도 자유로이 취소 및 철회될 수 있다.

② 시장 등의 주민등록전입신고 수리 여부에 대한 심사는 「주민등록법」의 입법 목적의 범위 내에서 제한적으로 이루어져야 하는바, 전입신고자가 30일 이상 생활의 근거로서 거주할 목적으로 거주지를 옮기는지 여부가 심사 대상으로 되어야 한다.

③ 행정청은 신청에 구비서류의 미비 등 흠이 있는 경우 원칙상 형식적 · 절차적인 요건만을 보완요구하여야 하므로 실질적인 요건에 관한 흠이 민원인의 단순한 착오나 일시적인 사정 등에 기인한 경우에도 보완을 요구할 수 없다.

④ 사인의 공법행위는 원칙적으로 발신주의에 따라 그 효력이 발생한다.

06 행정소송의 판결에 대한 설명으로 옳지 않은 것은?

① 처분 등을 취소하는 확정판결은 제3자에 대하여도 효력이 있다.

② 취소 확정판결의 기속력은 판결의 주문 및 전제가 되는 처분 등의 구체적 위법사유에 관한 판단에도 미치므로, 종전 처분이 판결에 의하여 취소되었다면 종전 처분의 처분사유와 기본적 사실관계에서 동일하지 않은 다른 사유를 들어서 새로이 동일한 내용을 처분하는 것 또한 확정판결의 기속력에 저촉된다.

③ 법원은 원고의 청구가 이유있다고 인정하는 경우에도 처분 등을 취소하는 것이 현저히 공공복리에 적합하지 아니하다고 인정하는 때에는 원고의 청구를 기각할 수 있다.

④ 과세의 절차 내지 형식에 위법이 있어 과세처분을 취소하는 판결이 확정되었을 경우 과세관청은 그 위법사유를 보완하여 다시 새로운 과세처분을 할 수 있고, 그 새로운 과세처분은 확정판결에 의하여 취소된 종전의 과세처분과는 별개의 처분이다.

07 행정상 사실행위에 대한 설명으로 옳지 않은 것은?

① 행정상 사실행위의 예로는 폐기물 수거, 행정지도, 대집행의 실행, 행정상 즉시강제 등이 있다.

② 행정청이 위법 건축물에 대한 단전 및 전화통화 단절조치를 요청한 것은 항고소송의 대상이 되는 행정처분이라고 볼 수 없다.

③ 교도소장이 영치품인 티셔츠 사용을 재소자에게 불허한 행위는 항고소송의 대상이 되는 행정처분에 해당한다.

④ 교도소 내 마약류 관련 수형자에 대한 교도소장의 소변강제채취는 권력적 사실행위이나 헌법소원의 대상은 아니다.

08 행정의 실효성 확보 수단에 대한 설명으로 옳지 않은 것은?

① 「농지법」상 이행강제금 부과처분에 대한 불복은 「비송사건절차법」에 따른 재판절차뿐만 아니라 「행정소송법」상 항고소송 절차에 따를 수 있다.

② 관계 법령상 행정대집행의 절차가 인정되어 행정청이 행정대집행의 방법으로 건물의 철거 등 대체적 작위의무의 이행을 실현할 수 있는 경우에는 따로 민사소송의 방법으로 그 의무의 이행을 구할 수 없다.

③ 「행정조사기본법」에 따르면 조사대상자의 자발적인 협조를 얻어 행정조사를 실시하고자 하는 경우 조사대상자는 문서 · 전화 · 구두 등의 방법으로 당해 행정조사를 거부할 수 있다.

④ 통고처분은 상대방의 임의의 승복을 그 발효요건으로 하기 때문에 그 자체만으로는 통고이행을 강제하거나 상대방에게 아무런 권리 · 의무를 형성하지 않으므로 행정심판이나 행정소송의 대상으로서의 처분성을 인정할 수 없다.

09 다음 각 사례에 대한 설명으로 옳은 것만을 모두 고르면?

> • 행정청 甲은 국유 일반재산인 건물 1층을 5년간 대부하는 계약을 乙과 체결하면서 대부료는 1년에 1억으로 정하였고 6회에 걸쳐 분납하기로 하였다. 甲은 乙이 1년간 대부료를 납부하지 않자, 체납한 대부료를 납부할 것을 통지하였다. 「국유재산법」에 따르면 국유재산의 대부료 등이 납부기한까지 납부되지 아니한 경우에는 「국세징수법」상의 강제징수에 관한 규정을 준용하고 있다.
> • 행정청 甲은 국가 소유의 땅을 무단점유하여 사용하고 있는 丙에게 변상금 100만 원 부과처분을 하였다.

> ㉠ 甲이 乙에게 대부하는 행위는 공권력의 주체로서 상대방의 의사 여하에 불구하고 일방적으로 행하는 행정처분이 아니다.
> ㉡ 甲은 대부료를 납부하지 않은 乙을 상대로 민사소송을 제기하여 대부료 지급을 구해야 한다.
> ㉢ 변상금 부과처분은 순전히 사경제 주체로서 행하는 사법상의 법률행위이므로, 丙은 그 처분에 대해 민사소송을 제기하여 다툴 수 있다.

① ㉠
② ㉡
③ ㉠, ㉢
④ ㉠, ㉡, ㉢

10 행정지도에 대한 설명으로 옳지 않은 것은?

① 행정기관은 행정지도의 상대방이 행정지도에 따르지 아니하였다는 것을 이유로 불이익한 조치를 하여서는 아니 된다.
② 행정기관이 같은 행정목적을 실현하기 위하여 많은 상대방에게 행정지도를 하려는 경우에는 특별한 사정이 없으면 행정지도에 공통적인 내용이 되는 사항을 공표하여야 한다.
③ 위법한 행정지도에 따라 행한 사인의 행위는 위법성이 조각되어 범법행위가 되지 않는다.
④ 행정지도가 강제성을 띠지 않은 비권력적 작용으로서 행정지도의 한계를 일탈하지 아니하였다면, 그로 인하여 상대방에게 손해가 발생하였다 하더라도 행정기관은 손해배상책임이 없다.

11 행정행위의 하자의 승계에 대한 설명으로 옳지 않은 것은?

① 2개 이상의 행정처분이 연속적 또는 단계적으로 이루어지는 경우 선행처분과 후행처분이 서로 합하여 1개의 법률효과를 완성하는 때에는 선행처분에 하자가 있으면 그 하자는 후행처분에 승계된다.
② 선행처분과 후행처분이 서로 독립하여 별개의 법률효과를 발생 시키는 경우에는 선행처분에 불가쟁력이 생겨 그 효력을 다툴 수 없게 되면 수인한도를 넘는 가혹함을 가져오며 그 결과가 당사자에게 예측가능하지 않더라도 하자의 승계가 인정되지 않는다.
③ 과세관청의 선행처분인 소득금액변동통지에 하자가 존재하더라도 당연무효사유에 해당하지 않는 한 후행처분인 징수처분에 대한 항고소송에서 그 하자를 다툴 수 없다.
④ 수용보상금의 증액을 구하는 소송에서는 선행처분으로서 그 수용 대상 토지 가격 산정의 기초가 된 비교표준지공시지가결정의 위법을 독립된 사유로 주장할 수 있다.

12 「행정소송법」상 당사자소송에 대한 설명으로 옳지 않은 것은?

① 당사자소송이란 행정청의 처분 등을 원인으로 하는 법률관계에 관한 소송, 그 밖에 공법상의 법률관계에 관한 소송으로서 그 법률관계의 한쪽 당사자를 피고로 하는 소송을 의미한다.
② 공법상 계약의 한쪽 당사자가 다른 당사자를 상대로 효력을 다투거나 이행을 청구하는 소송은 공법상의 법률관계에 관한 분쟁이므로 분쟁의 실질이 공법상 권리 · 의무의 존부 · 범위에 관한 다툼이 아니라 손해배상액의 구체적인 산정방법 · 금액에 국한되는 등의 특별한 사정이 없는 한 당사자소송으로 제기하여야 한다.
③ 명예퇴직한 법관이 미지급 명예퇴직수당액에 대하여 가지는 권리는 명예퇴직수당 지급대상자 결정 절차를 거쳐 명예퇴직수당규칙에 의하여 확정된 공법상 법률관계에 관한 권리로서, 그 지급을 구하는 소송은 당사자소송에 해당하며, 그 법률관계의 당사자인 국가를 상대로 제기하여야 한다.
④ 당사자소송은 공법상 법률관계에 관한 소송이므로 이를 본안으로 하는 가처분에 대하여는 「민사집행법」상 가처분에 관한 규정이 준용되지 않는다.

13 「공공기관의 정보공개에 관한 법률」상 정보공개에 대한 설명으로 옳은 것만을 모두 고르면?

> ㉠ 모든 국민은 정보의 공개를 청구할 권리를 가진다.
> ㉡ 법무부령인 「검찰보존사무규칙」은 행정기관 내부의 사무처리준칙인 행정규칙이지만, 「검찰보존사무규칙」상의 열람·등사의 제한은 「공공기관의 정보공개에 관한 법률」 제9조 제1항 제1호의 '다른 법률 또는 법률에 의한 명령에 의하여 비공개사항으로 규정된 경우'에 해당한다.
> ㉢ 해당 정보를 취득 또는 활용할 의사가 전혀 없이 정보공개 제도를 이용하여 사회통념상 용인될 수 없는 부당한 이득을 얻으려 하거나, 오로지 공공기관의 담당 공무원을 괴롭힐 목적으로 정보공개청구를 하는 경우 권리 남용에 해당함이 명백하므로 정보공개청구권의 행사가 허용되지 아니한다.
> ㉣ 청구인이 정보공개와 관련한 공공기관의 결정에 대하여 불복이 있거나 정보공개청구 후 10일이 경과하도록 정보공개 결정이 없는 때에는 「행정심판법」에서 정하는 바에 따라 행정심판을 청구할 수 있다.

① ㉠, ㉡
② ㉠, ㉢
③ ㉡, ㉣
④ ㉢, ㉣

14 국가배상에 대한 설명으로 옳지 않은 것은?

① 시·도경찰청장 또는 경찰서장이 지방자치단체의 장으로부터 권한을 위탁받아 설치·관리하는 신호기의 하자로 인해 손해가 발생한 경우 「국가배상법」 제5조 소정의 배상책임의 귀속 주체는 국가뿐이다.
② 헌법재판소 재판관이 청구기간 내에 제기된 헌법소원심판청구 사건에서 청구기간을 오인하여 각하결정을 한 경우, 이에 대한 불복절차 내지 시정절차가 없는 때에는 배상책임의 요건이 충족되는 한 국가배상책임을 인정할 수 있다.
③ 영조물의 설치·관리자와 비용부담자가 다른 경우 피해자에게 손해를 배상한 자는 내부관계에서 그 손해를 배상할 책임이 있는 자에게 구상할 수 있다.
④ 군 복무 중 사망한 군인 등의 유족이 「국가배상법」에 따른 손해배상금을 지급받은 경우 그 손해배상금 상당 금액에 대해서는 「군인연금법」에서 정한 사망보상금을 지급받을 수 없다.

15 행정소송의 심리에 대한 설명으로 옳지 않은 것은?

① 「행정소송법」에 따르면 법원은 필요하다고 인정할 때에는 직권으로 증거조사를 할 수 있으나, 당사자가 주장하지 아니한 사실에 대하여는 판단할 수 없다.

② 법원은 행정처분 당시 행정청이 알고 있었던 자료뿐만 아니라 사실심 변론종결 당시까지 제출된 모든 자료를 종합하여 처분 당시 존재하였던 객관적 사실을 확정하고 그 사실에 기초하여 처분의 위법 여부를 판단할 수 있다.

③ 「행정소송법」에 따르면 법원은 당사자의 신청이 있는 때에는 결정으로써 재결을 행한 행정청에 대하여 행정심판에 관한 기록의 제출을 명할 수 있고, 제출명령을 받은 행정청은 지체없이 당해 행정심판에 관한 기록을 법원에 제출하여야 한다.

④ 결혼이민[F-6 (다)목] 체류자격을 신청한 외국인에 대하여 행정청이 그 요건을 충족하지 못하였다는 이유로 거부처분을 하는 경우 '그 요건을 갖추지 못하였다는 판단', 즉 '혼인파탄의 주된 귀책사유가 국민인 배우자에게 있지 않다는 판단' 자체가 처분 사유가 되는바, 결혼이민[F-6 (다)목] 체류자격 거부처분 취소소송에서 그 처분사유에 관한 증명책임은 피고 행정청에 있다.

16 「공익사업을 위한 토지 등의 취득 및 보상에 관한 법률」에 대한 설명으로 옳지 않은 것은?

① 구 「하천법」에 의한 하천수 사용권은 「공익사업을 위한 토지 등의 취득 및 보상에 관한 법률」이 손실보상의 대상으로 규정하고 있는 '물의 사용에 관한 권리'에 해당한다.

② 토지수용위원회의 재결에 대한 토지소유자의 행정소송 제기는 사업의 진행 및 토지의 수용 또는 사용을 정지시키지 아니한다.

③ 사업인정은 공익사업의 시행자에게 그 후 일정한 절차를 거칠 것을 조건으로 일정한 내용의 수용권을 설정하여 주는 형성행위이다.

④ 어떤 보상항목이 공익사업을 위한 토지 등의 취득 및 보상에 관한 법령상 손실보상대상에 해당함에도 관할 토지수용위원회가 사실을 오인하거나 법리를 오해함으로써 손실보상대상에 해당하지 않는다고 잘못된 내용의 재결을 한 경우에는, 피보상자는 관할 토지수용위원회를 상대로 재결취소소송을 제기하여야 한다.

17 다음 사례에 대한 설명으로 옳은 것은?

> 식품접객업을 하는 甲은 청소년의 연령을 확인하지 않고 주류를 판매한 사실이 적발되어 관할 행정청 乙로부터 「식품위생법」 위반을 이유로 영업정지 2개월을 부과받자 관할 행정심판위원회 丙에 행정심판을 청구하였다.

① 丙은 영업정지 2개월에 갈음하여 「식품위생법」 소정의 과징금으로 변경할 수 없다.
② 甲이 丙의 기각재결을 받은 후 재결 자체에 고유한 하자가 있음을 주장하며 그 기각재결에 대하여 취소소송을 제기한 경우, 수소법원은 심리 결과 재결 자체에 고유한 위법이 없다면 각하판결을 하여야 한다.
③ 丙이 영업정지처분을 취소하는 재결을 할 경우, 乙은 이 인용재결의 취소를 구하는 행정소송을 제기할 수 없다.
④ 丙은 행정심판의 심리과정에서 甲의 「식품위생법」상의 또 다른 위반 사실을 인지한 경우, 乙의 2개월 영업정지와는 별도로 1개월 영업정지를 추가하여 부과하는 재결을 할 수 있다.

18 「행정절차법」에 대한 설명으로 옳지 않은 것은?

① 처분기준을 공표하는 것이 해당 처분의 성질상 현저히 곤란하거나 공공의 안전 또는 복리를 현저히 해치는 것으로 인정될 만한 상당한 이유가 있는 경우에는 처분기준을 공표하지 아니할 수 있다.
② 행정처분의 상대방에 대한 청문통지서가 반송되었거나 행정처분의 상대방이 청문일시에 불출석하였다는 이유만으로 행정청이 관계 법령상 그 실시가 요구되는 청문을 실시하지 아니하고 한 침해적 행정처분은 위법하다.
③ 「행정절차법」상 사전통지 및 의견제출에 대한 권리를 부여하고 있는 '당사자 등'에는 불이익처분의 직접 상대방인 당사자와 행정청이 직권으로 또는 신청에 따라 행정절차에 참여하게 한 이해관계인, 그 밖에 제3자가 포함된다.
④ 행정청이 처분을 하면서 당사자가 그 근거를 알 수 있을 정도로 이유를 제시한 경우에는 처분의 근거와 이유를 구체적으로 명시하지 않았더라도 그로 말미암아 그 처분이 위법하다고 볼 수는 없다.

19 「질서위반행위규제법」에 대한 설명으로 옳지 않은 것은?

① 질서위반행위 후 법률이 변경되어 그 행위가 질서위반행위에 해당하지 아니하게 되거나 과태료가 변경되기 전의 법률보다 가볍게 된 때에는 법률에 특별한 규정이 없는 한 변경된 법률을 적용하여야 한다.

② 고의 또는 과실이 없는 질서위반행위라고 하더라도 과태료를 부과할 수 있다.

③ 행정청의 과태료 부과에 불복하는 당사자는 과태료 부과 통지를 받은 날부터 60일 이내에 해당 행정청에 서면으로 이의제기를 할 수 있다.

④ 법원이 심문 없이 과태료 재판을 하고자 하는 때에는 당사자와 검사는 특별한 사정이 없는 한 약식재판의 고지를 받은 날부터 7일 이내에 이의신청을 할 수 있다.

20 인가에 대한 설명으로 옳지 않은 것은?

① 「자동차관리법」상 자동차관리사업자로 구성하는 사업자단체인 조합 또는 협회의 설립인가처분은 자동차관리사업자들의 단체결성행위를 보충하여 효력을 완성시키는 처분에 해당한다.

② 구 「도시 및 주거환경정비법」상 조합설립추진위원회 구성승인처분은 조합의 설립을 위한 주체인 추진위원회의 구성행위를 보충하여 그 효력을 부여하는 처분이다.

③ 주택재개발정비사업조합이 수립한 사업시행계획에 하자가 있음에도 불구하고 관할 행정청이 해당 사업시행계획에 대한 인가처분을 하였다면, 그 인가처분에는 고유한 하자가 없더라도 사업시행계획의 무효를 주장하면서 곧바로 그에 대한 인가처분의 무효확인이나 취소를 구하여야 한다.

④ 구 「도시 및 주거환경정비법」상 토지소유자들이 조합을 설립하지 아니하고 직접 도시환경정비사업을 시행하고자 하는 경우에 내려진 사업시행인가처분은 설권적 처분의 성격을 가진다.

행정법총론 | 2022년 국가직 9급

회독 CHECK 1 2 3

01 신뢰보호의 원칙에 대한 설명으로 옳지 않은 것은? (다툼이 있는 경우 판례에 의함)

① 건축주와 그로부터 건축설계를 위임받은 건축사가 관계 법령에서 정하고 있는 건축한계선의 제한이 있다는 사실을 간과한 채 건축설계를 하고 이를 토대로 건축물의 신축 및 증축허가를 받은 경우, 그 신축 및 증축허가가 정당하다고 신뢰한 데에는 귀책사유가 있다.

② 행정청이 상대방에게 장차 어떤 처분을 하겠다고 공적 견해표명을 하였더라도 그 후에 그 전제로 된 사실적 법률적 상태가 변경되었다면, 그와 같은 공적 견해표명은 효력을 잃게 된다.

③ 수강신청 후에 징계요건을 완화하는 학칙개정이 이루어지고 이어 시험이 실시되어 그 개정학칙에 따라 대학이 성적 불량을 이유로 학생에 대하여 징계처분을 한 경우라면 이는 이른바 부진정소급효에 관한 것으로서 특별한 사정이 없는 한 위법이라고 할 수 없다.

④ 병무청 담당부서의 담당공무원에게 공적 견해의 표명을 구하지 아니한 채 민원봉사 담당공무원이 상담에 응하여 안내한 것을 신뢰한 경우에도 신뢰보호의 원칙이 적용된다.

02 행정행위의 효력에 대한 설명으로 옳지 않은 것은? (다툼이 있는 경우 판례에 의함)

① 영업허가취소처분이 나중에 행정쟁송절차에 의하여 취소되었더라도, 그 영업허가취소처분 이후의 영업행위는 무허가영업이다.

② 연령미달 결격자가 다른 사람 이름으로 교부받은 운전면허는 당연무효가 아니고 취소되지 않는 한 유효하므로 그 연령미달 결격자의 운전행위는 무면허운전에 해당하지 아니한다.

③ 구 「도시계획법」상 원상회복 등의 조치명령을 받고도 이를 따르지 않은 자에 대해 형사처벌을 하기 위해서는 적법한 조치명령이 전제되어야 하며, 이때 형사법원은 그 적법 여부를 심사할 수 있다.

④ 조세부과처분을 취소하는 행정판결이 확정된 경우 부과처분의 효력은 처분 시에 소급하여 효력을 잃게 되므로 확정된 행정판결은 조세포탈에 대한 무죄를 인정할 명백한 증거에 해당한다.

03 다단계행정결정에 대한 설명으로 옳지 않은 것은? (다툼이 있는 경우 판례에 의함)

① 「공유재산 및 물품 관리법」에 근거하여 공모제안을 받아 이루어지는 민간투자사업 '우선협상대상자 선정행위'나 '우선 협상대상자 지위배제행위'에서 '우선협상대상자 지위배제행위'만이 항고소송의 대상인 처분에 해당한다.

② 구 「원자력법」상 원자로 및 관계 시설의 부지사전승인처분 후 건설허가처분까지 내려진 경우, 선행처분은 후행처분에 흡수되어 건설허가처분만이 행정쟁송의 대상이 된다.

③ 공정거래위원회가 부당한 공동행위를 한 사업자에게 과징금 부과처분을 한 뒤 다시 자진신고 등을 이유로 과징금 감면처분을 한 경우, 선행처분은 후행처분에 흡수되어 소멸하므로 선행처분의 취소를 구하는 소는 부적법하다.

④ 자동차운송사업 양도 · 양수인가신청에 대하여 행정청이 내인가를 한 후 그 본인가신청이 있음에도 내인가를 취소한 경우, 다시 본인가에 대하여 별도로 인가 여부의 처분을 한다는 사정이 보이지 않는다면 내인가취소는 행정처분에 해당한다.

04 행정행위의 하자에 대한 설명으로 옳지 않은 것은? (다툼이 있는 경우 판례에 의함)

① 이미 불가쟁력이 발생한 보충역편입처분에 하자가 있다고 하더라도 그것이 당연무효의 사유가 아닌 한 공익근무요원소집처분에 승계되는 것은 아니다.

② 건물철거명령이 당연무효가 아니고 불가쟁력이 발생하였다면 건물철거명령의 하자를 이유로 후행 대집행계고처분의 효력을 다툴 수 없다.

③ 도시계획시설사업 시행자 지정 처분이 처분 요건을 충족하지 못하여 당연무효인 경우, 도시계획시설사업의 시행자가 작성한 실시계획을 인가하는 처분도 무효이다.

④ 선행처분인 공무원직위해제처분과 후행 직권면직처분 사이에는 하자의 승계가 인정된다.

05 다음 사례에 대한 설명으로 옳은 것은? (다툼이 있는 경우 판례에 의함)

> 민간시민단체 A는 관할 행정청 B에게 개발사업의 승인과 관련한 정보공개를 청구하였으나 B는 현재 재판 진행 중인 사안이 포함되어 있다는 이유로 「공공기관의 정보공개에 관한 법률」 제9조 제1항 제4호의 사유를 들어 A의 정보공개청구를 거부하였다.

① A는 공개청구한 정보에 대해 개별 · 구체적 이익이 없는 경우에도 B의 정보공개거부에 대해 취소소송으로 다툴 수 있다.

② A가 공개청구한 정보에 대해 직접적인 이해관계가 있는 경우에는 B의 정보공개거부에 대해 정보공개의 이행을 구하는 당사자소송을 제기하여 다툴 수 있다.

③ A가 공개청구한 정보의 일부가 「공공기관의 정보공개에 관한 법률」상 비공개사유에 해당하는 때에는 그 나머지 정보만을 공개하는 것이 가능한 경우라 하더라도 법원은 공개가능한 정보에 관한 부분만의 일부취소를 명할 수는 없다.

④ B의 비공개사유가 정당화되기 위해서는 A가 공개청구한 정보가 진행 중인 재판의 소송기록 자체에 포함된 내용이어야 한다.

06 항고소송에서 수소법원의 판결에 대한 설명으로 옳지 않은 것은? (다툼이 있는 경우 판례에 의함)

① 행정처분의 취소를 구하는 소에서, 비록 행정처분의 위법을 이유로 취소판결을 받더라도 처분에 의하여 발생한 위법상태를 원상회복시키는 것이 불가능한 경우에는 원칙적으로 취소를 구할 법률상 이익이 없으므로, 수소법원은 소를 각하하여야 한다.

② 해임처분 취소소송 계속 중 임기가 만료되어 해임처분의 취소로 지위를 회복할 수는 없다고 할지라도, 그 취소로 해임처분일부터 임기만료일까지 기간에 대한 보수 지급을 구할 수 있는 경우에는 해임처분의 취소를 구할 법률상 이익이 있으므로, 수소법원은 본안에 대하여 판단하여야 한다.

③ 관할청이 「농지법」상의 이행강제금 부과처분을 하면서 재결청에 행정심판을 청구하거나 관할 행정법원에 행정소송을 할 수 있다고 잘못 안내한 경우 행정법원의 항고소송 재판관할이 생긴다.

④ 「행정소송법」 제19조에서 말하는 '재결 자체에 고유한 위법'이란 원처분에는 없고 재결에만 있는 재결청의 권한 또는 구성의 위법, 재결의 절차나 형식의 위법, 내용의 위법 등을 뜻한다.

07 행정법관계에 대한 설명으로 옳지 않은 것은? (다툼이 있는 경우 판례에 의함)

① 군인연금법령상 급여를 받으려고 하는 사람이 국방부장관에게 급여지급을 청구하였으나 거부된 경우, 곧바로 국가를 상대로 한 당사자소송으로 급여의 지급을 청구할 수 있다.

② 법무사가 사무원을 채용할 때 소속 지방법무사회로부터 승인을 받아야 할 의무는 공법상 의무이다.

③ 사무처리의 긴급성으로 인하여 해양경찰의 직접적인 지휘를 받아 보조로 방제작업을 한 경우, 사인은 그 사무를 처리하며 지출한 필요비 내지 유익비의 상환을 국가에 대하여 민사소송으로 청구할 수 있다.

④ 「공익사업을 위한 토지 등의 취득 및 보상에 관한 법률」상 환매권의 존부에 관한 확인을 구하는 소송 및 환매금액의 증감을 구하는 소송은 민사소송이다.

08 행정법규의 양벌규정에 대한 설명으로 옳지 않은 것은? (다툼이 있는 경우 판례에 의함)

① 양벌규정은 행위자에 대한 처벌규정임과 동시에 그 위반행위의 이익귀속주체인 영업주에 대한 처벌규정이다.

② 종업원의 범죄성립이나 처벌이 영업주 처벌의 전제조건이 되는 것은 아니다.

③ 법인 대표자의 법규위반행위에 대한 법인의 책임은 법인 자신의 법규위반행위로 평가될 수 있는 행위에 대한 법인의 직접책임이다.

④ 양벌규정에 의한 법인의 처벌은 어디까지나 행정적 제재처분일 뿐 형벌과는 성격을 달리한다.

09 과징금 부과처분에 대한 설명으로 옳지 않은 것은? (다툼이 있는 경우 판례에 의함)

① 「독점규제 및 공정거래에 관한 법률」상의 과징금은 법이 규정한 범위 내에서 그 부과처분 당시까지 부과관청이 확인한 사실을 기초로 일의적으로 확정되어야 할 것이지, 추후에 부과금 산정기준이 되는 새로운 자료가 나왔다고 하여 새로운 부과처분을 할 수 있는 것은 아니다.

② 영업정지에 갈음하여 부과되는 이른바 변형된 과징금의 부과여부는 통상 행정청의 재량행위이다.

③ 과징금은 행정상 제재금이고 범죄에 대한 국가 형벌권의 실행이 아니므로 행정법규 위반에 대해 벌금 이외에 과징금을 부과하는 것은 이중처벌금지의 원칙에 위반되지 않는다.

④ 「부동산 실권리자명의 등기에 관한 법률」상 명의신탁자에 대한 과징금의 부과 여부는 행정청의 재량행위이다.

10 행정상 손해배상에 대한 설명으로 옳지 않은 것은? (다툼이 있는 경우 판례에 의함)

① 국가배상청구권의 소멸시효 기간은 지났으나 국가가 소멸시효완성을 주장하는 것이 신의성실의 원칙에 반하는 권리남용으로 허용될 수 없어 배상책임을 이행한 경우, 국가는 원칙적으로 해당 공무원에 대해 구상권을 행사할 수 있다.

② 공무원이 관계 법령의 해석이 확립되기 전에 어느 한 설을 취하여 업무를 처리한 것이 결과적으로 위법하더라도 처분 당시 그 이상의 업무처리를 성실한 평균적 공무원에게 기대하기 어려웠던 경우라면 원칙적으로 공무원의 과실을 인정할 수 없다.

③ 공무원이 직무를 수행하면서 그 근거가 되는 법령의 규정에 따라 구체적으로 의무를 부여받았어도 그것이 국민의 이익과 관계없이 순전히 행정기관 내부의 질서를 유지하기 위한 것이라면 그 의무에 위반하여 국민에게 손해를 가하여도 국가 등은 배상책임을 부담하지 않는다.

④ 행정처분이 후에 항고소송에서 취소되었다고 할지라도 그 기판력에 의하여 당해 행정처분이 곧바로 공무원의 고의 또는 과실로 인한 것으로서 불법행위를 구성한다고 단정할 수는 없다.

[11~12] 다음 사례에 대한 설명으로 옳지 않은 것을 고르시오. (다툼이 있는 경우 판례에 의함)

11

> 건축주 甲은 토지소유자 乙과 매매계약을 체결하고 乙로부터 토지사용승낙서를 받아 乙의 토지 위에 건축물을 건축하는 건축허가를 관할 행정청인 A시장으로부터 받았다. 매매 계약서에 의하면 甲이 잔금을 기일 내에 지급하지 못하면 즉시 매매계약이 해제될 수 있고 이 경우 토지사용승낙서는 효력을 잃으며 甲은 건축허가를 포기·철회하기로 甲과 乙이 약정하였다. 乙은 甲이 잔금을 기일 내에 지급하지 않자 甲과의 매매계약을 해제하였다.

① 착공에 앞서 甲의 귀책사유로 해당 토지를 사용할 권리를 상실한 경우, 乙은 A시장에 대하여 건축허가의 철회를 신청할 수 있다.

② 건축허가는 대물적 성질을 갖는 것이어서 행정청으로서는 그 허가를 할 때에 건축주 또는 토지소유자가 누구인지 등 인적 요소에 관하여는 형식적 심사만 한다.

③ A시장은 건축허가 당시 별다른 하자가 없었고 철회의 법적 근거가 없으므로 건축허가를 철회할 수 없다.

④ 철회권의 행사는 기득권의 침해를 정당화할 만한 중대한 공익상의 필요 또는 제3자의 이익을 보호할 필요가 있고, 공익상의 필요 등이 상대방이 입을 불이익을 정당화할 만큼 강한 경우에 한해 허용될 수 있다.

12

> A시 시장은 「학교용지 확보 등에 관한 특례법」 관계 조항에 따라 공동주택을 분양받은 甲, 乙, 丙, 丁 등에게 각각 다른 시기에 학교용지 부담금을 부과하였다. 이후 해당 조항에 대하여 법원의 위헌법률심판제청에 따라 헌법재판소가 위헌결정을 하였다(단, 甲, 乙, 丙, 丁은 모두 위헌법률심판제청신청을 하지 않은 것으로 가정함).

① 甲이 부담금을 납부하였고 부담금 부과처분에 불가쟁력이 발생한 상태라면, 해당 조항이 위헌으로 결정되더라도 이미 납부한 부담금을 반환받을 수 없다.
② 乙은 부담금을 납부한 후 부담금 부과처분에 대해 행정소송을 제기하였고 현재 소가 계속 중인 경우에도, 乙이 위헌법률심판제청신청을 하지 않았으므로 乙에게 위헌결정의 소급효는 미치지 않는다.
③ 丙이 부담금 부과처분에 대한 행정심판청구를 하여 기각재결서를 송달받았으나, 재결서 송달일로부터 90일 이내에 취소소송을 제기하였다면 丙의 청구는 인용될 수 있다.
④ 부담금 부과처분에 대한 제소기간이 경과하여 丁의 부담금 납부의무가 확정되었고 위헌결정 전에 丁의 재산에 대한 압류가 이루어진 상태라도, 丁에 대해 부담금 징수를 위한 체납처분을 속행할 수는 없다.

13 행정입법에 대한 설명으로 옳지 않은 것은? (다툼이 있는 경우 판례에 의함)

① 부령의 형식으로 정해진 제재적 행정처분의 기준은 그 규정의 성질과 내용이 행정청 내부의 사무처리 준칙을 정한 것에 불과하므로 대외적으로 국민이나 법원을 구속하는 것은 아니다.
② 항정신병 치료제의 요양급여 인정기준에 관한 보건복지부 고시가 다른 집행행위의 매개 없이 그 자체로서 직접 국민의 구체적인 권리의무와 법률관계를 규율하는 성격을 가질 때에는 항고소송의 대상이 되는 행정처분에 해당한다.
③ 법률의 위임에 의하여 효력을 갖는 법규명령이 법개정으로 위임의 근거가 없어지게 되더라도 효력을 상실하지 않는다.
④ 한국수력원자력 주식회사가 조달하는 기자재, 용역 및 정비공사, 기기수리의 공급자에 대한 관리업무 절차를 규정함을 목적으로 제정·운용하고 있는 '공급자관리지침' 중 등록취소 및 그에 따른 일정 기간의 거래제한조치에 관한 규정들은 상위 법령의 구체적위임 없이 정한 것이어서 대외적 구속력이 없는 행정규칙이다.

14 행정작용에 대한 설명으로 옳은 것은? (다툼이 있는 경우 판례에 의함)

① 구체적인 계획을 입안함에 있어 지침이 되거나 특정 사업의 기본방향을 제시하는 내용의 행정계획은 항고소송의 대상인 행정처분에 해당하지 않는다.
② 공법상 계약이 법령 위반 등의 내용상 하자가 있는 경우에도 그 하자가 중대명백한 것이 아니면 취소할 수 있는 하자에 불과하고 이에 대한 다툼은 당사자소송에 의하여야 한다.
③ 지도, 권고, 조언 등의 행정지도는 법령의 근거를 요하고 항고소송의 대상이 된다.
④ 「국가를 당사자로 하는 계약에 관한 법률」에 따라 국가가 당사자가 되는 이른바 공공계약에 관한 법적 분쟁은 원칙적으로 행정법원의 관할 사항이다.

15 「행정절차법」상 처분의 사전통지 및 의견제출 절차에 대한 설명으로 옳지 않은 것은? (다툼이 있는 경우 판례에 의함)

① 법령 등에서 요구된 자격이 없거나 없어지게 되면 반드시 일정한 처분을 하여야 하는 경우에 그 자격이 없거나 없어지게 된 사실이 법원의 재판에 의하여 객관적으로 증명된 경우에는 사전통지를 생략할 수 있다.
② 행정청의 처분으로 의무가 부과되거나 권익이 제한되는 경우라도 당사자가 의견진술의 기회를 포기한다는 뜻을 명백히 표시한 경우에는 의견청취를 생략할 수 있다.
③ 별정직 공무원인 대통령기록관장에 대한 직권면직 처분에는 처분의 사전통지 및 의견청취 등에 관한 「행정절차법」 규정이 적용되지 않는다.
④ 대통령이 한국방송공사 사장을 해임하면서 사전통지절차를 거치지 않은 경우에는 그 해임처분은 위법하다.

16 「행정소송법」상 취소소송에 대한 설명으로 옳지 않은 것은? (다툼이 있는 경우 판례에 의함)

① 대한민국에서 출생하여 오랜 기간 대한민국 국적을 보유하면서 거주한 재외동포는 사증발급 거부처분의 취소를 구할 법률상 이익이 있다.
② 국민권익위원회가 소방청장에게 일정한 의무를 부과하는 내용의 조치요구를 한 경우 소방청장은 조치요구의 취소를 구할 당사자능력 및 원고적격이 인정되지 않는다.
③ 임용지원자가 특별채용 대상자로서 자격을 갖추고 있고 유사한 지위에 있는 자에 대하여 정규교사로 특별채용한 전례가 있다 하더라도, 교사로의 특별채용을 요구할 법규상 또는 조리상의 권리가 있다고 할 수 없다.
④ 피해자의 의사와 무관하게 주민등록번호가 유출된 경우, 조리상 주민등록번호의 변경을 요구할 신청권을 인정함이 타당하다.

17 행정상 즉시강제에 대한 설명으로 옳은 것만을 모두 고르면?

> ㉠ 항고소송의 대상이 되는 처분의 성질을 갖는다.
> ㉡ 과거의 의무위반에 대하여 가해지는 제재이다.
> ㉢ 목전에 급박한 장해를 예방하기 위한 경우에는 예외적으로 법률의 근거가 없이도 발동될 수 있다는 것이 일반적인 견해이다.
> ㉣ 강제건강진단과 예방접종은 대인적 강제수단에 해당한다.
> ㉤ 위법한 즉시강제작용으로 손해를 입은 자는 국가나 지방자치단체를 상대로 「국가배상법」이 정한 바에 따라 손해배상을 청구할 수 있다.

① ㉡, ㉢　② ㉠, ㉡, ㉢
③ ㉠, ㉣, ㉤　④ ㉢, ㉣, ㉤

18 다음 중 「행정심판법」에 따른 행정심판을 제기할 수 없는 경우만을 모두 고르면? (다툼이 있는 경우 판례에 의함)

> ㉠ 「공공기관의 정보공개에 관한 법률」상 정보공개와 관련한 공공기관의 비공개결정에 대하여 이의신청을 한 경우
> ㉡ 「공익사업을 위한 토지 등의 취득 및 보상에 관한 법률」상 토지수용위원회의 수용재결에 이의가 있어 중앙토지수용위원회에 이의를 신청한 경우
> ㉢ 「난민법」상 난민불인정결정에 대해 법무부장관에게 이의신청을 한 경우
> ㉣ 「민원 처리에 관한 법률」상 법정민원에 대한 행정기관의 장의 거부처분에 대해 그 행정기관의 장에게 이의신청을 한 경우

① ㉠, ㉡　② ㉠, ㉣
③ ㉡, ㉢　④ ㉢, ㉣

[19~20] 다음 사례에 대한 설명으로 옳은 것을 고르시오. (다툼이 있는 경우 판례에 의함)

19

> 건설회사 A는 택지개발사업을 위해 관련 법령에 따른 절차를 거쳐 甲 소유의 토지 등을 취득하고자 甲과 보상에 관한 협의를 하였으나 협의가 성립되지 않았다. 이에 관할 지방토지수용위원회에 재결을 신청하여 토지의 수용 및 보상금에 대한 수용재결을 받았다.

① 甲이 수용재결에 대하여 이의신청을 제기하면 사업의 진행 및 토지의 수용 또는 사용을 정지시키는 효력이 있다.

② 甲이 수용 자체를 다투는 경우 관할 지방토지수용위원회를 상대로 수용재결에 대하여 취소소송을 제기할 수 있다.

③ 甲은 보상금 증액을 위해 A를 상대로 손실보상을 구하는 민사소송을 제기할 수 있다.

④ 甲이 계속 거주하고 있는 건물과 토지의 인도를 거부할 경우 행정대집행의 대상이 될 수 있다.

20

> A시 시장은 식품접객업주 甲에게 청소년고용금지업소에 청소년을 고용하였다는 사유로 식품위생법령에 근거하여 영업정지 2개월 처분에 갈음하는 과징금 부과처분을 하였고, 甲은 부과된 과징금을 납부하였다. 그러나 甲은 이후 과징금 부과처분에 하자가 있음을 알게 되었다.

① 甲은 납부한 과징금을 돌려받기 위해 관할 행정법원에 과징금반환을 구하는 당사자소송을 제기할 수 있다.

② A시 시장이 과징금 부과처분을 함에 있어 과징금 부과통지서의 일부 기재가 누락되어 이를 이유로 甲이 관할 행정법원에 과징금 부과처분의 취소를 구하는 소를 제기한 경우, A시 시장은 취소소송 절차가 종결되기 전까지 보정된 과징금 부과처분통지서를 송달하면 일부 기재 누락의 하자는 치유된다.

③ 「식품위생법」이 청소년을 고용한 행위에 대하여 영업허가를 취소하거나 6개월 이내의 기간을 정하여 그 영업의 전부 또는 일부를 정지하거나 영업소 폐쇄를 명할 수 있다고 하면서 행정처분의 세부기준은 총리령으로 위임한다고 정하고 있는 경우에, 총리령에서 정하고 있는 행정처분의 기준은 재판규범이 되지 못한다.

④ 甲이 자신은 청소년을 고용한 적이 없다고 주장하면서 제기한 과징금 부과처분의 취소소송 계속 중에 A시 시장은 甲이 유통기한이 경과한 식품을 판매한 사실을 처분사유로 추가·변경할 수 있다.

행정법총론 | 2022년 지방직 9급

모바일 OMR

회독 CHECK 1 2 3

01 행정입법에 대한 설명으로 옳지 않은 것은? (다툼이 있는 경우 판례에 의함)

① 자치조례에 대한 법률의 위임은 반드시 구체적으로 범위를 정하여 할 필요가 없으며 포괄적인 것으로 족하다.

② 부령 형식으로 정해진 제재적 행정처분의 기준은 법규성이 있어서 대외적으로 국민이나 법원을 기속하는 효력이 있다.

③ 고시가 법령의 수권에 의하여 법령을 보충하는 사항을 정하는 경우 위임의 한계를 벗어나지 않는 한 그 근거 법령과 결합하여 대외적으로 구속력이 있는 법규명령으로서의 효력을 가진다.

④ 법률의 시행령이 형사처벌에 관한 사항을 규정하면서 법률의 명시적인 위임 범위를 벗어나 처벌의 대상을 확장하는 것은 위임입법의 한계를 벗어난 것으로 그 시행령은 무효이다.

02 행정행위의 부관에 대한 설명으로 옳은 것은? (다툼이 있는 경우 판례에 의함)

① 행정처분에 부가한 부담이 무효인 경우에는 그 부담의 이행으로 이루어진 사법상 법률행위도 무효가 된다.

② 부관의 사후변경은 종전의 부관을 변경하지 아니하면 해당 처분의 목적을 달성할 수 없는 경우가 아니라면 인정되지 않는다.

③ 행정처분과 실제적 관련성이 없어 부관을 붙일 수 없는 경우에도 사법상 계약의 형식으로 공법상 제한을 회피할 수 있다.

④ 행정재산에 대한 기한부 사용 · 수익허가를 받은 경우, 그 사용 · 수익허가의 기간에 대하여 독립하여 행정소송을 제기할 수 없다.

03 판례상 재량행위에 해당하는 것만을 모두 고르면?

> ㉠ 「여객자동차 운수사업법」상 개인택시운송사업면허
> ㉡ 구 「수도권대기환경특별법」상 대기오염물질 총량관리사업장 설치허가
> ㉢ 「국가공무원법」상 휴직 사유 소멸을 이유로 한 신청에 대한 복직명령
> ㉣ 「출입국관리법」상 체류자격 변경허가

① ㉠, ㉣ ② ㉡, ㉢
③ ㉠, ㉡, ㉣ ④ ㉠, ㉡, ㉢, ㉣

04 행정절차에 대한 설명으로 옳지 않은 것은? (다툼이 있는 경우 판례에 의함)

① 계약직 공무원 채용계약해지의 의사표시는 「행정절차법」에 의하여 근거와 이유를 제시하여야 하는 것은 아니다.

② 교육부장관이 부적격사유가 없는 후보자들 사이에서 어떤 후보자를 상대적으로 더욱 적합하다고 판단하여 국립대학교의 총장으로 임용제청을 하였다면, 그러한 임용제청행위 자체로서 이유제시의무를 다한 것이다.

③ 「국가공무원법」상 직위해제처분에는 처분의 사전통지 및 의견청취 등에 관한 행정절차법의 규정이 적용된다.

④ 과세처분 시 납세고지서에 법으로 규정한 과세표준 등의 기재가 누락되면 그 과세처분 자체가 위법한 처분이 되어 취소의 대상이 된다.

05 행정법의 일반원칙에 대한 설명으로 옳은 것만을 모두 고르면? (다툼이 있는 경우 판례에 의함)

> ㉠ 비례의 원칙은 법치국가원리에서 당연히 파생되는 헌법상의 기본원리이다.
> ㉡ 평등의 원칙은 본질적으로 같은 것을 자의적으로 다르게 취급함을 금지하는 것이므로, 위법한 행정처분이 수차례에 걸쳐 반복적으로 행하여졌다면 행정청에 대하여 자기구속력을 갖게 된다.
> ㉢ 국가가 임용결격사유가 있는 자에 대하여 결격사유가 있는 것을 알지 못하고 공무원으로 임용하였다가 나중에 결격사유가 있음을 발견하고 그 임용행위를 취소하는 경우 신의칙이 적용된다.
> ㉣ 지방자치단체장이 사업자에게 주택사업계획승인을 하면서 그 주택사업과는 아무런 관련이 없는 토지를 기부채납하도록 하는 부관을 주택사업계획승인에 붙인 경우, 그 부관은 부당결부금지의 원칙에 위반되어 위법하다.

① ㉠, ㉡ ② ㉠, ㉣
③ ㉡, ㉢ ④ ㉢, ㉣

06 행정행위에 대한 설명으로 옳지 않은 것은? (다툼이 있는 경우 판례에 의함)

① 건축허가는 대물적 성질을 갖는 것이어서 행정청으로서는 허가를 할 때에 건축주 또는 토지 소유자가 누구인지 등 인적 요소에 관하여는 형식적 심사만 한다.
② 시 · 도경찰청장이 횡단보도를 설치하여 보행자 통행방법 등을 규제하는 것은 국민의 권리 · 의무에 직접 관계가 있는 행위로서 행정처분이다.
③ 국유재산의 무단점유에 대한 변상금 징수의 요건은 「국유재산법」에 명백히 규정되어 있으므로 변상금을 징수할 것인가는 처분청의 재량을 허용하지 않는 기속행위이다.
④ 공유수면의 점용 · 사용허가는 특정인에게 공유수면 이용권이라는 독점적 권리를 설정하여 주는 처분이 아니라 일반적인 상대적 금지를 해제하는 처분이다.

07 「공공기관의 정보공개에 관한 법률」상 정보공개에 대한 설명으로 옳지 않은 것은? (다툼이 있는 경우 판례에 의함)

① 정보공개 청구권자의 권리구제 가능성은 정보의 공개 여부 결정에 아무런 영향을 미치지 못한다.
② 학교환경위생구역 내 금지행위 해제결정에 관한 학교환경위생정화위원회의 회의록에 기재된 발언내용에 대한 해당 발언자의 인적사항 부분에 관한 정보는 비공개대상에 해당하지 아니한다.
③ 공공기관이 정보공개를 거부하는 경우에는 어느 부분이 어떠한 법익 또는 기본권과 충돌되어 비공개사유에 해당하는지를 주장 · 증명하여야 하고, 그에 이르지 아니한 채 개괄적인 사유만을 들어 공개를 거부하는 것은 허용되지 아니한다.
④ 공개를 구하는 정보를 공공기관이 한때 보유 · 관리하였으나 후에 그 정보가 담긴 문서 등이 폐기되어 존재하지 않게 된 것이라면 그 정보를 더 이상 보유 · 관리하고 있지 아니하다는 점에 대한 증명책임은 공공기관에게 있다.

08 행정처분의 위법성에 대한 설명으로 옳지 않은 것은? (다툼이 있는 경우 판례에 의함)

① 행정청이 행정처분을 하면서 상대방에게 불복절차에 관한 고지의무를 이행하지 않았다면 이는 절차적 하자로서 그 행정처분은 위법하게 된다.
② 행정처분이 나중에 항고소송에서 위법하다고 판단되어 취소되더라도 그러한 사실만으로 바로 행정처분이 공무원의 고의나 과실로 인한 불법행위를 구성한다고 할 수 없다.
③ 절차상의 하자를 이유로 행정처분을 취소하는 판결이 선고되어 확정된 경우, 그 확정판결의 기속력은 취소사유로 된 절차의 위법에 한하여 미치는 것이므로 행정청은 적법한 절차를 갖추어 동일한 내용의 처분을 다시 할 수 있다.
④ 권한 없는 행정청이 한 위법한 행정처분을 취소할 수 있는 권한은 그 행정처분을 한 처분청에게 속하는 것이고, 그 행정처분을 할 수 있는 적법한 권한을 가지는 행정청에게 그 취소권이 귀속되는 것은 아니다.

09 영업의 양도와 영업자지위승계에 대한 설명으로 옳지 않은 것은? (다툼이 있는 경우 판례에 의함)

①「식품위생법」상 허가영업자의 지위승계신고수리처분을 하는 경우「행정절차법」규정 소정의 당사자에 해당하는 종전의 영업자에게 행정절차를 실시하여야 한다.
② 관할 행정청은 여객자동차운송사업의 양도 · 양수에 대한 인가를 한 후에도 그 양도 · 양수 이전에 있었던 양도인에 대한 운송사업면허 취소사유를 들어 양수인의 사업면허를 취소할 수 있다.
③ 영업양도행위가 무효임에도 행정청이 승계신고를 수리하였다면 양도자는 민사쟁송이 아닌 행정소송으로 신고수리처분의 무효확인을 구할 수 있다.
④ 사실상 영업이 양도 · 양수되었지만 승계신고 및 수리처분이 있기 전에 양도인이 허락한 양수인의 영업 중 발생한 위반행위에 대한 행정적 책임은 양수인에게 귀속된다.

10 여객자동차운송사업을 하는 甲은 관련법규 위반을 이유로 사업정지처분에 갈음하는 과징금 부과처분을 받았다. 이에 대한 설명으로 옳지 않은 것은? (다툼이 있는 경우 판례에 의함)

① 甲이 현실적인 위반행위자가 아닌 법령상 책임자인 경우에도 甲에게 과징금을 부과할 수 있다.
② 甲에게 고의 · 과실이 없는 경우에는 과징금을 부과할 수 없다.
③ 과징금 부과처분에 대해 甲은 취소소송을 제기하여 다툴 수 있다.
④ 甲에게 부과된 과징금이 법이 정한 한도액을 초과하여 위법한 경우, 법원은 그 초과부분에 대하여 일부취소할 수 없고 그 전부를 취소하여야 한다.

11 국가배상제도에 대한 설명으로 옳은 것은? (다툼이 있는 경우 판례에 의함)

① 공무원에게 부과된 직무상 의무가 단순히 공공 일반의 이익만을 위한 경우라면 그러한 직무상 의무 위반에 대해서는 국가배상책임이 인정되지 않는다.
② 국가의 비권력적 작용은 국가배상청구의 요건인 직무에 포함되지 않는다.
③ 경과실로 불법행위를 한 공무원이 피해자에게 손해를 배상하였다면 이는 타인의 채무를 변제한 경우에 해당하므로 피해자는 공무원에게 이를 반환할 의무가 있다.
④ 지방자치단체가 권원 없이 사실상 관리하고 있는 도로는 국가배상책임의 대상이 되는 영조물에 해당하지 않는다.

12 행정벌에 대한 설명으로 옳은 것은? (다툼이 있는 경우 판례에 의함)

① 양벌규정에 의한 영업주의 처벌은 금지위반행위자인 종업원의 처벌에 종속되는 것이므로 영업주만 따로 처벌할 수는 없다.
② 통고처분은 법정기간 내에 납부하지 않는 것을 해제조건으로 하는 행정처분이므로 행정소송의 대상이 된다.
③ 행정청의 과태료 부과에 대해 서면으로 이의가 제기된 경우 과태료 부과처분은 그 효력을 상실한다.
④ 법원이 하는 과태료재판에는 원칙적으로 행정소송에서와 같은 신뢰보호의 원칙이 적용된다.

13 행정상 강제집행에 대한 설명으로 옳은 것만을 모두 고르면? (다툼이 있는 경우 판례에 의함)

> ㉠ 행정청은 퇴거를 명하는 집행권원이 없더라도 건물철거 대집행 과정에서 부수적으로 철거의무자인 건물의 점유자들에 대해 퇴거 조치를 할 수 있다.
> ㉡ 권원 없이 국유재산에 설치한 시설물에 대하여 관리청이 행정대집행을 통해 철거를 하지 않는 경우 그 국유재산에 대하여 사용청구권을 가진 자는 국가를 대위하여 민사소송으로 그 시설물의 철거를 구할 수 있다.
> ㉢ 공유 일반재산의 대부료 지급은 사법상 법률관계이므로 행정상 강제집행절차가 인정되더라도 따로 민사소송으로 대부료의 지급을 구하는 것이 허용된다.
> ㉣ 관계법령에 위반하여 장례식장 영업을 하고 있는 자에게 부과된 장례식장 사용중지 의무는 공법상 의무로서 행정대집행의 대상이 된다

① ㉠, ㉡　　② ㉠, ㉣
③ ㉡, ㉢　　④ ㉢, ㉣

14 선결문제에 대한 판례의 입장으로 옳지 않은 것은?

① 조세부과처분이 무효임을 이유로 이미 납부한 세금의 반환을 청구하는 민사소송에서 법원은 그 조세부과처분이 무효라는 판단과 함께 세금을 반환하라는 판결을 할 수 있다.
② 영업허가취소처분으로 손해를 입은 자가 제기한 국가배상청구소송에서 법원은 영업허가취소처분에 취소사유에 해당하는 하자가 있는 경우에는 영업허가취소처분의 위법을 이유로 배상청구를 인용할 수 없다.
③ 물품을 수입하고자 하는 자가 세관장에게 수입신고를 하여 그 면허를 받고 물품을 통관한 경우에는, 세관장의 수입면허가 중대하고도 명백한 하자가 있는 행정행위이어서 당연무효가 아닌 한 「관세법」 소정의 무면허수입죄가 성립될 수 없다.
④ 영업허가취소처분 이후에 영업을 한 행위에 대하여 무허가영업으로 기소되었으나 형사법원이 판결을 내리기 전에 영업허가취소처분이 행정소송에서 취소되면 형사법원은 무허가 영업행위에 대해서 무죄를 선고하여야 한다.

15 공법상 계약에 대한 설명으로 옳은 것은? (다툼이 있는 경우 판례에 의함)

① 지방자치단체가 일방 당사자가 되는 이른바 '공공계약'이 사법상 계약에 해당하는 경우에도 법령에 특별한 규정이 없다면 사적자치와 계약자유의 원칙 등 사법의 원리가 그대로 적용되지 않는다.
② 국립의료원 부설 주차장 위탁관리용역운영계약은 공법상 계약에 해당한다.
③ 공법상 계약이더라도 한쪽 당사자가 다른 당사자를 상대로 계약의 이행을 청구하는 소송은 민사소송으로 제기하여야 한다.
④ 지방자치단체가 A 주식회사를 자원회수시설과 부대시설의 운영 · 유지관리 등을 위탁할 민간사업자로 선정하고 A 주식회사와 체결한 위 시설에 관한 위 · 수탁 운영 협약은 사법상 계약에 해당한다.

16 취소소송의 판결에 대한 설명으로 옳은 것은? (다툼이 있는 경우 판례에 의함)

① 원고의 청구가 이유 있다고 인정하는 경우에도 이를 인용하는 것이 현저히 공공복리에 적합하지 않다고 판단되면 법원은 피고 행정청의 주장이나 신청이 없더라도 사정판결을 할 수 있다.
② 영업정지처분에 대한 취소소송에서 취소판결이 확정되면 처분청은 영업정지처분의 효력을 소멸시키기 위하여 영업정지처분을 취소하는 처분을 하여야 할 의무를 진다.
③ 공사중지명령의 상대방이 제기한 공사중지명령취소소송에서 기각판결이 확정된 경우 특별한 사정변경이 없더라도 그 후 상대방이 제기한 공사중지명령 해제신청 거부처분취소소송에서는 그 공사중지명령의 적법성을 다시 다툴 수 있다.
④ 행정청은 취소판결에서 위법하다고 판단된 처분사유와 기본적 사실관계의 동일성이 없는 사유이더라도 처분 시에 존재한 사유를 들어 종전의 처분과 같은 처분을 다시 할 수 없다.

17 A 행정청이 甲에게 한 처분에 대하여 甲은 B 행정심판위원회에 행정심판을 청구하였다. 이에 대한 설명으로 옳은 것은? (다툼이 있는 경우 판례에 의함)

① B 행정심판위원회의 기각재결이 있은 후에는 A 행정청은 원처분을 직권으로 취소할 수 없다.
② 甲이 취소심판을 제기한 경우, B 행정심판위원회는 심판청구가 이유가 있다고 인정하면 처분변경명령재결을 할 수 있다.
③ 甲이 무효확인심판을 제기한 경우, B 행정심판위원회는 심판청구가 이유 있다고 인정하면서도 이를 인용하는 것이 공공복리에 크게 위배된다고 인정하면 甲의 심판청구를 기각할 수 있다.
④ B 행정심판위원회의 재결에 고유한 위법이 있는 경우에는 甲은 다시 행정심판을 청구할 수 있다.

18 다음 각 사례에 대한 설명으로 옳은 것은? (다툼이 있는 경우 판례에 의함)

- A 시장으로부터 3월의 영업정지처분을 받은 숙박업자 甲은 이에 불복하여 행정쟁송을 제기하고자 한다.
- B 시장으로부터 건축허가거부처분을 받은 乙은 이에 불복하여 행정쟁송을 제기하고자 한다.

① 甲이 취소소송을 제기하면서 집행정지 신청을 한 경우 법원이 집행정지결정을 하는 데 있어 甲의 본안청구의 적법 여부는 집행정지의 요건에 포함되지 않는다.
② 甲이 2022.1.5. 영업정지처분을 통지받았고, 행정심판을 제기하여 2022.3.29. 1월의 영업정지처분으로 변경하는 재결이 있었고 그 재결서 정본을 2022.4.2. 송달받은 경우 취소소송의 기산점은 2022.1.5.이다.
③ 乙이 의무이행심판을 제기하여 처분명령재결이 있었음에도 B 시장이 허가를 하지 않는 경우 행정심판위원회는 직권으로 시정을 명하고 이를 이행하지 아니하면 직접 건축허가처분을 할 수 있다.
④ 乙이 건축허가거부처분에 대해 제기한 취소소송에서 인용판결이 확정되었으나 B 시장이 기속력에 위반하여 다시 거부처분을 한 경우 乙은 간접강제신청을 할 수 있다.

19 다음 사례에 대한 설명으로 옳은 것은? (다툼이 있는 경우 판례에 의함)

> 「도시 및 주거환경정비법」에 따라 설립된 A 주택재건축정비사업조합은 관할 B 구청장으로부터 ㉠ 조합설립인가를 받은 후, 조합총회에서 재건축 관련 ㉡ 관리처분계획에 대한 의결을 하였고, 관할 B 구청장으로부터 위 ㉢ 관리처분계획에 대한 인가를 받았다. 이후 조합원 甲은 위 관리처분계획의 의결에는 조합원 전체의 4/5 이상의 결의가 있어야 함에도 불구하고, 이를 위반하여 위법한 것임을 이유로 ㉣ 관리처분계획의 무효를 주장하며 소송으로 다투려고 한다.

① ㉠과 ㉢의 인가의 강학상 법적 성격은 동일하다.
② 甲이 ㉡에 대해 소송으로 다투려면 A 주택재건축정비사업조합을 상대로 민사소송을 제기하여야 한다.
③ 甲이 ㉣에 대해 소송으로 다투려면 항고소송을 제기하여야 한다.
④ 甲이 ㉣에 대해 소송으로 다투려면 B 구청장을 피고로 하여야 한다.

20 행정쟁송에 대한 설명으로 옳은 것은? (다툼이 있는 경우 판례에 의함)

① 행정심판의 재결에도 판결에서와 같은 기판력이 인정되는 것이어서 재결이 확정되면 처분의 기초가 된 사실관계나 법률적 판단이 확정되는 것이므로 당사자는 이와 모순되는 주장을 할 수 없게 된다.
② 무효인 처분에 대해 무효선언을 구하는 취소소송을 제기하는 경우에는 제소기간의 제한이 없다.
③ 거부행위가 항고소송의 대상인 처분이 되기 위해서는 그 거부행위가 신청인의 실체상의 권리관계에 직접적인 변동을 일으키는 것이어야 하며, 신청인이 실체상의 권리자로서 권리를 행사함에 중대한 지장을 초래하는 것만으로는 부족하다.
④ 처분 시에 행정청으로부터 행정심판 제기기간에 관하여 법정 심판청구기간보다 긴 기간으로 잘못 통지받은 경우에 보호할 신뢰 이익은 그 통지 받은 기간 내에 행정소송을 제기한 경우에까지 확대되지 않는다.